根据
财政部
新版
考试大纲编写

CCOUNTING
注册会计师全国统一考试

高频考点串讲
与专用题库

审计

注册会计师全国统一考试研究中心　编著

人民邮电出版社
北　京

图书在版编目（ＣＩＰ）数据

注册会计师全国统一考试高频考点串讲与专用题库. 审计 / 注册会计师全国统一考试研究中心编著. -- 北京：人民邮电出版社，2017.2 （2017.6 重印）
ISBN 978-7-115-44484-4

Ⅰ. ①注… Ⅱ. ①注… Ⅲ. ①审计法－中国－资格考试－自学参考资料 Ⅳ. ①F23

中国版本图书馆CIP数据核字(2016)第317914号

内 容 提 要

注册会计师考试科目多，内容涉及面广，题目难度较大。为了帮助考生在短时间内进行高效复习，快速掌握重点、难点，特推出这本与教材同步的辅导书——《注册会计师全国统一考试高频考点串讲与专用题库——审计》。

本书以新版《注册会计师全国统一考试大纲》为依据，深入研究历年考试真题，提炼出经常会考到的知识点，即"高频考点"。对于高频考点的讲解，不仅是通过有助记忆的图文并茂的方式展现，还辅以相应的经典真题，以帮助考生能更好、更快地理解并记忆重要知识点。

本书配有功能强大的题库版模考与练习光盘。通过该光盘，考生不仅可以边学边练，还可以进行无纸化考试（机考）的实战演练，以适应考试环境，提高应考能力。

本书既适合参加注册会计师全国统一考试"审计"科目的考生使用，也可以作为各类院校财经类专业或相关培训机构的辅导用书。

◆ 编　　著　注册会计师全国统一考试研究中心
　　责任编辑　牟桂玲
　　执行编辑　翟美玲
　　责任印制　杨林杰

◆ 人民邮电出版社出版发行　　北京市丰台区成寿寺路 11 号
　　邮编　100164　　电子邮件　315@ptpress.com.cn
　　网址　http://www.ptpress.com.cn
　　北京中石油彩色印刷有限责任公司印刷

◆ 开本：880×1230　1/32
　　印张：11.875　　　　　2017 年 2 月第 1 版
　　字数：498 千字　　　　2017 年 6 月北京第 2 次印刷

定价：29.80 元（附光盘）

读者服务热线：(010)81055410　印装质量热线：(010)81055316
反盗版热线：(010)81055315
广告经营许可证：京东工商广登字 20170147 号

前　言

　　《中华人民共和国注册会计师法》规定，国家实行注册会计师全国统一考试制度。自1991年以来，累计已有16万余人取得了全科合格证书，为注册会计师行业人才队伍的建设提供了有力支持。注册会计师考试已成为国内影响力较高的执业资格考试之一，并得到了国际上的广泛认可。

　　注册会计师全国统一考试（CPA考试）目前分为专业阶段和综合阶段两个阶段。专业阶段设会计、审计、财务成本管理、公司战略与风险管理、经济法、税法6个科目，主要测试考生是否具备注册会计师执业所需要的专业知识，是否掌握基本技能和职业道德规范。综合阶段设职业能力综合测试科目，分成试卷一和试卷二，主要测试考生是否具备在职业环境中运用专业知识，保持职业价值观，坚守职业道德，坚持正确的职业态度，有效解决实务问题的能力，包括在国际环境下运用英语进行业务处理的能力。

　　由于CPA考试科目多，内容涉及面广，考生又没有足够的时间去专门学习（通常都是边工作边学习），因此，为帮助考生在短时间内进行高效复习备考，我们组织了一批国内优秀的注册会计师考试辅导培训专家，精心编写了专业阶段6个科目的教材同步辅导图书——《注册会计师全国统一考试高频考点串讲与专用题库》。本书为其中一本，面向"审计"科目。本套辅导书具有以下特点。

重点、难点一网打尽

　　本套辅导书以新版《注册会计师全国统一考试大纲》为基准，分科汇编了专业阶段各科的考试要点，特别是近几年的高频考点的详解，帮助考生有效地抓住考试的重点与难点，做到有的放矢地复习。

边学边练，快速掌握

　　为了让考生在短时间内充分利用空余时间，并且能够快速掌握CPA考试的重要知识考点，本套辅导书在讲解重要考点的同时，提供了近几年的典型考试真题以及大量的练习题，帮助考生分析命题规律，把握命题思路，从而快速提高考试成绩。

专家解答，权威可信

　　本套辅导书由从事多年注册会计师考试辅导培训工作的专家精心编写而成。他们通过对历年考试真题的梳理和分析，总结、提炼出考试的重点、难点及要点，并围绕考试大纲进行详细的讲解，同时辅以典型例题来加深考生对知识点的理解。通过学习和练习，考生可以了解考试的命题趋势和难易程度，从整体上把控考试的发展脉络，构建起系统而全面的知识体系。

题库光盘，模拟实战

　　本套辅导书有功能强大的题库版模拟与练习光盘，光盘中的资料不仅可以帮助考生达到边学边练的学习效果，还可以在模拟真实的考试环境中进行考试训练，进一步适应考场，提高实战应试能力。

　　最后，真诚希望各位考生能在本套辅导书的帮助下顺利通过考试。由于编者水平有限，书中难免存在不足之处，恳请广大读者批评指正。我们的联系邮箱为：zhaimeiling@ptpress.com.cn。

编　者

光盘使用说明

　　将光盘放入光驱中，光盘会自动开始运行，并进入演示主界面，即"首页"板块。若不能自动运行，可在"我的电脑"窗口中双击光盘盘符，或在光盘的根目录下双击"autorun.exe"文件图标。

　　在光盘"首页"板块中有6个按钮，单击某个按钮，即可进入对应板块，如图1所示。下面分别介绍各个板块的功能。

图1　"首页"板块

1. "考试指南"板块

　　该板块主要介绍注册会计师的考试情况，以及"审计"科目的考试大纲和应试策略，单击左侧窗格中的按钮，即可查看相应内容，如图2所示。

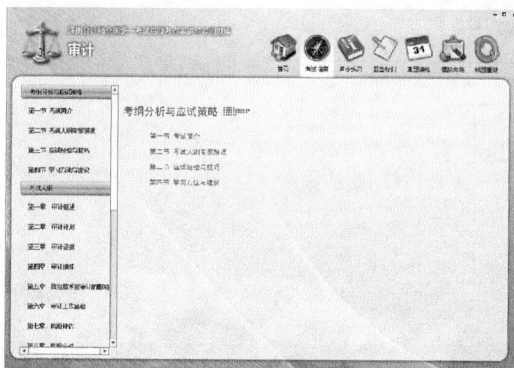

图2　"考试指南"板块

2. "同步练习"板块

本板块提供了与书中每章内容同步的自测练习题，每道试题均可通过单击界面右上方的"显示答案"按钮来查看答案和解题剖析，以便考生在练习的同时巩固所学知识点，如图3所示。

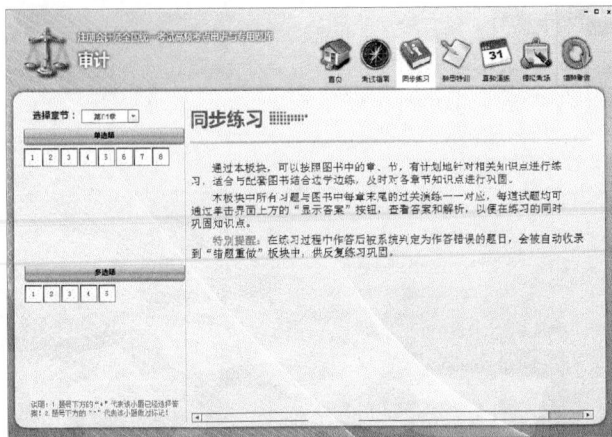

图3 "同步练习"板块

3. "题型特训"板块

本板块将题库中的所有试题，按考试题型进行分类，便于考生针对自己不擅长的题型进行专项练习，提高应试能力，如图4所示。

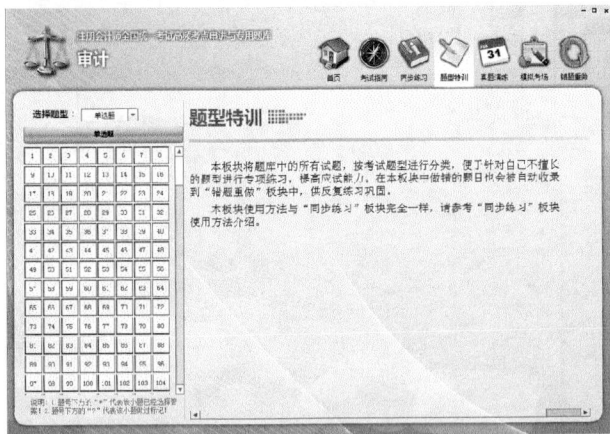

图4 "题型特训"板块

4. "真题演练"板块

本板块收集了最近8年的考试真题。学习完全书所有内容后,可以通过本板块的练习查漏补缺,总结历年考试的重点和难点,如图5所示。

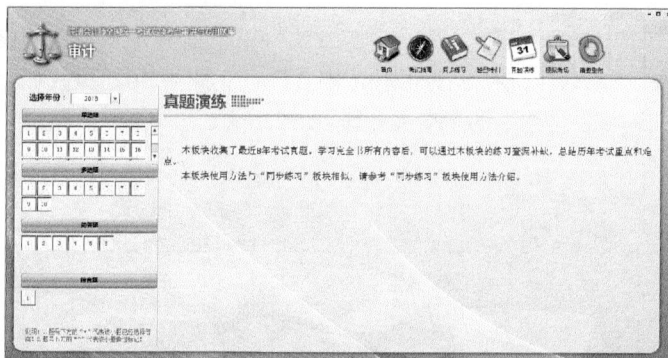

图5 "真题演练"板块

5. "模拟考场"板块

本板块测试系统与全国注册会计师考试基本一致,如图6所示,只是在细节上略有差异。通过本板块的测试,考生不仅能够提前熟悉命题类型,而且能够检验自己的学习效果。

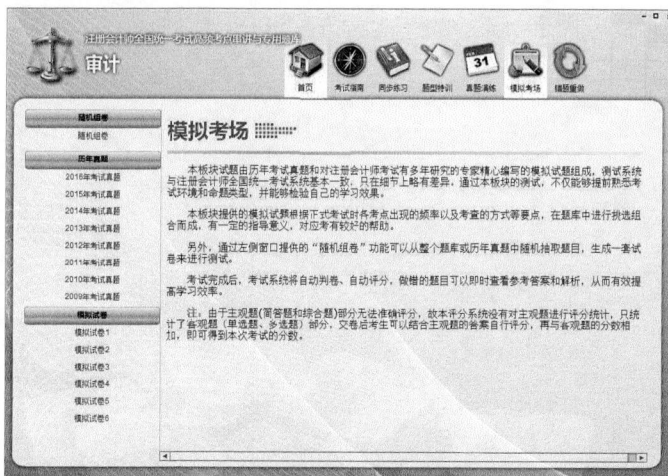

图6 "模拟考场"答题界面

另外,通过左侧窗格中提供的"随机组卷"功能,可以从整个题库中随机抽取题目,自动生成一套试卷来进行测试。

考试完成后,考试系统将自动判卷、自动评分,做错的题目可以即时查看参考答案和解析,从而有效提高学习效率。

6. "错题重做"板块

凡是在"同步练习""题型特训""真题演练"和"模拟考场"等板块中答错的题目或在"模拟考场"板块中没有作答的题目,都会自动添加到"错题重做"板块中,考生可在其中反复练习这些题目,做到查漏补缺,如图7所示。

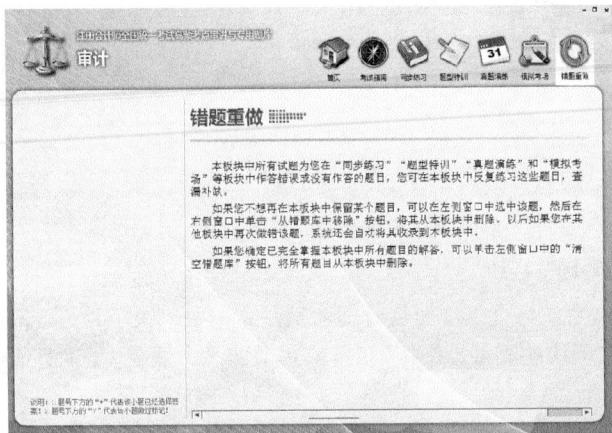

图7 "错题重做"板块

目 录

目录

第1章　审计概述

【考情分析】在近3年考试中，本章内容所占分值为5分左右，题型均为客观题。

【复习要点】本章复习要点主要包括审计的含义、审计要素、审计目标、审计基本要求、审计风险等相关知识点。

【本章要点概览】

审计概述	一、审计的概念与保证程度	1. 审计的定义	★
		2. 保证程度	★
		3. 注册会计师审计和政府审计	★
	二、审计要素	1. 审计业务的三方关系	★
		2. 执行审计工作的前提	★
		3. 注册会计师、管理层和治理层的责任	★
		4. 财务报表（鉴证对象）	★
		5. 财务报表编制基础（标准）	★
	三、审计目标	1. 审计的总体目标	★★
		2. 审计准则	★
		3. 与各类交易和事项相关的审计目标	★
		4. 与期末账户余额相关的审计目标	★
		5. 与列报及披露相关的审计目标	★
	四、审计基本要求	审计基本要求	★
	五、审计风险	1. 与审计风险模型相关的概念	★
		2. 审计的固有限制	★
	六、审计过程	审计过程	★

第1节　审计的概念与保证程度

【复习要点1】审计的定义（★）

审计是指注册会计师对财务报表是否不存在重大错报提供合理保证，以积极方式提出意见，增强除管理层之外的预期使用者对财务报表信赖的程度。

相关概念	说　明
审计的用户	审计的用户是财务报表的预期使用者，即审计可以用来有效满足财务报表预期使用者的需求
审计的目的	审计的目的是改善财务报表的质量或内涵，增强预期使用者对财务报表的信赖程度，即以合理保证的方式提高财务报表的质量，而不涉及为如何利用信息提供建议
审计的合理保证	合理保证是一种高水平保证。审计只能提供合理保证，不能提供绝对保证。"合理保证"虽然不是百分之百的保证，但必须是高质量的保证，如95%～98%的保证

续表

相关概念	说　明
审计的基础	审计的基础是独立性和专业性。通常由具备专业胜任能力和独立性的注册会计师来执行,注册会计师应当独立于被审计单位和预期使用者
审计的最终产品	审计的最终产品是审计报告。注册会计师按照审计标准和相关职业道德要求执行审计工作,并形成审计报告转达给有关财务报表使用者

【复习要点2】保证程度（★）

项　目	合理保证	有限保证
目　标	在可接受的低审计风险下,以积极方式对财务报表整体发表审计意见,提供高水平的保证	在可接受的审阅风险下,以消极方式对财务报表整体发表审阅意见,提供有意义水平的保证,该保证水平低于审计业务的保证水平
证据收集程序	通过一个不断修正的、系统化的执业过程,获取充分、适当的证据,证据收集程序包括检查记录或文件、检查有形资产、观察、询问、函证、重新计算、重新执行、分析程序等	通过一个不断修正的、系统化的执业过程,获取充分、适当的证据,证据收集程序受到有意识的限制,主要采用询问和分析程序获取证据
所需证据数量	较　多	较　少
检查风险	较　低	较　高
财务报表的可信性	较　高	较　低
提出结论的方式	以积极方式提出结论。例如:"我们认为,ABC公司财务报表在所有重大方面按照企业会计准则和《××会计制度》的规定编制,公允反映了ABC公司20×1年12月31日的财务状况以及20×1年度的经营成果和现金流量"	以消极方式提出结论。例如:"根据我们的审阅,我们没有注意到任何事项使我们相信,ABC公司财务报表没有按照企业会计准则和《××会计制度》的规定编制,未能在所有重大方面公允反映被审阅单位的财务状况、经营成果和现金流量"

【复习要点3】注册会计师审计和政府审计（★）

注册会计师审计是指注册会计师接受客户委托,对客户财务报表进行独立检查并发表意见。

政府审计主要是指政府审计机关依法对政府部门的财政收支进行的检查监督,此外,还包括对国有金融机构和企事业组织的财务收支进行的检查监督。

区别	政府审计	注册会计师审计
对象	政府或国有金融机构和企事业组织	企业
目标	对单位的财政收支或者财务收支的真实、合法和效益依法进行的	注册会计师对财务报表是否按照适用的财务报告编制基础进行
标准	依据《中华人民共和国审计法》和《国家审计准则》等进行的审计	依据《中华人民共和国注册会计师法》和财政部批准发布的注册会计师审计准则

续表

区别	政府审计	注册会计师审计
经费或收入来源	履行职责所必需的经费,应当列入财政预算,由同级人民政府予以保证	收入来源于审计客户,由注册会计师和审计客户协商确定
取证权限	审计机关有权就审计事项的有关问题向有关单位和个人进行调查,并取得有关证明材料,有关单位和个人应当支持、协助审计机关工作,如实向审计机关反映情况,提供有关证明材料	在获取证据时很大程度上有赖于被审计单位及相关单位的配合和协助,对被审企业及相关单位没有行政强制力
发现问题的处理方法	审计机关对违反国家规定的财政收支、财务收支行为,可在法定职权范围内做出审计决定或者向有关主管机关提出处理、处罚意见	对审计过程中发现需要调整和披露的事项只能提请被审计单位调整和披露,没有行政强制力;如果被审计单位拒绝调整或披露,注册会计师视情况出具保留意见或否定意见的审计报告

第2节　审计要素

【复习要点1】审计业务的三方关系 (★)

审计业务三方关系人的关系	说　明
注册会计师 责任方　　预期使用者	注册会计师是指取得注册会计师证书并在会计师事务所执业的人员,通常是指项目合伙人或项目组其他成员,有时也指其所在的会计师事务所
	管理层是指对被审计单位经营活动的执行负有经营管理责任的人员。在有些被审计单位,管理层包括部分或全部的治理层成员,如治理层中负有经营管理责任的人员,或参与日常经营管理的业主
	预期使用者是指预期使用审计报告和财务报表的组织或人员。责任方可能是预期使用者,但不是唯一的预期使用者

【例题·多选题】下列有关鉴证业务三方关系的表述中,不正确的有(　　　)。

A. 鉴证业务涉及的三方关系人包括注册会计师、责任方和预期使用者

B. 责任方与预期使用者不可能是同一方

C. 责任方可能是鉴证业务的委托人

D. 责任方不可能是预期使用者

【解析】责任方与预期使用者可能是同一方,也可能不是同一方;责任方可能是鉴证业务的委托人,也可能不是委托人;责任方可能是预期使用者,但不是唯一的预期使用者。

【答案】BD

【复习要点2】执行审计工作的前提（★）

执行审计工作的前提是指管理层和治理层应当认可并理解其应当承担的责任：编制财务报表、设计内部控制和提供工作条件。这些责任构成注册会计师按照审计准则的规定执行审计工作的基础。

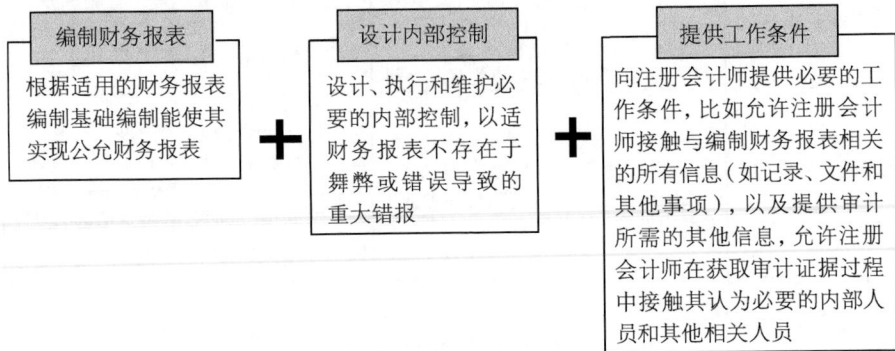

编制财务报表		设计内部控制		提供工作条件
根据适用的财务报表编制基础编制能使其实现公允财务报表	**+**	设计、执行和维护必要的内部控制，以适财务报表不存在于舞弊或错误导致的重大错报	**+**	向注册会计师提供必要的工作条件，比如允许注册会计师接触与编制财务报表相关的所有信息（如记录、文件和其他事项），以及提供审计所需的其他信息，允许注册会计师在获取审计证据过程中接触其认为必要的内部人员和其他相关人员

【复习要点3】注册会计师、管理层和治理层的责任（★）

（1）注册会计师的责任是按照审计准则的规定对财务报表发表审计意见。

（2）管理层对财务报表负有直接责任；治理层对管理层编制的财务报表有监督责任；管理层和治理层对编制财务报表承担完全责任。

（3）财务报表审计不能减轻管理层和治理层对财务报表的责任。

（4）如果财务报表存在重大错报而注册会计师通过审计没能发现，也不能因为财务报表已经注册会计师审计而减轻管理层和治理层对财务报表的责任。

【例题·多选题】在确定执行审计工作的前提时，下列有关被审计单位管理层责任的说法中，注册会计师认为正确的有（   ）。

A. 被审计单位管理层应当允许注册会计师查阅与编制财务报表相关的所有文件

B. 被审计单位管理层应当负责按照适用的财务报告编制基础编制财务报表

C. 被审计单位管理层应当允许注册会计师接触所有必要的相关人员

D. 被审计单位管理层应当负责设计、执行和维护必要的内部控制

【解析】管理层和治理层（如适用）应承担的责任包括：①按照适用的财务报告编制基础编制财务报表，并使其实现公允反映（如适用）；②设计、执行和维护必要的内部控制，以使财务报表不存在由于舞弊或错误导致的重大错报；③向注册会计师提供必要的工作条件，包括允许注册会计师接触与编制财务报表相关的所有信息（如记录、文件和其他事项），向注册会计师提供审计所需的其他信息，允许注册会计师在获取审计证据时不受限制地接触其认为必要的内部人员和其他相关人员。

【答案】ABCD

1.适当的鉴证对象具备的条件

适当的鉴证对象应同时具备下列条件。

① 鉴证对象可识别。

② 不同的组织或人员对鉴证对象按照既定标准进行评价或计量的结果合理一致。

③ 注册会计师能收集与鉴证对象有关的信息，获取充分、适当的证据，以支持其提出适当的鉴证结论。

2.财务报表的定义及构成

财务报表是指在日常会计核算资料的基础上，按照规定的格式、内容和方法定期编制的，综合反映企业某一特定日期财务状况和某一特定时期经营成果及现金流量状况的书面文件。

财务报表通常是指整套财务报表，有时也指单一财务报表。一套完整的财务报表包括资产负债表、利润表（或称损益表）、现金流量表、所有者（股东）权益变动表和财务报表附注。附注通常包括重要会计政策概要和其他解释性信息。管理层在编制财务报表时，需要根据适用的财务报表编制基础运用判断做出合理的会计估计，需要选择和运用恰当的会计政策。

【复习要点5】财务报表编制基础（标准）（★）

1.适当的财务报表编制基础（标准）应具备的特征

项 目	特 征
相关性	相关的标准有助于得出可靠的结论，便于预期使用者做出正确决策
完整性	完整的标准不应忽略业务环境中可能影响得出结论的相关因素，当涉及列报时，还包括列报的基准
可靠性	可靠的标准可以让能力差不多的注册会计师在相似的业务环境中，对鉴证对象做出合理一致的评价或计量
中立性	中立的标准有助于得出无偏向的结论
可理解性	可理解的标准有助于得出清晰、易于理解且不会产生重大歧义的结论

【例题1·多选题】（2016年真题）下列各项中，属于适当的财务报表编制基础应具备的特征有（　　）。

A. 中立性　　　　B. 一致性　　　　C. 准确性　　　　D. 完整性

【解析】本题考查的是财务报表编制基础。适当的财务报表编制基础需具备的特征：（1）相关性；（2）完整性；（3）可靠性；（4）中立性；（5）可理解性。不包括一致性和准确性。

【答案】AD

【例题2·多选题】（2015年）关于鉴证业务标准的说法，正确的有（　　　）。

A. 注册会计师基于自身的预期、判断和个人经验对鉴证对象进行评价和计量，构成适当的标准

B. 鉴证业务是适当的

C. 鉴证业务应当能够获取充分适当的审计证据

D. 适当的标准具有相关性、完整性、可靠性、中立性和可理解性的特征

【解析】本题考查有关财务报表编制基础（标准）的内容。注册会计师基于自身的预期、判断和个人经验对鉴证对象进行评价和计量，不构成适当的标准，选项A错误。

【答案】BCD

2. 财务报告编制基础的分类

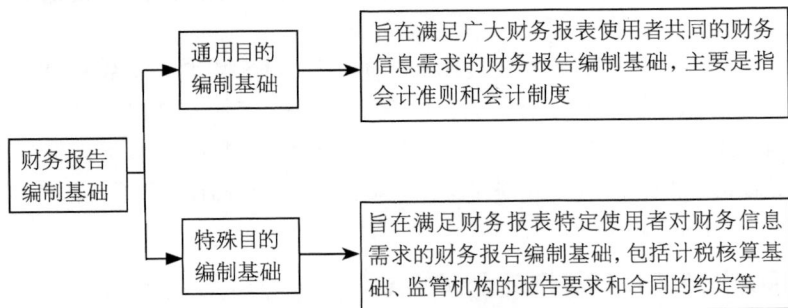

```
                        ┌────────────┐     ┌──────────────────────────────┐
                        │ 通用目的的 │────▶│ 旨在满足广大财务报表使用者共同的财务 │
                   ┌───▶│ 编制基础   │     │ 信息需求的财务报告编制基础，主要是指 │
                   │    └────────────┘     │ 会计准则和会计制度              │
┌──────────┐      │                        └──────────────────────────────┘
│ 财务报告 │──────┤
│ 编制基础 │      │    ┌────────────┐     ┌──────────────────────────────┐
└──────────┘      │    │ 特殊目的的 │────▶│ 旨在满足财务报表特定使用者对财务信息 │
                   └───▶│ 编制基础   │     │ 需求的财务报告编制基础，包括计税核算基 │
                        └────────────┘     │ 础、监管机构的报告要求和合同的约定等 │
                                            └──────────────────────────────┘
```

第3节　审计目标

【复习要点1】审计的总体目标（★★）

审计目标包括财务报表审计的总体目标以及与各类交易、账户余额和披露相关的审计目标两个层次。

（1）对财务报表整体是否不存在由于舞弊或错误导致的重大错报获取合理保证，使得注册会计师能够对财务报表是否在所有重大方面按照适用的财务报告编制基础编制发表审计意见。

（2）按照审计准则的规定，根据审计结果对财务报表出具审计报告，并与管理层和治理层沟通。

财务报表审计的总体目标对注册会计师的审计工作发挥着导向作用，它界定了注册会计师的责任范围，直接影响注册会计师计划和实施审计程序的性质、时间安排和范围，决定了注册会计师如何发表审计意见。

【**提示**】注册会计师对财务报表进行审计并发表审计意见，其目的是为提高财务报表的可信赖程度，而不是对被审计单位未来生存能力或管理层经营效率、经营效果提供的保证。

【**例题·单选题**】关于管理层、治理层对财务报表责任的描述，下列不正确的是（　　）。

A. 选择适用的会计准则和相关会计制度

B. 选择和运用恰当的会计政策

C. 发表恰当的审计报告

D. 根据企业的具体情况，做出合理的会计估计

【**解析**】管理层、治理层对财务报表责任主要表现在选择适用的会计准则和相关会计制度，选择和运用恰当的会计政策，根据企业的具体情况做出合理的会计估计，等等。而C选项发表恰当的审计报告是注册会计师的责任，而不是管理层、治理层对财务报表的责任。

【**答案**】C

【复习要点2】审计准则（★）

1. 内容

审计准则的内容包括总则、定义、目标、要求和附则。

2. 性质

审计准则作为一个整体，为注册会计师执行审计工作以实现总体目标提供了标准。

3. 目标

（1）目标将审计准则的要求与注册会计师总体审计目标联系起来。

（2）目标可以使注册会计师关注每项审计准则预期实现的结果。

（3）目标可以帮助注册会计师理解工作，以及在必要时为完成工作使用的恰当手段。

（4）"目标"可以确定在审计业务的具体情况下是否需要完成更多工作以实现目标。

4. 要求

（1）"要求"是注册会计师实现目标的规定动作，统一以"注册会计师应当"表述。

（2）注册会计师恰当执行审计准则的要求，预期会为其实现目标提供充分的基础。

（3）《中国注册会计师审计准则第1131号——审计工作底稿》规定了在注册会计师偏离某项审计准则相关要求的及其特殊的情况下，对审计工作底稿的要求。

（4）注册会计师应当确定是否根据审计业务的具体情况还需执行更多的工作以

实现审计准则规定的目标。

【提示】注册会计师不能对财务报表不存在由于舞弊或错误导致的重大错报获得绝对保证，这是因为审计存在固有限制，导致注册会计师据以得出结论和形成审计意见的大多数审计证据是说服性的而非结论性的。

【复习要点3】与各类交易和事项相关的审计目标（★）

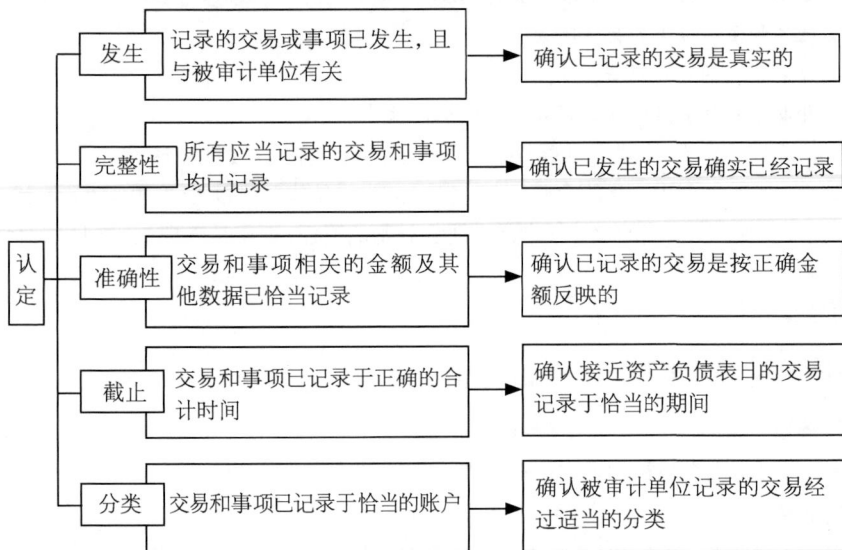

发生	记录的交易或事项已发生，且与被审计单位有关	→ 确认已记录的交易是真实的
完整性	所有应当记录的交易和事项均已记录	→ 确认已发生的交易确实已经记录
准确性	交易和事项相关的金额及其他数据已恰当记录	→ 确认已记录的交易是按正确金额反映的
截止	交易和事项已记录于正确的会计时间	→ 确认接近资产负债表日的交易记录于恰当的期间
分类	交易和事项已记录于恰当的账户	→ 确认被审计单位记录的交易经过适当的分类

（左侧竖列为"认定"）

【复习要点4】与期末账户余额相关的审计目标（★）

审计目标	说　明
存　在	记录的资产、负债和所有者权益是存在的
权利和义务	记录的资产由被审计单位拥有或控制，记录的负债是被审计单位应当履行的偿还义务
完整性	所有应当记录的资产、负债和所有者权益均已记录
计价和分摊	资产、负债和所有者权益以恰当的金额包括在财务报表中，与之相关的计价或分摊调整已恰当记录

【复习要点5】与列报及披露相关的审计目标（★）

审计目标	说　明
发生以及权利和义务	披露的交易、事项和其他情况已发生，且与被审计单位有关
完整性	所有应当包括在财务报表中的披露均已包括
分类和可理解性	财务信息已被恰当地列报和描述，且披露内容表述清楚
准确性和计价	财务信息和其他信息已公允披露，且金额恰当

【例题1·单选题】有关具体审计目标的说法中，正确的是（　　）。

A. 如果财务报表中没有将一年内到期的长期借款列报为一年内到期的非流动负债，违反了准确性和计价目标

B. 如果已入账的销售交易是对确已发出商品、符合收入确认条件的交易的记录，但金额计算错误，违反了准确性目标，但没有违反发生目标

C. 如果财务报表中将低值易耗品列报为固定资产，违反了准确性和计价目标

D. 如果财务报表附注中没有分别对原材料、在产品和产成品等存货成本核算方法做出恰当的说明，违反了分类和可理解性目标

【解析】选项A，违反了分类和可理解性目标；选项C，违反了分类和可理解性目标；选项D，违反了准确性和计价目标。

【答案】B

【例题2·单选题】下列各项中，既与各类交易和事项相关，也与期末账户余额相关的认定是（　　）。

A. 准确性　　　　B. 完整性　　　　C. 发生　　　　D. 截止

【解析】根据认定的分类来看，只有"完整性"才是认定的共有属性，既与"期末账户余额"和"列报和披露"相关，也与"各类交易和事项"相关。而选项A、C、D均仅与"各类交易和事项"相关。

【答案】B

第4节　审计基本要求

【复习要点】审计基本要求（★）

要　求	说　明
审计准则	注册会计师执行审计业务，必须按照执业准则、规则确定的工作程序出具报告
职业道德	基本原则：诚信、独立性、客观和公正、专业胜任能力和应有的关注、保密、良好的职业行为
职业怀疑	可以从以下方面对职业怀疑进行理解： 第一，职业怀疑在本质上要求秉持一种质疑的理念 第二，职业怀疑要求对引起疑虑的情形保持警觉，包括相互矛盾的证据；对文件记录和询问的答复的可靠性产生怀疑的信息；可能存在舞弊的情况；需要实施除审计准则规定外的其他审计程序的情形 第三，职业怀疑要求审慎评价审计证据 第四，职业怀疑要求客观评价管理层和治理层 虽然注册会计师需要在审计成本与信息的可靠性之间进行权衡，但是，审计中的困难、时间和成本等事项本身，不能作为省略不可替代的审计程序或满足于说服力不足的审计证据的理由 注意：职业怀疑贯穿审计业务的始终

续表

要　求	说　明
合理运用职业判断	职业判断对于适当地执行审计工作是必不可少的。对于做出下列决策尤为必要：①确定重要性，识别和评估重大错报风险；②确定所需实施的审计程序的性质、时间安排和范围；③评价审计证据的充分性和适当性；④评价管理层在应用适用的财务报告编制基础时做出的判断；⑤根据已获取的审计证据得出结论；⑥运用职业道德概念框架识别、评估和应对对执业道德基本原则不利的影响 职业判断的决策过程：确定执业判断的问题和目标；收集和评价相关信息；识别可能采取的解决方案；得出职业判断结论并作出书面记录 衡量执业判断质量的标准：①准确性或意见一致性；②决策一贯性和稳定性；③可辩护性

【例题1·多选题】下列有关职业怀疑的提法中，表述恰当的有（　　　）。

A. 职业怀疑要求注册会计师具有批判和质疑的精神，对被审计单位提供的证据和解释不应不假思索地全盘接受

B. 职业怀疑要求注册会计师不应依赖以往对管理层和治理层诚信形成的判断

C. 职业怀疑要求注册会计师应假设被审计单位管理层不诚信，且存在舞弊

D. 职业怀疑要求注册会计师对引起疑虑的情形应保持警觉

【解析】职业怀疑要求注册会计师秉持质疑的理念，但并不假设被审计单位管理层不诚信，存在舞弊。

【答案】ABD

【例题2·多选题】在计划和实施审计工作时，注册会计师应当保持职业怀疑，认识到可能存在导致财务报表发生重大错报的情形。职业怀疑要求注册会计师保持警觉的事项包括（　　　）。

A. 财务数据存在舞弊嫌疑

B. 财务信息表明与同行业有严重背离的趋势

C. 作为审计证据的文件记录存在明显修改

D. 注册会计师针对同一事项询问不同人员得出完全不同的回答

【解析】职业怀疑要求对诸如下列情形保持警觉，具体包括：①存在相互矛盾的审计证据；②引起对作为审计证据的文件记录和对询问的答复的可靠性产生怀疑的信息；③表明可能存在舞弊的情况；④表明需要实施除审计准则规定外的其他审计程序的情形。因此，A、B、C、D选项都属于注册会计师需要保持警觉的事项。

【答案】ABCD

第5节　审计风险

【复习要点1】与审计风险模型相关的概念（★）

概念名称	概念解释
审计风险	当财务报表存在重大错报时，注册会计师发表不恰当审计意见的可能性
重大错报风险	财务报表在审计前存在重大错报的可能性
固有风险	在考虑相关的内部控制之前，某类交易、账户余额或披露的某一认定易于发生错报（该错报单独或连同其他错报可能是重大的）的可能性
控制风险	某类交易、账户余额或披露的某一认定发生错报，该错报单独或连同其他错报是重大的，但没有被内部控制及时防止或发现并纠正的可能性
检查风险	如果存在某一错报，该错报单独或连同其他错报可能是重大的，注册会计师为将审计风险降至可接受的低水平而实施程序后没有发现这种错报的风险

【提示】审计风险模型研究和讨论的是审计风险、重大错报风险和检查风险的关系，审计风险取决于重大错报风险和检查风险，即审计风险=重大错报风险×检查风险。

【复习要点2】审计的固有限制（★）

由于审计的固有限制，注册会计师不可能将审计风险降至零，也不可避免地存在财务报表的某些重大错报可能未被发现的风险。因此，注册会计师据以得出结论和形成审计意见的大多数审计证据是说服性而非结论性的。

影响因素	具体内容
财务报告的性质	（1）管理层编制财务报表，需要根据被审计单位的事实和情况运用适用的财务报表编制基础的规定，在这一过程中需要做出判断 （2）某些财务报表项目涉及主观决策、评估或一定程度的不确定性 （3）某些财务报表项目的金额本身就存在一定的变动幅度，这种变动幅度不能通过实施追加的审计程序来消除
审计程序的性质	（1）管理层或其他人员可能有意或无意地不提供与财务报表编制相关的或注册会计师要求的全部信息 （2）舞弊可能涉及精心策划和蓄意实施以进行隐瞒 （3）审计不是对涉嫌违法行为的官方调查。因此，注册会计师没有被授予特定的法律权力（如搜查权），而这种权力对调查是必要的
财务报告的及时性和成本效益的权衡	（1）计划审计工作，以使审计工作以有效的方式得到执行 （2）将审计资源投向最可能存在重大错报风险的领域，并相应地在其他领域减少审计资源 （3）运用测试和其他方法检查总体中存在的错报

【例题1·单选题】审计风险取决于重大错报风险和检查风险，下列表述正确的是（　　）。

A. 在既定的审计风险水平下，C注册会计师应当实施审计程序，将重大错报风险

降至可接受的低水平

B. C注册会计师应当合理设计审计程序的性质、时间和范围，并有效执行审计程序，以控制重大错报风险

C. C注册会计师应当合理设计审计程序的性质、时间和范围，并有效执行审计程序，以消除检查风险

D. C注册会计师应当获得认定层次充分、适当的审计证据，以便在完成审计工作时，能够以可接受的低审计风险对财务报表整体发表意见

【解析】选项A，在既定的审计风险水平下，可接受的检查风险水平与认定层次重大错报风险的评估结果成反向关系，评估的重大错报风险越高，可接受的检查风险越低。选项B，注册会计师应当合理设计审计程序的性质、时间和范围，并有效执行审计程序，以控制检查风险。选项C，检查风险只能控制不能消除。

【答案】D

【例题2·多选题】审计的固有限制主要源于以下方面（　　）。

A. 财务报告的性质

B. 审计程序的性质

C. 作为注册会计师满足于说服力不足的审计证据的理由

D. 在合理的时间内以合理的成本完成审计的需要

【解析】注册会计师应当按照审计准则要求实施审计工作，例如，实施风险、评估程序，了解被审计单位及其环境，评估财务报表重大错报风险，而不能未经过风险评估程序直接评估财务报表风险而冠之以审计的固有限制。因此，A、B、D选项符合要求。

【答案】ABD

第6节　审计过程

【复习要点】审计过程（★）

审计过程大致分为5个阶段，如下图所示。

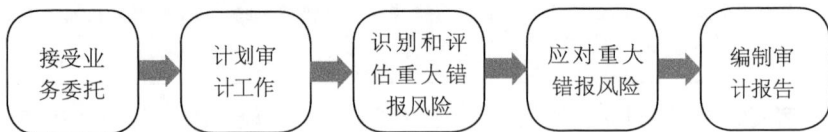

接受业务委托 → 计划审计工作 → 识别和评估重大错报风险 → 应对重大错报风险 → 编制审计报告

过关演练

一、单选题

1. 注册会计师在存货的审计过程中，由被审计单位分类和可理解性认定不能推出的审计目标是（　　）。

A. 存货主要种类和计价基础已揭示

B. 存货的抵押或转让已揭示

C. 存货项目的总计数与总账一致

D. 存货已恰当地分为原材料、在产品和产成品

2. 在执行审计业务时，需要区分被审计单位管理层职责、治理层职责和注册会计师的责任。下列关于管理层、治理层和注册会计师对财务报表的责任的表述中，不正确的是（　　）。

A. 管理层对编制财务报表负有直接责任

B. 管理层对设计、执行和维护内部控制负有责任

C. 经审计后的财务报表出现重大错报，管理层可以相应减轻责任

D. 注册会计师对出具的审计报告负责

3. 被审计单位当年建造完工厂房已投入使用并办理了固定资产竣工决算手续，但注册会计师发现在建造厂房的"工程成本"中有多笔管理部门的职工福利开支费，显然，被审计单位固定资产报表项目不正确的"认定"是（　　）。

A. 存在　　　B. 完整性　　　C. 计价和分摊　　　D. 分类和可理解性

4. A注册会计师在审查2011年财务报表上的应收账款时，发现账上某笔记录"借：应收账款——A公司1 000 000，贷：主营业务收入1 000 000"，通过函证A公司，检查销货记录等，证实此笔销售发生于2012年1月5日。那么，A注册会计师首先认为管理层对营业收入账户的（　　）认定存在问题。

A. 发生　　　B. 完整性　　　C. 准确性　　　D. 截止

5. A注册会计师负责丁公司2011年度财务报表审计工作，在审计工作前，需要明确注册会计师与审计客户管理层、治理层相关的责任，丁公司管理层对编制财务报表的责任不包括（　　）。

A. 选择适用的会计准则和相关会计制度

B. 选择和运用恰当的会计政策

C. 做出合理的会计估计

D. 提高财务报表的可信赖程度

6. 下列各项中, 为获取适当审计证据所实施的审计程序与审计目标最相关的是(   )。

A. 从被审计单位销售发票中选取样本, 追查至对应的发货单, 以确定销售记录的完整性

B. 实地检查被审计单位固定资产, 以确定固定资产的所有权

C. 对已盘点的被审计单位存货进行检查, 将检查结果与盘点记录相核对, 以确定存货的计价正确性

D. 复核被审计单位编制的银行存款余额调节表, 以确定银行存款余额的正确性

二、多选题

1. 注册会计师A通过盘点得知存货实有500万元, 但是财务报表上记录600万元, 下列管理层对存货项目认定, 注册会计师认为存在问题的有(   )。

A. 发生　　　　B. 准确性　　　　C. 计价和分摊　　　　D. 存在

2. E注册会计师负责对戊公司2012年度财务报表进行审计, 对戊公司的存货而言, 注册会计师能够根据其管理层的"计价和分摊"认定推论得出的具体审计目标有(   )。

A. 存货入账的期间是恰当的

B. 存货的总账与其明细账一致

C. 存货的可变现净值低于成本时已经进行正确的会计处理

D. 列示的存货均为戊公司拥有和控制

3. 下面有关内部控制与认定的表述中, 正确的有(   )。

A. 销售单连续编号与销售交易的发生认定或完整性认定相关

B. 检查销售记录是否附有销售单, 主要是防止销售交易的完整性错报

C. 定期核对发运凭证, 并追查至主营业务收入明细账, 防止漏记收入

D. 独立检查销售发票的编制, 与销售记录的完整性相关

4. 注册会计师对财务报表实施审计的目标包括(   )。

A. 被审计单位是否存在违反法律法规行为

B. 财务报表是否按照适用的财务报告编制基础编制

C. 财务报表是否在所有重大方面公允反映被审计单位的财务状况、经营成果和现金流量

D. 财务报表是否真实反映了管理层的判断和决策

5. 以下有关审计目标的说法中正确的有(   )。

A. 审计目标包括财务报表审计目标以及与各类交易、账户余额和披露相关的审计目标两个层次

B. 审计的目的是提高财务报表预期使用者对财务报表的信赖程度

C. 在财务报表审计中，被审计单位管理层和治理层与注册会计师承担着不同的责任，不能相互混淆和替代

D. 审计目标界定了注册会计师的责任范围，决定了注册会计师如何发表审计意见

6. 下列说法中不正确的有（　　）。

A. 样本量越大，抽样风险越大

B. 面临的审计风险越高，重要性水平越高

C. 总体项目的变异性越低，通常样本规模越小

D. 重要性水平越低，应当获取的审计证据越多

三、简答题

注册会计师通常依据各类交易、账户余额和披露相关的认定确定审计目标，根据审计目标设计审计程序。下表给出了固定资产的相关认定。

固定资产的相关认定	审计目标	审计程序
存在		（1） （2）
权利和义务		（1） （2）
完整性		（1） （2）
计价和分摊		（1） （2）
与列报和披露相关的认定		（1） （2）

【要求】请根据表中给出的固定资产的相关认定确定审计目标，并针对每一审计目标简要设计两项审计程序。

第2章 审计计划

【考情分析】在近3年考试中，本章内容所占分值为4分左右，题型以客观题为主，有时也会在主观题中考查，如"审计的重要性"的应用。

【复习要点】本章是审计原理中最重要、难度最大的章节，复习要点主要包括初步业务活动、总体审计策略和具体审计计划、审计重要性等。

【本章要点概览】

审计计划	一、初步业务活动	1. 初步业务活动的目的和内容	★★
		2. 审计的前提条件	★★
		3. 审计业务约定书	★★
	二、总体审计策略和具体审计计划	在制定总体审计策略时，注册会计师应当考虑的因素	★★
	三、重要性	1. 重要性的含义	★★
		2. 重要性水平的确定	★★
		3. 错报	★★

第1节 初步业务活动

【复习要点1】初步业务活动的目的和内容（★★）

1. 初步业务活动的目的

（1）确保注册会计师已具备执行业务所需要的独立性和专业才能。

（2）确保不存在因管理层诚信问题而可能影响注册会计师保持该项业务意愿的情况。

（3）确保与被审计单位不存在对业务约定条款的误解。

2. 初步业务活动的内容

（1）针对保持客户关系和具体审计业务实施相应的质量控制程序。

（2）评价遵守相关职业道德要求的情况。

（3）就审计业务约定条款达成一致意见。

【提示】核心目的是确定是否接受业务委托。

【例题·单选题】会计师事务所开展初步业务活动，下列目的中，属于确保在计划审计工作时执行审计工作的注册会计师具备的要求的是（   ）。

A. 按适当的方式收费　　　　B. 对客户的商业机密保密

C. 独立性和专业胜任能力　　D. 合理利用专家的工作

【解析】选项A、B是签约时的承诺；选项C是审计准则的规定；选项D是计划审计工作开始之后的工作。

【答案】C

【复习要点2】审计的前提条件（★★）

1. 确定财务报告编制基础

承接鉴证业务的条件之一是标准适当，且能够为预期使用者获取。就审计准则而言，适当的财务报告编制基础为注册会计师提供了用以审计财务报表的标准。

2. 就管理层的责任达成一致意见

管理层认可与财务报表相关的责任，是注册会计师执行审计工作的前提，构成注册会计师按照审计准则的规定执行审计工作的基础。因此，注册会计师应当"就管理层的责任达成一致意见"。

3. 确认的形式

审计准则规定，注册会计师应当要求管理层就其已履行的某些责任提供书面声明。包括针对管理层责任的书面声明、其他审计准则要求的书面声明，以及在必要时需要获取用于支持其他审计证据的书面声明。

【例题·多选题】在确定财务报告编制基础的可接受性时需要考虑的因素有（   ）。

A. 财务报表的目的   B. 财务报表的性质

C. 被审计单位的性质   D. 法律法规是否规定了适用的财务报告的编制基础

【解析】在确定编制财务报表所采用的财务报告编制基础的可接受性时，注册会计师需要考虑的因素包括：① 财务报表的目的，例如编制财务报表是用于满足广大财务报表使用者共同的财务信息需求，还是用于满足财务报表特定使用者的信息需求；② 被审计单位的性质，例如被审计单位是商业企业、公共部门实体还是非营利组织；③ 财务报表的性质，例如财务报表是整套报表还是单一报表等；④ 适用的财务编制基础。

【答案】ABCD

【复习要点3】审计业务约定书（★★）

1. 审计业务约定书的基本内容

（1）财务报表审计的目标与范围。

（2）注册会计师的责任。

（3）管理层的责任。

（4）指出用于编制财务报表所适用的财务报告编制基础。

（5）提及注册会计师拟出具的审计报告的预期形式和内容，以及对在特定情况下出具的审计报告可能不同于预期形式和内容的说明。

2. 审计业务约定条款的变更

可能导致被审计单位要求变更业务的情形有3种。

（1）环境变化对审计服务的需求产生影响。

（2）对原来要求的审计业务的性质存在误解。

（3）无论是管理层施加的还是其他情况引起的审计范围受到限制。

如果注册会计师不同意变更审计业务约定条款，而管理层又不允许继续执行原审计业务，注册会计师应当：

（1）在适用的法律法规允许的情况下，解除审计业务约定；

（2）确定是否有约定义务或其他义务向治理层、所有者或监管机构等报告该事项。

3. 变更为审阅业务或相关服务业务的要求

（1）在同意将审计业务变更为审阅业务或相关服务业务前，接受委托按照审计准则执行审计工作的注册会计师，除考虑上述变更理由外，还需要评估变更业务对法律责任或业务约定的影响。

（2）如果注册会计师认为将审计业务变更为审阅业务或相关服务业务具有合理理由，截至变更日已执行的审计工作可能与变更后的业务相关，相应地，注册会计师需要执行的工作和出具的报告会适用于变更后的业务。

（3）为避免引起报告使用者的误解，对相关服务业务出具的报告不应提及原审计业务和在原审计业务中已执行的程序。

【例题·多选题】审计业务约定书除基本应该考虑的内容外，根据情况的需要，还应当进行特殊考虑的内容包括（　　　　）。

A. 财务报表审计的目标与范围

B. 管理层的责任

C. 被审计单位所有权发生重大变动

D. 组成部分管理层相对于母公司的独立程度

【解析】根据审计业务约定书的基本内容和特殊内容来看，选项A、B属于审计业务约定书的基本内容，并不是特殊考虑的内容。

【答案】CD

第2节　总体审计策略和具体审计计划

【复习要点】在制定总体审计策略时，注册会计师应当考虑的因素（★★）

在制定总体审计策略时，注册会计师应当考虑下列事项：① 审计范围；② 审计报告目标、同时安排及所需沟通的性质；③ 审计方向；④ 审计资源。

注册会计师应当在总体审计策略中说明执行审计业务所必需的审计资源的性质、时间安排和范围。

（1）向具体审计领域调配的资源，包括向高风险领域分派有适当经验的项目组成员，就复杂的问题利用专家工作等。

（2）向具体审计领域分配资源的多少，包括分派到重要地点进行存货监盘的项目组成员的人数，在集团审计中复核组成部分注册会计师工作的范围，向高风险领域分配的审计时间预算等。

（3）何时调配这些资源，包括是在期中审计阶段还是在关键的截止日期调配资源等。

（4）如何管理、指导、监督这些资源，包括预期何时召开项目组预备会和总结会，预期项目合伙人和经理如何进行复核，是否需要实施项目质量控制复核等。

【例题·单选题】（2016年真题）下列各项中，属于具体审计计划活动的有（　　　）。

A. 确定重要性

B. 确定风险评估程序的性质、时间安排和范围

C. 确定进一步审计程序的性质、时间安排和范围

D. 确定是否需要实施项目质量控制复核

【解析】本题考查的知识点是具体审计计划。具体审计计划应当包括：（1）风险评估程序；（2）计划实施的进一步审计程序；（3）其他审计程序（审计业务之外的特殊事项实施的其他审计程序）。在总体审计策略中确定重要性水平，而不是在具体审计计划中确定，选项A错误；是否需要实施项目质量控制复核，不是在具体审计计划中确定的，选项D错误。

【答案】BC

第3节 重要性

【复习要点1】重要性的含义（★★）

1. 理解重要性的概念

重要性的概念可以从下列方面进行理解。

（1）如果合理预期一项错报（包括漏报）单独或连同其他错报可能影响财务报表使用者依据财务报表做出的经济决策，则通常认为该项错报是重要的。

（2）对重要性的判断是根据具体环境做出的，并受错报的金额或性质的影响，或受两者共同作用的影响。

（3）判断某事项对财务报表使用者是否重大，是在考虑财务报表使用者整体共同的财务信息需求的基础上做出的。

2. 注册会计师使用整体重要性水平的目的

（1）决定风险评估程序的性质、时间安排和范围。

（2）识别和评估重大错报风险。

（3）确定进一步审计程序的性质、时间安排和范围。

（4）评价已识别的错报对财务报表的影响和对审计报告中审计意见的影响。

【复习要点2】重要性水平的确定（★★）

确定内容	说　明
财务报表整体的重要性	（1）注册会计师在制定总体审计策略时，应当确定财务报表整体的重要性，以便得出财务报表是否公允反映的结论
	（2）首先选择一个恰当的基准，再选用适当的百分比乘以该基准，从而得出财务报表整体的重要性水平
	（3）在选择基准时，需要考虑的因素包括： ① 财务报表要素 ② 是否存在特定会计主体的财务报表使用者特别关注的项目 ③ 被审计单位的性质、所处的生命周期以及所处行业和经济环境 ④ 被审计单位的所有权结构和融资方式 ⑤ 基准的相对波动性
	（4）百分比的确定。为选定的基准确定百分比需要运用职业判断。注意事项如下： 第一，注册会计师在评价未更正错报是否重要时，不仅要考虑金额，还要考虑性质 第二，对于上市公司及其他公众利益实体，注册会计师会使用较低的百分比 第三，注册会计师为被审计单位选择的基准在各年度中通常会保持稳定，但并非必须保持一贯不变 第四，注册会计师在确定重要性水平时，不需考虑与具体项目计量相关的固有不确定性

续表

确定内容	说　明
特定类别交易、账户余额或披露的重要性水平	根据被审计单位具体情况进行判断，下列因素可能表明存在一个或多个特定类别的交易、账户余额或披露。其发生的错报金额"低于"财务报表整体重要性水平，很可能被合理预期，将对财务报表使用者根据财务报表做出的经济决策产生影响。注册会计师应当确定适用于这些交易、账户余额或披露的一个或多个重要性水平。 ① 法律法规或适用的财务报告编制基础是否影响财务报表使用者对特定项目（如关联方交易、管理层和治理层的报酬）计量或披露的预期 ② 与被审计单位所处行业相关的关键性披露（如制药公司的研究与开发成本） ③ 财务报表使用者是否特别关注财务报表中单独披露的业务的特定方面（如新收购的业务）
实际执行的重要性	（1）"实际执行的重要性"是指注册会计师确定的低于"财务报表整体重要性"的一个或多个金额，旨在将未更正和未发现错报的汇总数超过"财务报表整体重要性"的可能性降至适当的低水平。如果适用，"实际执行的重要性"还指注册会计师确定的低于"特定类别的交易、账户余额或披露的重要性水平"的一个或多个金额 （2）确定实际执行的重要性需要注册会计师运用职业判断，并考虑下列因素的影响：① 对被审计单位的了解；② 前期审计工作中识别出的错报的性质和范围；③ 根据前期识别出的错报对本期错报做出的预期 （3）通常而言，实际执行的重要性通常为财务报表整体重要性的50%~75%。 注意：实际执行的重要性为整体重要性50%的情况 ① 非连续审计 ② 以前年度审计调整较多 ③ 项目总体风险较高 75%的具体情况： ① 连续审计，以前年度审计调整较少 ② 项目总体风险较低 （4）审计中实际执行重要性在审计中的作用
审计过程中修改重要性	注册会计师可能需要修改财务报表整体的重要性和特定类别的交易、账户余额或披露的重要性水平（如适用）其原因： ① 审计过程中情况发生重大变化 ② 获取新信息 ③ 通过实施进一步审计程序，注册会计师对被审计单位及其经营所了解的情况发生变化

【提示】重要性与审计风险之间存在反向关系。重要性水平越高，审计风险越低；重要性水平越低，审计风险越高。

【例题·单选题】（2007年）下列有关审计重要性的表述中，错误的有（　　　）。

A. 在考虑一项错报是否重要时，既要考虑错报的金额，又要考虑错报的性质

B. 如果一项错报单独或连同其他错报可能影响财务报表使用者依据财务报表做出的经济决策，则该项错报是重要的

C. 如果已识别但尚未更正的错报汇总数接近但不超过重要性水平，注册会计师无须要求管理层调整

D. 重要性的确定离不开职业判断

【解析】按照新准则的规定,发现的所有错报都需要提请被审计单位进行调整。

【答案】C

【复习要点3】错报(★★)

项　目	内　容		
错报的定义	是指某一财务报表项目的金额、分类、列报或披露,与按照适用的财务报告编制基础应当列示的金额、分类、列报或披露之间存在的差异;或根据注册会计师的判断,为使财务报表在所有重大方面实现公允反映,需要对金额、分类、列报或披露做出的必要调整		
错报的分类与积累	1.累积识别出的错误		
	事实错报	被审计单位收集和处理数据的错误	
		对事实的忽略或误解	
		故意舞弊行为	
	判断错报	管理层和注册会计师对会计估计值的判断差异	
		管理层和注册会计师对选择和运用会计政策的判断差异	
	推断错报	通过测试样本估计出的总体的错报减去在测试中发现的已经识别的具体错报	
	错报的汇总数=已识别的具体错报+推断错报 =事实错报+判断错报+抽样推断错报 2.明显微小的错报临界值 低于明显微小的错报临界值的错报不需要累积 实务中的通常做法是将明显微小错报的临界值定为财务报表整体重要性的5%~10% 提示:如果不能确定一个或多个错报是否明显微小,就不能认为这些错报是明显微小的。明显微小不等同于不重大		
对审计过程识别出的错报的考虑	(1)错报可能不会孤立发生,一项错报的发生还可能表明存在其他错报 (2)抽样风险和非抽样风险可能导致某些错报未被发现 (3)注册会计师可能要求管理层检查某类交易、账户余额或披露,以使管理层了解注册会计师识别出的错报的产生原因,并要求管理层采取措施以确定这些交易、账户余额或披露实际发生错报的金额,以及对财务报表做出适当的调整		

过关演练

一、单选题

1.会计师事务所开展初步业务活动,下列目的中,属于确保在计划审计工作时执行审计工作的注册会计师具备的要求的是( )。

A.按适当的方式收费　　　B.对客户的商业机密保密

C.独立性和专业胜任能力　　D.合理利用专家的工作

2. 在理解重要性概念时，下列表述中错误的是（　　　）。

A. 重要性取决于在具体环境下对错报金额和性质的判断

B. 如果一项错报单独或连同其他错报可能影响财务报表使用者依据财务报表做出的经济决策，则该项错报是重大的

C. 判断一项错报对财务报表是否重大，应当将使用者作为一个群体对共同性的财务信息的需求来考虑

D. 在重要性水平之下的小额错报，无须关注

3. 注册会计师应当制定一个比重要性水平更（　　　）的实际执行的重要性，以便评估风险和设计进一步审计程序。

A. 高　　　　　　　B. 低　　　　　　　C. 相等　　　　　　　D. 略高

4. 下列各项中与A公司财务报表层次重大错报风险评估最相关的是（　　　）。

A. A公司应收账款周转率呈明显下降趋势

B. A公司控制环境薄弱

C. A公司的生产成本计算过程相当复杂

D. A公司持有大量高价值且易被盗窃的资产

5. 在审计风险模型中，"检查风险"取决于（　　　）。

A. 与财务报表编制有关的内部控制的设计和运行的有效性

B. 审计程序设计的合理性和执行的有效性

C. 交易、账户余额、列报和披露及其认定的性质

D. 被审计单位及其环境

6. 下列与重大错报风险相关的表述中，正确的是（　　　）。

A. 重大错报风险是因样本规模确定的较小而产生的

B. 重大错报风险是假定不存在相关内部控制，某一认定发生重大错报的可能性

C. 重大错报风险独立于财务报表审计而存在

D. 重大错报风险是财务报表存在重大错报的可能性

二、多选题

1. 下列有关财务报表层次重要性水平的说法中，正确的有（　　　）。

A. 如果各个报表的重要性水平不同，应选取平均数作为重要性水平

B. 如所依据的财务报表尚未编制完成，可根据上年报表适当估计年末报表

C. 财务报表层次的重要性水平常常可以作为确定认定层次重要性水平的参考依据

D. 注册会计师需要不断在审计执行过程中修正计划的重要性水平

2. 下列说法中不正确的有（　　）。

A. 样本量越大，抽样风险越大

B. 面临的审计风险越高，重要性水平越高

C. 总体项目的变异性越低，通常样本规模越小

D. 重要性水平越低，应当获取的审计证据越多

3. 对于特定被审计单位而言，审计风险和审计证据的关系可以表述为（　　）。

A. 可接受的审计风险越低，所需的审计证据数量越多

B. 可接受的检查风险越高，所需的审计证据数量就越少

C. 评估的重大错报风险越低，所需的审计证据数量就越少

D. 评估的重大错报风险越高，所需的审计证据数量就越少

4. 下列与重大错报风险相关的表述中，不正确的有（　　）。

A. 重大错报风险是因错误使用审计程序产生的

B. 重大错报是假定不存在相关内部控制，某一认定发生重大错报的可能性

C. 重大错报风险独立于财务报表审计而存在

D. 重大错报风险可以通过合理实施审计程序予以控制

5. 确定实际执行的重要性并非简单机械的计算，需要注册会计师运用职业判断，并考虑下列哪些因素的影响（　　）。

A. 注册会计师的职业判断

B. 对被审计单位的了解（这些了解在实施风险评估程序的过程中得到更新）

C. 根据前期识别出的错报对本期错报做出的预期

D. 前期审计工作中识别出的错报的性质和范围

6. 注册会计师陈华在制定甲公司2011年度财务报表审计的总体审计策略时，为了界定审计范围，注册会计师需要考虑的事项包括（　　）。

A. 甲公司编制拟审计的财务信息所依据的财务报告编制基础

B. 对利用在以前审计工作中获取的审计证据的预期

C. 内部审计工作的可获得性及注册会计师拟信赖内部审计工作的程度

D. 甲公司对外报告的时间表

三、简答题

甲公司系ABC会计师事务所的常年审计客户，由于其业务的性质和经营规模发生重大变化，ABC会计师事务所正在考虑是否继续接受委托以及审计收费等问题。

（1）连续审计情况下，哪些情况使得注册会计师应当考虑对审计业务约定条款做出修改以及提醒被审计单位注意现有的条款？

（2）重新签订业务约定书前，ABC会计师事务所开展初步业务活动的目的是什么？

（3）开展初步业务的内容一般都有哪些？

第3章　审计证据

【考情分析】在近3年考试中，本章内容所占分值约为2分，题型为客观题，有时结合实务也在主观题中进行考查，尤其是函证和分析程序的考查。

【复习要点】本章复习要点主要包括审计证据的性质、获取审计证据的审计程序、函证、分析程序等相关知识点。

【本章要点概览】

审计证据	一、审计证据的性质	1. 审计证据的含义	★
		2. 审计证据的充分性与适当性	★★
	二、审计程序	审计程序的种类	★
	三、函证	1. 函证决策	★★★
		2. 函证的内容	★★★
		3. 函证的设计	★★★
		4. 函证的方式	★
		5. 函证的实施与评价	★★★
	四、分析程序	1. 分析程序的目的	★
		2. 用作风险评估程序——强制要求	★★
		3. 用作实质性程序——非强制	★★
		4. 用于总体复核——强制要求	★★

第1节　审计证据的性质

【复习要点1】审计证据的含义（★）

审计证据是指注册会计师为了得出审计结论、形成审计意见而使用的所有信息。包括构成财务报表基础的会计记录所含有的信息和其他信息。

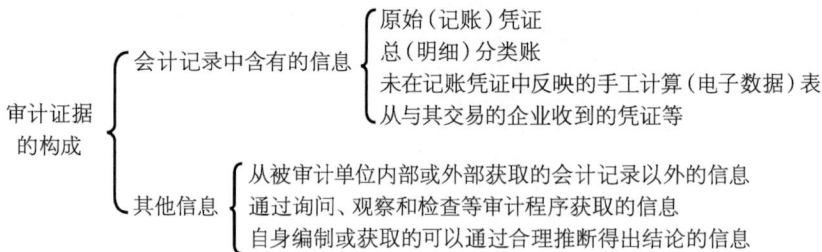

审计证据
的构成
{
　会计记录中含有的信息
{
原始（记账）凭证
总（明细）分类账
未在记账凭证中反映的手工计算（电子数据）表
从与其交易的企业收到的凭证等
}

　其他信息
{
从被审计单位内部或外部获取的会计记录以外的信息
通过询问、观察和检查等审计程序获取的信息
自身编制或获取的可以通过合理推断得出结论的信息
}
}

【复习要点2】审计证据的充分性与适当性（★★）

1. 审计证据的充分性

证据数量的衡量，主要与注册会计师确定的样本量有关，评估的错报风险越大，需要的审计证据可能越多。

2. 审计证据的适当性

审计证据的适当性是对证据质量的衡量，包括相关性和可靠性。

（1）审计证据是否相关必须结合具体审计目标来考虑。

（2）审计证据的可靠性受其来源和性质的影响，并取决于获取审计证据的具体环境。

3. 充分性和适当性的关系

审计证据的数量受质量的影响；但质量存在缺陷，仅靠提高数量可能难以弥补。

4. 评价充分性和适当性时的特殊考虑

（1）对文件记录可靠性的考虑。

（2）使用被审计单位生成信息时的考虑。

（3）证据相互矛盾时的考虑。

（4）获取审计证据时对成本的考虑。

【例题·单选题】（2012年）下列关于审计证据充分性的说法中，错误的选项是（　　）。

A. 审计证据的充分性是对审计证据数量的衡量，主要与确定的样本量有关

B. 获取更多的审计证据可以弥补这些审计证据质量上的缺陷

C. 注册会计师需获取审计证据的数量受其对重大错报风险评估的影响

D. 需要获取的审计证据的数量受审计证据质量的影响

【解析】选项B错误。如果审计证据的质量存在缺陷，仅靠获取更多的审计证据可能无法弥补审计证据质量上的缺陷。

【答案】B

第2节　审计程序

【复习要点】审计程序的种类（★）

审计程序	特　点	与所获取审计证据最相关的认定
检查	可以提供可靠程度不同的审计证据，审计证据的可靠性取决于记录或文件的性质和来源	存在（"逆查"）、完整性（"顺查"）
观察	观察提供的审计证据仅限于观察发生的时点	存在

审计程序	特　点	与所获取审计证据最相关的认定
询　问	询问本身不足以发现认定层次存在的重大错报，也不足以测试内部控制运行的有效性	与存在、完整性、权利和义务等认定有一定关系
函证	通过函证获取的证据可靠性较高	存在、义务和权利
重新计算	人工方式或使用计算机辅助审计技术，对记录或文件中的数据计算的准确性进行核对	计价和分摊/准确性
重新执行	重新独立执行作为被审计单位内部控制组成部分的程序或控制	计价和分摊
分析程序	分析不同财务数据之间以及财务数据与非财务数据之间的内在关系	计价和分摊、存在、完整性

【例题·多选题】（2010年）在确定实质性分析程序使用的数据的可靠性时，A注册会计师通常考虑的因素有（　　　　）。

A. 可获得信息的来源

B. 可获得信息的可比性

C. 可获得信息是否经过审计

D. 与可获得信息相关的控制

【解析】在确定实质性分析程序使用的数据是否可靠时，注册会计师应当考虑下列因素：① 可获得信息的来源；② 可获得信息的可比性，实施分析程序使用的相关数据必须具有可比性；③ 可获得信息的性质和相关性；④ 与信息编制相关的控制，与信息编制相关的控制越有效，该信息越可靠。

【答案】ABD

第3节　函证

【复习要点1】函证决策（★★★）

注册会计师决策是否通过函证来获取充分适当的审计证据时需考虑下列因素。

（1）评估的认定层面重大错报风险。

评估的认定层面重大错报风险越高，注册会计师对审计证据的相关性和可靠性的要求越高，则函证程序越是有效；而对某项特别风险，比如异常或复杂、容易导致较高重大错报风险的交易，应考虑是否向交易对方函证交易的真实性和详细条款。

（2）函证程序针对的认定。

对不同的认定，函证的证明力是不同的，函证可以为某些认定提供审计证据，而对特定认定，函证的相关性受注册会计师选择函证信息的影响。

（3）实施除函证以外的其他审计程序。

对于同一项认定可以从不同来源获取审计证据或获取不同性质的审计证据。通过考虑被审计单位的经营环境、内部控制的有效性、账户或交易的性质、被询证者处理询证函的习惯做法及回函的可能性等以确定函证的内容、范围、时间和方式。

除上述3个因素外，注册会计师还可以考虑下列因素，以确定是否选择函证程序作为实质性程序。

（1）被询证者对函证事项的了解。如果被询证者对所函证的信息具有必要的了解，其提供的回复可靠性更高。

（2）预期被询证者回复询证函的能力或意愿。例如，在下列情况下，被询证者可能不会回复，也可能只是随意回复或可能试图限制对其回复的依赖程度。

①被询证者可能不愿承担回复询证函的责任。

②被询证者可能认为回复询证函成本太高或消耗太多时间。

③被询证者可能对因回复询证函而可能承担的法律责任有所担心。

④被询证者可能以不同币种核算交易。

⑤回复询证函不是被询证者日常经营的重要部分。

（3）预期被询证者的客观性。如果被询证者是被审计单位的关联方，则其回复的可靠性会降低。

【复习要点2】函证的内容（★★★）

1. 银行存款、借款及与金融机构往来的其他重要信息

注册会计师应该对被审计单位的银行存款（包括零余额账款和当期注销账户）、借款及与金融机构往来的其他重要信息进行函证程序。除有充分证据表明其对财务报表不重要并且不存在较高重大错报风险，可不对这些项目实施函证程序，但应在审计工作底稿中说明理由。

2. 应收账款

除有充分证据表明应收账款对财务报表不重要或者函证可能无效以外，注册会计师应当对应收账款实施函证程序。当函证可能无效时，注册会计师应实施检查销售合同等证明交易确实已发生的证据、被审计单位与客户之间的函电记录，以及期后收款记录等替代审计程序。

3. 函证的其他内容

注册会计师可以根据具体情况和实际需要对交易性金融资产、应收账款、其他应收账款、预付账款、由其他单位代为保管、加工或销售的存货、长期股权投资、应付账款、预收账款、保证、抵押或质押，或有事项以及重大或异常的交易实施函证。

4. 函证程序实施的范围和时间

对于函证程序实施的范围和时间，注册会计师根据对被审计单位的了解、评估的重大错报风险等因素进行确定。

5. 现管理层要求不实施函证时的处理

注册会计师应考虑该项要求是否合理,并获取证据予以支持。如果管理层的要求合理,注册会计师应实施替代审计程序,以获取与这些账户余额或其他信息有关的充分且适当的审计证据;反之,如果管理层的要求不合理,且被阻挠无法实施函证,注册会计师应当视为审计范围受到限制,并考虑对审计报告可能产生的影响。

【复习要点3】函证的设计(★★★)

1. 设计函证的总体要求

(1)在针对账户余额的存在性认定获取审计证据时,注册会计师应当在函证中列明相关信息,要求对方核对确认。

(2)在针对账户余额的完整性认定获取审计证据时,注册会计师应当改变函证内容的设计或采用其他审计程序。

2. 设计函证需要考虑的因素

(1)函证的方式:积极式函证和消极式函证。

(2)以往审计或类似业务的经验:以往的经验包括回函率、以前年度审计中发现的错误以及回函所提供信息的准确程度等。

(3)拟函证信息的性质:确定哪些信息需要进行函证。

(4)选择被函证者的适当性:向对所询证信息知情的第三方发送询证函。

(5)被询证者易于回函的信息类型:是否便于被询证者回答,影响到回函率和所获取审计证据的性质。

【复习要点4】函证的方式(★)

函证方式	说 明	特 点
积极的函证方式	所有情况下必须回函,要求被询证者确认所列示信息是否真实	可以提供可靠的审计证据,但询证者可能对列示信息根本未加以验证就给予回函确认
	所有情况下必须回函,要求被询证者填列询证函要求的信息	可能会导致回函率降低,进而导致需要执行更多的替代程序
消极的函证方式	被询证者仅在不同意询证函列示信息的情况下予以回函	未收到消极式询证函的回函提供的审计证据的说服力远不如积极式询证函的回函提供的审计证据

当同时存在下列情况时,注册会计师可以考虑采用消极的函证方式。

(1)重大错报风险评估为低水平。

(2)涉及大量余额较小的账户。

(3)预期不存在大量的错误。

(4)没有理由相信被函证者不认真对待函证。

注册会计师在选择函证方式时,可以将两种方式结合使用,例如应收账款,可对所有或者抽取的大额应收账款样本项目采用积极的函证方式,而对抽取的小额应收账款样本项目采用消极的函证方式。

【例题·多选题】关于函证程序,下列说法中正确的是( )。

A. 函证的形式分为积极式函证和消极式函证

B. 函证程序只能用于获取存在情况的审计证据

C. 函证程序不必仅仅局限于账户余额

D. 当针对的是与特定账户余额及其项目相关的认定时,函证常常是相关的程序

【解析】函证可以用于获取不存在某些情况的审计证据。因此选项B是错误的。

【答案】ACD

【复习要点5】函证的实施与评价(★★★)

项 目	内 容
函证实施过程的控制	注册会计师应当采取以下措施对函证实施过程进行控制 (1)将被询证者的名称、单位名称和地址与被审计单位有关记录核对(选择被询证者) (2)将询证函中列示的账户余额或其他信息与被审计单位有关资料核对 (3)在询证函中指明直接向接受审计业务委托的会计师事务所回函 (4)询证函经被审计单位盖章后,由注册会计师直接发出 (5)将发出询证函的情况形成审计工作记录 (6)将收到的回函形成审计工作记录,并汇总统计函证结果
合理时间内未收到回函时的处理	首先,注册会计师应当考虑与被询证者联系,要求对方做出回应或者再次寄发询证函;其次,如果我仍无回应,注册会计师应实施替代审计程序 在某些情况下取得积极式询证函回函时获取充分、适当的审计证据的必要程序,这些情况可能包含:可获取的佐证管理层认定的信息只能从被审计单位外部获取;存在特定舞弊风险因素,例如,管理层凌驾于内部控制之上,员工与(或)管理层串通
评价函证的可靠性	函证所获取的审计证据的可靠性主要取决于注册会计师设计询证函、实施函证程序和评价函证结果等程序的适当性,在评价函证的可靠性时,注册会计师应当考虑以下因素: (1)对询证函的设计、发出及收回的控制情况 (2)被询证者的胜任能力、独立性、授权回函情况、对函证项目的了解以及其客观性 (3)被审计单位施加的限制或回函中的限制
对不符事项的处理	注册会计师应当调查不符事项,以确定是否表明存在错报;询证函回函中提出的不符事项可能表明财务报表存在(潜在)错报或与其财务报告有关的内部控制存在缺陷;当识别到财务报表存在错报时,注册会计师应评价该错报是否表明存在舞弊;反之,某些不符事项并不表明存在错报,例如,注册会计师可能认为询证函的差异是由于函证程序的时间安排、计量或书写错误造成的

续表

项 目	内 容
实施函证时要关注的舞弊风险迹象以及采取的应对措施	1. 注册会计师需要关注的舞弊风险迹象 与函证程序有关的舞弊风险迹象的例子包括： （1）管理层不允许寄发询证函 （2）管理层试图拦截、篡改询证函或回函，如坚持以特定的方式发送询证函 （3）被询证者将回函寄至被审计单位，被审计单位将其转交注册会计师 （4）注册会计师跟进访问被询证者，发现回函信息与被询证者记录不一致，例如，对银行的跟进访问表明提供给注册会计师的银行函证结果与银行的账面记录不一致 （5）从私人电子信箱发送的回函 （6）收到同一日期发回的、相同笔迹的多份回函 （7）位于不同地址的多家被询证者的回函邮戳显示的发函地址相同 （8）收到不同被询证者用快递寄回的回函，但快递的交寄人或发件人是同一个人或是被审计单位的员工 （9）回函邮戳显示的发函地址与被审计单位记录的被询证者的地址不一致 （10）不正常的回函率，例如，银行函证未回函；与以前年度相比，回函率异常偏高或回函率重大变动；向被审计单位债权人发送的询证函回函率很低 （11）被询证者缺乏独立性，例如，被审计单位及其管理层能够对被询证者施加重大影响，以使其向注册会计师提供虚假或误导信息（如被审计单位是被询证者唯一或重要的客户或供应商）；被询证者既是被审计单位资产的保管人又是资产的管理者 2. 针对舞弊风险迹象注册会计师可以采取的应对措施 针对舞弊风险迹象，注册会计师根据具体情况实施的审计程序的例子包括： （1）验证被询证者是否存在、是否与被审计单位之间缺乏独立性，其业务性质和规模是否与被询证者和被审计单位之间的交易记录相匹配 （2）将与从其他来源得到的被询证者的地址（如与被审计单位签订的合同上签署的地址、网络上查询到的地址）相比较，验证寄出方地址的有效性 （3）将被审计单位档案中有关被询证者的签名样本、公司公章与回函核对 （4）要求与被询证者相关人员直接沟通讨论询证事项，考虑是否有必要前往被询证者工作地点以验证其是否存在 （5）分别在中期和期末寄发询证函，并使用被审计单位账面记录和其他相关信息核对相关账户的期间变动 （6）考虑从金融机构获得被审计单位的信用记录，加盖该金融机构公章，并与被审计单位会计记录相核对，以证实是否存在被审计单位没有记录的贷款、担保、开立银行承兑汇票、信用证、保函等事项

【例题·多选题】（2016年真题）下列有关询证函回函可靠性的说法中，错误的是（　　）。

A. 被询证者对于函证信息的口头回复是可靠的审计证据

B. 由被审计单位的转交注册会计师的回函不是可靠的审计证据

C. 以电子形式收到的回函不是可靠的审计证据

D. 询证函回函中的免责条款削弱了回函的可靠性

【解析】本题考查的是函证的可靠性。函证要求被函证单位直接书面回复注册会计师，不能采取口头方式回复，选项A错误。注册会计师和回函者采用一定的程序为电子形式的回函创造安全环境，也可以获取可靠的审计证据，例如：加密技术、电子数码签名技术、网页真实性认证技术，选项C错误。无论是采用纸质还是电子介质，被询证者的回函中都可能包括免责或其他限制条款，该限制条款需根据具体情况判断是否影响可靠性，选项D错误。

【答案】ACD

第4节　分析程序

【复习要点1】分析程序的目的（*）

使用情形	分析程序的目的
在风险评估程序时	以了解被审计单位及其环境并评估重大错报风险
当使用分析程序比细节测试能更有效地将认定层面的检查风险降低至可接受的水平时	用作实质性程序
审计结束或将近结束时	对财务报表进行总体复核

【例题·单选题】下列关于分析程序的相关说法，错误的是（　　　）。

A. 风险评估程序中运用分析程序的主要目的在于识别那些可能表明财务报表存在重大错报风险的异常变化

B. 风险评估过程中运用的分析程序，所使用的数据汇总性比较强，其对象主要是财务报表中账户余额及其相互之间的关系

C. 在总体复核阶段实施的分析程序往往集中在认定层次

D. 在总体复核阶段实施的分析程序主要在于强调并解释财务报表项目自上个会计期间以来发生的重大变化，以证实财务报表中列报的所有信息与注册会计师对被审计单位及其环境的了解一致，与注册会计师取得的审计证据一致

【解析】因为在总体复核阶段实施的分析程序并非为了对特定账户余额和披露提供实质性的保证水平，因此并不如实质性分析程序那样详细和具体，而往往集中在财务报表层次。

【答案】C

【复习要点2】用作风险评估程序——强制要求（**）

1. 总体要求

应当运用分析程序，了解被审计单位及其环境并评估重大错报分析，在该阶段运用分析程序是强制要求。

2. 具体要求

（1）应将分析程序与其他具体审计程序结合运用。

（2）应重点关注关键的账户余额、趋势和财务比率关系等方面，对其形成一个合理的预期，并与被审计单位记录的金额、依据记录金额计算的比率或趋势相比较。

（3）通过发现异常点来识别重大错报分析，但无须对被审计单位每一方面都实施分析程序。

3. 风险评估过程中运用的分析程序的特点

（1）所用数据主要集中于报表层面，因此数据的汇总性强。

（2）风险评估过程中运用的分析程序通常包括对账户余额变化的分析，并辅之以趋势分析和比率分析。

（3）风险评估过程中使用的分析程序的性质、精确度以及范围等并不能够提供很高的保证水平。

【复习要点3】用作实质性程序——非强制（★★）

1. 总体要求

当使用分析程序比细节测试能更有效地将认定层次的检查风险降至可接受的水平时，注册会计师可以考虑单独或结合细节测试，运用实质性分析程序。当相对于细节测试，实质性分析程序能够达到的精确度可能受到限制，证明力相对较弱。因此注册会计师不能仅依赖实质性分析程序而忽略了运用细节测试。

2. 实质性分析程序对特定认定的适用性

实质性分析程序能够达到的精确度可能受到限制，证明力相对较弱，因此当评估的重大错报风险水平越高，注册会计师越应谨慎实施实质性分析程序；在针对同一认定实施细节测试时，特定的实质性分析程序也可能是适当的。

3. 数据的可靠性

信息的来源	具体内容
被审计单位内部的数据	（1）前期数据，并根据当期的变化进行调整 （2）当期的财务数据 （3）预算或预测 （4）非财务数据
外部数据	（1）政府有关部门发布的信息，如通货膨胀率、利率等 （2）行业监管者、贸易协会以及行业调查单位发布的信息，如行业平均增长率 （3）经济预测组织发布的信息，包括某些银行发布的预测消息，如某些行业预测业绩指标等 （4）公开出版的财务信息 （5）证券交易所发布的信息等

4. 评价预期值的准确程度

在评价做出预期的准确程度是否足以在计划的保证水平上识别重大错误时，注册会计师应当考虑下列主要的因素。

（1）对实质性分析程序的预期结果做出预测的准确性。

（2）信息可分解的程度。

（3）财务和非财务信息的可获得性。

（4）已记录金额与预期值之间可接受的差异额。

5. 已记录金额与预期值之间可接受的差异额

因为预期值只是一个估计值，一般情况下与已记录金额并不一致。因此，注册会计师需要确定这两者之间的差异额是可接受的。注册会计师可以从以下两个方面进行考虑。

（1）考虑重要性和计划的保证水平。

为了获取具有说服力的审计证据，可容忍错报越低，计划的保证水平越高，可接受的差异额越小。

（2）考虑更多的审计证据。

风险越高，注册会计师越需要获取有说服力的审计证据。可接受的差异额越低，注册会计师需要收集越多的审计证据，以尽可能发现财务报表中的重大情报，获取计划的保证水平。

【例题·单选题】下列有关实质性程序的表述，错误的是（　　　　）。

A. 由于实质性程序的目的在于更直接地发现重大错报，因此在期中实施实质性程序时需要权衡其成本与效益

B. 如果拟利用以前审计中实施实质性程序获取的审计证据，注册会计师应当在本期实施审计程序，以确定这些审计证据是否具有持续相关性

C. 将期中实施实质性程序得出的结论延伸至期末，注册会计师仅需在期末实施实质性程序

D. 如果针对剩余期间注册会计师可以通过实施实质性程序或将实质性程序与控制测试相结合，较有把握地降低期末存在错报而未被发现的风险，注册会计师可以考虑在期中实施实质性程序

【解析】如果拟将期中测试得出的结论延伸至期末，注册会计师应当考虑针对剩余期间仅实施实质性程序是否足够。如果认为实施实质性程序本身不充分，注册会计师还应测试剩余期间相关控制运行的有效性或针对期末实施实质性程序。

【答案】C

【复习要点4】用于总体复核——强制要求（★★）

1. 总体要求

分析程序运用的目的是确定财务报表整体是否与其对被审计单位的了解一致。

2. 总体复核阶段分析程序的特点

强调并解释财务报表项目自上个会计期间以来发生的重大变化，以证实财务报表中列报的所有信息与注册会计师对被审计单位及其环境的了解一致，与注册会计师取得的审计证据一致。总体复核阶段的分析程序主要集中在财务报表层次。

3. 再评估重大错报风险

在运用分析程序进行总体复核时，如识别出以前未识别的重大错报风险，应重新考虑对全部或部分各类交易、账户余额和披露评估的风险是否恰当，并在此基础上重新评价之前计划的审计程序是否充分，是否有必要追加审计程序。

【例题·单选题】关于分析程序用于总体复核时,下列说法中错误的是（   ）。

A. 在审计结束或临近结束时，注册会计师运用分析程序的目的是确定财务报表整体是否与其对被审计单位的了解一致

B. 在总体复核阶段执行分析程序所进行的比较和使用的手段与风险评估程序中使用的分析程序是不同的

C. 在总体复核时，如果识别出以前未识别的重大错报风险，注册会计师应重新考虑对全部或部分各类交易、账户余额和披露评估的风险是否恰当

D. 在审计结束或临近结束时，运用分析程序是强制要求

【解析】选项B,在总体复核阶段执行分析程序所进行的比较和使用的手段与风险评估程序中使用的分析程序是基本相同的。因此,选项B是错误的。

【答案】B

过关演练

一、单选题

1. 在对甲公司应收账款审计时,注册会计师获取的下列审计证据,其中可靠性最强的通常是（   ）。

A. 甲公司与购货方签订的合同　　　B. 注册会计师向购货方函证的回函

C. 甲公司产品销售的出库凭证　　　D. 甲公司管理层提供的声明书

2. 在下列情况下, 注册会计师一定要使用分析程序的是 (   )。

A. 了解被审计单位及其环境, 识别重大错报风险

B. 用作实质性程序, 识别重大错报

C. 执行控制测试, 测试内部控制的运行有效性

D. 对舞弊等特别风险实施的程序

3. 下列关于分析程序的说法中, 不正确的是 (   )。

A. 对于重要审计项目, 不应仅仅依据分析程序

B. 对于会计数据可靠性较低的审计项目, 应较多依赖分析程序

C. 对于审计风险较低的审计项目, 可较多依赖分析程序

D. 对于分析程序结果与执行其他实质性程序结果不一致的, 应当较多依赖其他实质性程序结果

4. 下面有关分析程序的表述不正确的是 (   )。

A. 了解被审计单位及其环境的过程中, 分析程序是必须执行的程序

B. 实质性分析程序是细节测试的一种补充, 注册会计师仅仅依靠实质性分析程序难以获取充分、适当的审计证据

C. 在对同一认定实施细节测试的同时, 可实施实质性分析程序

D. 分析程序的资料主要涉及财务信息, 但注册会计师视需要也可以利用非财务信息

5. 下列关于函证的相关论述中, 错误的是 (   )。

A. 如果有充分证据表明应收账款对被审计单位财务报表而言是不重要的, 即便函证是有效的, 注册会计师可以不实施应收账款函证程序

B. 如果认为函证很可能是无效的, 注册会计师应当实施替代审计程序

C. 如果注册会计师不对应收账款进行函证, 应当在工作底稿中说明理由

D. 如果有充分证据表明应收账款对被审计单位财务报表而言是重要的, 即便函证是无效的, 注册会计师也应当实施应收账款函证程序, 以便应对重大错报风险

6. 下列有关函证的说法中不恰当的是 (   )。

A. 通过函证后, 注册会计师如果发现了不符事项, 注册会计师应当首先提请被审计单位查明原因, 并作进一步分析和核实

B. 函证是比较有效的审计程序, 即使有迹象表明收回的询证函不可靠, 注册会计师也不用再实施其他适当的审计程序予以证实

C. 一般情况下, 注册会计师以资产负债表日为截止日, 在资产负债表日后适当时间内实施函证

D. 如果采用审计抽样的方式确定函证程序的范围, 无论采用统计抽样方法, 还是非统计抽样方法, 选取的样本应当足以代表总体

二、多选题

1. 注册会计师通过执行分析程序, 提出下列审计策略, 其中正确的有( )。

A. 由于存货在资产中非常重要, 尽管分析程序未发现异常, 仍应将其作为审计重点

B. 其他应付款在财务报表中所占比重非常小, 但被审计年度比上年增长了一倍, 仍应将其作为审计重点

C. 考虑到被审计单位营业收入账户的发生认定存在较高的错报风险, 注册会计师对其实施了较全面的分析程序后未见异常, 即认为该认定是恰当的

D. 注册会计师在审计计划阶段可运用分析程序, 为重要性水平的确定提供基础

2. 注册会计师一定要使用分析程序的情况有( )。

A. 了解被审计单位及其环境, 识别重大错报风险

B. 用作实质性程序, 识别重大错报

C. 对财务报表进行总体复核, 再评估重大错报风险

D. 针对特别风险, 发现财务报表舞弊

3. 在主营业务收入的审计中, 注册会计师常用的分析程序包括( )。

A. 将本期与上期的主营业务收入进行比较

B. 根据增值税发票申报表或普通发票, 估算全年收入, 与实际收入金额比较

C. 将本期重要产品的毛利率, 与上期比较

D. 比较本期各月主营业务收入的波动情况

4. 在对询证函的以下处理方法中, 不正确的有( )。

A. 在粘封询证函时未进行统一编号

B. 寄发询证函, 并将重要的询证函复制给被审计单位进行催收货款

C. 有10封询证函直接交给被审计单位的业务员, 由其到被询证单位盖章后取回

D. 询证函要求被询证单位将原件盖章后直接寄至会计师事务所

5. 在对银行存款余额实施函证程序的过程中, 下列做法正确的有( )。

A. 对本年度已经清户的甲银行账户采用消极式函证, 对其他有余额的银行存款账户采用积极式函证

B. 对所有银行存款 (包括零余额账户和在本期内注销的账户) 实施函证程序

C. 由被审计单位代为填写银行询证函并加盖公章后, 交由注册会计师复核并直接发出和回收

D. 银行询证函回函结果表明并不存在差异, 注册会计师就可以确定银行存款余额是没有问题的

6. 下列有关函证实施过程的控制说法恰当的有( )。

A. 注册会计师应当亲自负责询证函的收发

B. 询证函应当以被审计单位的名义寄发

C．询证函由被审计单位盖章后，可以由被审计单位相关人员寄发，但是询证函应直接寄至会计师事务所

D．发出询证函的情况要形成审计工作记录

三、简答题

L注册会计师在对F公司2012年度财务报表进行审计时，收集到以下6组审计证据。

（1）收料单与购货发票。

（2）销货发票副本与产品出库单。

（3）领料单与材料成本计算表。

（4）工资计算单与工资发放单。

（5）存货盘点表与存货监盘记录。

（6）银行询证函回函与银行对账单。

【要求】请分别说明每组审计证据中哪项审计证据较为可靠，并简要说明理由。

第4章 审计抽样

【考情分析】在近3年考试中,本章内容所占分值为6分左右,题型以简答题为主,在客观题和综合题中也偶有涉及。

【复习要点】本章复习要点主要包括审计抽样的基本概念、审计抽样的基本原理和步骤、审计抽样在控制测试中的应用、审计抽样在细节测试中的运用等相关知识点。

【本章要点概览】

一、审计抽样的相关概念	1. 审计抽样	★
	2. 抽样风险和非抽样风险	★
	3. 统计抽样和非统计抽样	★
二、审计抽样在控制测试中的应用	1. 影响样本规模的因素	★★
	2. 评价样本结果	★★
三、审计抽样在细节测试中的运用	1. 样本设计阶段	★★
	2. 评价样本结果阶段	★★

第1节 审计抽样的相关概念

【复习要点1】审计抽样 (★)

项 目	内容要点	
审计抽样的定义	审计抽样指注册会计师对具有审计相关性的总体中低于百分之百的项目实施审计程序,使所有抽样单元都有被选取的机会,为注册会计师针对整个总体得出结论提供合理基础	
审计抽样的特征	(1) 检查样本小于总体,即对某类交易或账户余额中低于百分之百的项目实施审计程序 (2) 随机性,即所有抽样单元都有被选取的机会 (3) 目标明确,即审计测试的目的是为了评价该交易或账户余额的某一特征	
审计抽样的适用范围	风险评估程序	通常审计抽样不适用
	控制测试程序	当控制的运行留下轨迹时,审计抽样适用
		当控制运行未留下轨迹时,审计抽样不适用
	实质性程序	当实施细节测试时,审计抽样适用
		当实施实质性分析程序时,审计抽样不适合
	变量抽样——适用于细节测试	

【提示1】有些审计程序可以使用审计抽样,有些审计程序则不宜使用审计抽样。风险评估程序通常不涉及审计抽样;询问、观察和分析程序通常不宜抽样。

【提示2】只要抽样,抽样风险就存在。

【提示3】非抽样风险是由人为错误造成的,虽不能量化,但可以通过仔细设计其审计程序来降低、消除或防范。

【复习要点2】抽样风险和非抽样风险（*）

一、抽样风险

1. 含义

抽样风险是指注册会计师根据样本得出的结论,可能不同于如果对整个总体实施与样本相同的审计程序得出的结论的风险。

2. 抽样风险类型与影响

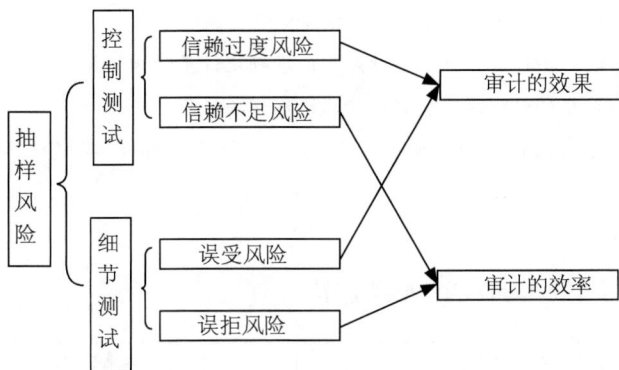

二、非抽样风险

1. 含义

非抽样风险是指注册会计师由于任何与抽样风险无关的原因而得出错误结论的风险。

2. 导致非抽样风险的原因

（1）注册会计师选择的总体与测试目标不适合。

（2）注册会计师未能适当地定义控制偏差或错报,导致注册会计师未能发现样本中存在的偏差或错报。

（3）注册会计师选择了不适于实现特定目标的审计程序。

（4）注册会计师未能适当地评价审计发现的情况。

（5）其他原因。

【例题1·单选题】（2016年真题）下列有关抽样风险说法中,错误的是（   ）。

A. 如果注册会计师对总体中所有项目都实施检查，就不存在抽样风险

B. 在使用非统计抽样时，注册师可以对抽样风险进行定性的评价和控制

C. 无论是控制测试还是细节测试，注册会计师都可通过扩大样本规模降低抽样风险

D. 注册会计师未能恰当定义误差将导致抽样风险

【解析】本题考查的知识点是抽样风险。注册会计师未能适当定义误差，将导致非抽样风险。

【答案】D

【例题2·单选题】（2015年真题）下列有关抽样风险的说法中，错误的是（　　　　）。

A. 除非注册会计师对总体中所有的项目都实施检查，否则存在抽样风险

B. 注册会计师可以通过扩大样本规模降低抽样风险

C. 在使用统计抽样时，注册会计师可以准确地计量和控制抽样风险

D. 控制测试中的抽样风险包括误受风险和误拒风险

【解析】本题考查抽样风险相关知识。控制测试中的抽样风险包括信赖过度风险和信赖不足风险。

【答案】D

【复习要点3】统计抽样和非统计抽样（★）

抽样方法	优　点	缺　点
统计抽样	(1)能够客观计量抽样风险以及控制抽样风险 (2)能够高效设计样本 (3)能够计量获取证据的充分性 (4)能够定量评价样本结果	(1)统计抽样需要特殊的专业技能，因此需要增加额外的支出对注册会计师进行培训 (2)统计抽样要求单个样本项目符合统计要求，这可能需要支出额外的费用
非统计抽样	(1)设计适当，可以提供与统计抽样同样有效的结果 (2)更适合定性评价样本结果	只能确定有抽样风险的存在,但不能精确地量化抽样风险

【例题·单选题】下列有关统计抽样和非统计抽样的说法中,错误的是（　　　　）。

A. 注册会计师应当根据具体情况并运用职业判断，确定使用统计抽样或非统计抽样方法

B. 注册会计师使用非统计抽样时，不需要考虑抽样风险

C. 非统计抽样如果设计适当，也能提供与统计抽样方法同样的结果

D. 注册会计师在统计抽样与非统计抽样方法之间进行选择时主要考虑成本效益

【解析】在非统计抽样中，需要考虑抽样风险，只不过抽样风险不能准确地计量。

【答案】B

第2节　审计抽样在控制测试中的应用

【复习要点1】影响样本规模的因素（★★）

影响样本规模的因素主要有以下几种。

（1）该控制所针对的风险的重要性。

（2）控制环境的评估结果。

（3）针对风险的控制程序的重要性。

（4）证明该控制能够防止、发现和纠正认定层次重大错报的审计证据的相关性和可靠性。

（5）在与某认定有关的其他控制的测试中获取的证据的范围。

（6）控制的叠加程度。

（7）对控制的观察和询问所获得的答复可能不能准确反映该控制得以持续适当运行的风险。

【复习要点2】评价样本结果（★★）

1. 分析偏差的性质和原因

（1）是有意的还是无意的。

（2）是误解了规定还是粗心大意。

（3）是经常发生还是偶然发生。

（4）是系统的还是随机的。

2. 计算总体偏差率

$$样本偏差率 = \frac{样本偏差数}{样本量} \xrightarrow{最佳估计} 总体偏差率$$

$$总体偏差率上限 = \frac{风险系数}{样本量} = \frac{R}{n}$$

3. 得出总体结论

（1）使用统计公式评价样本结果。

（2）使用样本结果评价表。

第3节　审计抽样在细节测试中的运用

1. 影响样本规模的因素

影响样本规模的因素有以下5个。

（1）总体变异性：变异性越小，样本越小。

（2）可接受抽样风险：主要关注误受风险。

① 愿意接受的审计风险水平。

② 评估的重大报错风险水平。

③ 针对同一审计目标的其他实质性程序的检查风险，包括分析程序。

（3）可容忍报错：可容忍报错越低，样本越大。

（4）预计总体报错：预计总体错报越少，样本越小。

（5）总体规模对样本规模影响很小。

2. 利用模型确定样本规模

注册会计师在细节测试中可以使用下列模型来确定样本规模。但其不能代替注册会计师的职业判断。

$$样本规模 = \frac{总体账面金额}{可容忍错报} \times 保证系数$$

注册会计师使用根据样本中发现的错报金额推断总体错报金额的方法如下。

（1）比率法

样本中的错报金额除以样本账面金额占总体账面总金额的比例。其计算公式如下。

$$总体错报金额 = \frac{样本错报金额}{（样本账面金额/总体账面金额）}$$

（2）差异法

计算样本中所有项目审定金额和账面金额的平均差异，并推断至总体的全部项目。其计算公式具体如下。

$$总体错报金额 = 平均差异 \times 总体规模$$

$$平均差异 = 样本实际金额与账面金额的差额/样本规模$$

【例题·单选题】在细节测试中运用非统计抽样方法,在确定样本规模时采用公式估计样本规模,甲注册会计师确定的总体账面金额为3 750 000元,预计总体错报为35 000元,可容忍错报为125 000元,保证系数为3.0,则样本规模有(　　)个。

A. 60　　　　　B. 90　　　　　C. 120　　　　　D. 322

【解析】根据教材公式:样本规模=总体账面金额÷可容忍错报×保证系数=3 750 000/125 000×3＝90(个)。

【答案】B

过关演练

一、单选题

1. 注册会计师希望从4 000张编号为0001至4000的支票中抽取80张进行审计,下列做法中错误的是(　　)。

A. 选样间距为50

B. 选取的抽样起点可以为0052号支票

C. 如果选20作为抽样起点,第一个样本项目是编号为0070的支票

D. 如果选30作为抽样起点,第一个样本项目是编号为0080的支票

2. 下列有关样本选取的说法中,错误的是(　　)。

A. 在选取样本项目时,注册会计师应当使总体中每个抽样单元被选取的概率相等

B. 随机数选样方法在统计抽样和非统计抽样中均适用

C. 随意选样法不能在统计抽样中使用

D. 系统选样法可以在非统计抽样中使用,也可适用于总体随机分布的统计抽样

3. 下列各项中,不直接影响控制测试样本规模的因素是(　　)。

A. 可容忍偏差率

B. 注册会计师在评估风险时对相关控制的依赖程度

C. 控制所影响账户的可容忍错报

D. 拟测试总体的预期偏差率

4. 下列关于"在细节测试中使用非统计抽样方法"的说法中，不正确的是（　　）。

A. 注册会计师应确信抽样总体适合于特定的审计目标

B. 识别单个重大项目（超过可容忍错报应当单独测试的项目）和极不重要的项目

C. 注册会计师利用模型确定样本规模时，应在"剔除百分之百检查的所有项目后估计总体的账面金额"方面运用职业判断

D. 在非统计抽样中，根据样本中发现的错报金额推断总体错报金额的方法主要有均值估计抽样和差额估计抽样

5. 注册会计师执行控制测试时，下列抽样方法中最有用的是（　　）。

A. 分层抽样　　　　　　　　　　B. 属性抽样

C. 比率估计抽样　　　　　　　　D. 变量抽样

6. 在控制测试中，注册会计师遇到以下与审计抽样相关的事项，其中正确的判断是（　　）。

A. 在采用询问的方式进行控制测试时，采用统计抽样比采用非统计抽样更为有效

B. 如果抽样结果有95%的可信赖程度，则抽样结果有5%的可容忍误差

C. 对控制测试的结果分析时，应以样本的误差率推断总体误差率，并考虑推断误差对特定审计目标及审计其他方面的影响

D. 计划评估的控制有效性越高，注册会计师确定的可容忍偏差率通常越低，所需的样本规模就越大

二、多选题

1. 下列各项中，属于细节测试中与样本规模成反向变动关系的因素有（　　）。

A. 可接受的信赖过度风险　　　　B. 可容忍错报

C. 预计总体偏差率　　　　　　　D. 可接受的误受风险

2. 在控制测试中使用非统计抽样方法，确定样本规模时，考虑的因素有（　　）。

A. 总体变异性　　　　　　　　　B. 可接受的抽样风险

C. 可容忍错报　　　　　　　　　D. 预计总体偏差率

3. 在细节测试中使用非统计抽样方法，注册会计师在样本设计阶段必须完成的工作包括（　　）。

A. 确定测试目标　　　　　　　　B. 定义总体

C. 定义抽样单元　　　　　　　　D. 界定错报

4. 在控制测试中运用审计抽样, 注册会计师将测试期间定为从年初到期中为截止日, 在确定是否需要针对剩余期间获取额外证据时应考虑的因素有（　　）。

A. 自期中以来控制发生的任何变化

B. 控制改变实质性程序的程度

C. 剩余期间的长短

D. 所涉及的认定的重要性

5. 在控制测试中, 如果总体偏差率上限大于可容忍偏差率, 则表示总体不能接受, 此时注册会计师应该采取的措施有（　　）。

A. 扩大控制测试的范围

B. 提高重大错报风险评估水平, 并增加实质性程序的数量

C. 发表保留意见或否定意见

D. 对影响重大错报风险评估水平的其他控制进行测试, 以支持计划的重大错报风险评估水平

6. 注册会计师必须事先准确定义构成误差的条件, 下列对误差的描述正确的有（　　）。

A. 在控制测试中, 误差是指控制偏差

B. 在控制测试中, 误差是指内部控制的缺陷

C. 在细节测试中, 误差就是可容忍错报

D. 在细节测试中, 误差是指错报

三、简答题

A注册会计师负责审计甲公司2012年度财务报表。在了解甲公司内部控制后, A注册会计师决定采用审计抽样的方法对拟信赖的内部控制进行测试, 部分做法摘录如下。

（1）为测试2012年度信用审核控制是否有效运行, 将2012年1月1日至11月30日期间的所有赊销单界定为测试总体。

（2）为测试2012年度采购付款凭证审批控制是否有效运行, 将采购凭证缺乏审批人员签字或虽有签字但未按制度审批的界定为控制偏差。

（3）在使用随机数表选取样本项目时, 由于所选中的1张凭证已经丢失, 无法测试, 直接用随机数表另选1张凭证代替。

（4）在对存货验收控制进行测试时, 确定样本规模为60, 测试后发现3例偏差。在此情况下, 推断2012年度该项控制偏差率的最佳估计为5%。

（5）在上述第（4）项的基础上，A注册会计师确定的信赖过度风险为5%，可容忍偏差率为7%。由于存货验收控制的偏差率的最佳估计不超过可容忍偏差率，认定该项控制运行有效（注：信赖过度风险为5%时，样本中发现偏差数"3"对应的控制测试风险系数为7.8）。

【要求】针对上述第（1）项至第（5）项，逐项指出A注册会计师的做法是否正确。如不正确，简要说明理由。

第5章　信息技术对审计的影响

【考情分析】在近3年考试中，本章内容所占分值约为2分，主要以主观题方式考查。

【复习要点】本章属于非重点章节，复习要点主要包括信息技术和财务报表的关系、信息技术对审计过程的影响、自动控制的优缺点、信息技术内部控制审计、审计技术信息范围的确定等相关知识点。

【本章要点概览】

信息技术对审计的影响	一、信息技术对内部控制的影响	1. 信息技术和财务报告的关系	★
		2. 信息技术对审计过程的影响	★
	二、信息技术中的一般控制和应用控制测试	1. 信息技术一般控制	★★
		2. 信息技术应用控制	★★
		3. 信息技术一般控制、应用控制与公司层面控制三者之间的关系	★
	三、信息技术对审计过程的影响	1. 信息技术审计范围的确定	★★
		2. 一般控制对控制风险的影响	★★
		3. IT控制对控制风险和实质性程序的影响	★★
		4. 在IT环境中审计	★★
	四、计算机辅助审计技术和电子表格的运用	计算机辅助审计技术	★
	五、不同信息技术环境下的问题	外包安排	★
	六、数据分析	1. 数据分析的概念	★★★
		2. 数据分析的作用	★★★

第1节　信息技术对内部控制的影响

【复习要点1】信息技术和财务报告的关系（★）

（1）企业使用以信息技术为基础的信息系统来创建、记录、处理、报告各项交易，进而来衡量和审查自身的财务业绩，并持续记录资产、负债以及所有者权益。

（2）信息系统形成的信息质量影响企业财务报表编制和管理活动等。

（3）在对财务报表进行审计过程中，如果依赖信息系统形成信息及报告，并将其作为审计工作的依据，注册会计师则应在整个审计过程中考虑信息的准确性、完整性、授权体系和访问限制。

【复习要点2】信息技术对审计过程的影响（★）

影响的方面	具体内容
审计线索	在信息技术环境下，从数据输入到报表的输出都由计算机完成，并且数据均保存在磁性介质上，从而使审计线索发生改变，如审计线索从凭证、日记账变更为数据储存介质
审计计算手段	随着信息技术的普遍应用，注册会计师需要掌握相关信息技术，把信息技术当作一种有力的审计工具，如审计计算手段从手工变更为信息技术
内部控制	随着信息技术的发展，虽然完善内部控制的目标没有改变，但内部控制的形式、内涵以及具体控制活动的性质发生了改变
审计内容	计算机按照程序对各项会计事项进行自动处理，信息系统的特点及固有风险决定了信息化环境下审计的内容包括对信息系统的处理和相关控制功能的审查
注册会计师	要求注册会计师必须拥有信息技术方面的知识，对被审计单位信息系统内的风险和控制十分熟悉，并以此调整审计策略、方法和手段等来获取充分且适当的审计证据

第2节 信息技术中的一般控制和应用控制测试

【复习要点1】信息技术一般控制（★★）

涉及内容	目 标	一般要素
程序开发	确保系统的开发、配置和实施能够实现管理层的应用控制目标	（1）对开发和实施活动的管理 （2）项目启动、分析和设计 （3）对程序开发实施过程的控制软件包的选择 （4）测试和质量确保 （5）数据迁移 （6）程序实施 （7）记录和培训 （8）职责分离
程序变更	确保对程序和相关基础组件的变更是经过请求、授权、执行、测试和实施的，已达到管理层的应用控制目标	（1）对维护活动的管理 （2）对变更请求的规范、授权与跟踪 （3）测试和质量确保 （4）程序实施 （5）记录和培训 （6）职责分离

续表

涉及内容	目　标	一般要素
程序和数据访问	确保分配的访问程序和数据的权限是经过用户身份认证并经过授权的	(1)安全活动管理 (2)安全管理 (3)数据安全 (4)操作系统安全 (5)网络安全和物理安全
计算机运行	确保生产系统根据管理层的控制目标完整准确地运行，确保运行问题被完整准确地识别并解决，以维护财务数据的完整性	(1)计算机运行获得的总体管理 (2)批调度和批处理 (3)实时处理 (4)备份和问题管理 (5)灾难恢复

【复习要点2】信息技术应用控制（★★）

信息处理目标	信息技术应用控制具体内容
完整性	(1)顺序标号。保证系统中每笔日记账都是唯一的，并且系统不会接受相同或在编号范围以外的凭证 (2)编辑检查。确保无重复交易录入
准确性	(1)编辑检查，包括限制、合理性以及格式检查等 (2)将客户、供应商以及发票等信息与现有数据进行比较
授权	(1)交易流程中必须包含恰当的授权 (2)将客户、供应发票以及采购订单等信息与现有数据进行比较
访问限制	(1)对某些特殊的会计记录的访问，必须经过数据所有者的正式授权 (2)访问控制必须满足适当的职责分离 (3)对每个系统的访问控制都要单独考虑

【复习要点3】信息技术一般控制、应用控制与公司层面控制三者之间的关系（★）

应用控制是设计在计算机应用系统中的、有助于达到信息处理目标的控制。如果带有关键的编辑检查功能的应用系统所依赖的计算机环境发现了信息技术一般控制的缺陷，注册会计师可能就不能信赖上述编辑检查功能按设计发挥作用。

【例题·单选题】下列有关信息技术内部控制审计的表述中，不正确的是（　　）。

A. 自动化控制下，也会给企业带来一些财务报表的重大错报风险

B. 对信息技术下内部控制的审计，注册会计师需要从信息技术的一般控制和应用控制两方面进行

C. 信息技术的一般控制通常能对实现信息处理目标和财务报表认定做出直接贡献

D. 信息技术的应用控制一般要经过输入、处理及输出等环节，自动系统控制关注信息处理目标包括：完整性、准确性、经过授权和访问限制

【解析】信息技术的一般控制通常会对实现部分或全部财务报表认定做出间接贡献。有些情况下，信息技术的一般控制也可能对实现信息处理目标和财务报表认定做出直接贡献。

【答案】C

第3节　信息技术对审计过程的影响

【复习要点1】信息技术审计范围的确定（★★）

注册会计师应按信息系统各自特点制订审计计划中包含的信息技术审计内容；如果注册会计师计划依赖自动控制或自动信息系统生成的信息，那么他们就需要适当扩大信息技术审计的范围。

注册会计师在确定审计策略时，需要结合被审计单位业务流程复杂度、信息系统复杂度、系统生成的交易数量、信息和复杂计算的数量、信息技术环境规模和复杂度五个方面，对信息技术审计范围进行适当考虑。

注意：第一，信息技术审计的范围与被审计单位在业务流程及信息系统相关方面的复杂度成正比。第二，在对被审计单位的业务流程、信息系统和相关风险进行充分了解之后，注册会计师应判断企业中是否包含信息技术关键风险，并且实质性程序是否无法完全控制该风险。如果符合上述情况的描述，那么注册会计师应将信息技术审计内容纳入财务审计计划之中。第三，在信息技术环境下，审计工作与对系统的依赖程度是直接关联的，注册会计师需要全面考虑其关联关系，从而可以准确定义相关的信息系统审计范围。

【例题·单选题】（2016年真题）下列有关注册会计师评估被审计单位信息系统复杂程度说法中，错误的是（　　）。

A. 评估信息系统的复杂度，需要考虑系统生成的交易数量

B. 信息技术环境复杂，意味着信息系统也是复杂的

C. 对信息系统复杂度的评估，受被审单位所使用的系统类型的影响

D. 评估信息系统的复杂度，需要考虑系统中进行的复杂计算数量

【解析】本题考查的是信息系统的复杂性。信息技术环境的复杂度和信息系统的复杂度并没有必然联系。

【答案】B

【复习要点2】一般控制对控制风险的影响（★★）

通常，信息技术一般控制对应用控制的有效性具有普遍性影响。

（1）当一般控制无效，则会增加应用控制不能防止或者发现并纠正认定层次重大错报的可能性。

（2）当信息技术一般控制有效时，注册会计师能够更多地信赖应用控制，进而测试这些控制的运行有效性，并且将被审计单位的控制风险评估为低于"最高"水平。一般情况下，注册会计师优先评估公司层面信息技术控制和信息技术一般控制的有效性，因为公司层面信息技术控制决定了信息的风险基准。

【复习要点3】IT控制对控制风险和实质性程序的影响（★★）

（1）注册会计师应将控制与具体的审计目标相联系来评估IT控制对控制风险和实质性程序的影响。除一般控制以外，注册会计师应根据每个具体审计目标，了解与识别相关的控制与缺陷，进而对每个相关审计目标评估初步控制风险。

（2）对于某一具体审计目标，如果注册会计师能够识别出有效的应用控制，则可以在通过测试确定其运行有效的基础上，进而减少其实质性程序。

【复习要点4】在IT环境中审计（★★）

1. 在不太复杂IT环境下的审计

在被审计单位的IT环境不太复杂的情况下，注册会计师可以使用传统方式对被审计单位进行审计，即"围绕计算机进行审计"。此时，注册会计师仍需要了解信息技术一般控制以及应用控制，但其不需要测试其运行有效性，而是更多地依赖非信息技术类审计方法。

2. 在较为复杂IT环境下的审计

在被审计单位的IT环境较为复杂的情况下，注册会计需要实施"通过计算机进行审计"。此时，注册会计师更可能需要更多使用计算机辅助审计技术和电子表格等各项审计技术以及审计工具开展具体的审计工作。

第4节　计算机辅助审计技术和电子表格运用

【复习要点】计算机辅助审计技术（★）

计算机辅助审计技术	具体包含的技术
用于验证程序/系统 （面向系统的计算机辅助技术）	（1）平行模拟 （2）测试数据 （3）嵌入审计模块法 （4）程序编码审查 （5）程序代码比较和跟踪 （6）快照
用于分析电子数据 （面向数据的计算机辅助技术）	（1）数据查询 （2）账表分析 （3）审计抽样 （4）统计分析 （5）数值分析

第5节 不同信息技术环境下的问题

【复习要点】外包安排（★）

（1）如果服务机构提供的服务以及对服务的控制，构成了被审计单位与财务报告相关的信息系统的一部分，则注册会计师应实施下列与服务机构活动有关的程序。

①了解服务结构中与内部控制有关的控制以及针对服务机构活动所进行的控制。

②获取有关控制有效性的证据。

（2）注册会计师为了获取有关控制有效性的证据，可以实施下列程序。

①了解注册会计师对服务机构内部控制有效性出具的报告或者是与控制测试有关的商定程序报告。

②测试被审计单位对服务机构活动的控制情况。

③对服务机构进行控制测试。

（3）当能够获取注册会计师对服务机构内部控制有效性出具的报告时，被审计单位注册会计师应当评价该报告是否能够提供充分且恰当的证据。

（4）在进行该评价时，注册会计师应考虑下列要素。

①对控制测试的涵盖期间以及其与管理层评估时间点的关系。

②对控制测试的涵盖范围、测试的控制以及其与企业控制的关联度。

③对于控制测试的结果，以及服务机构注册会计师对控制运行有效性发表的意见。

第6节　数据分析

【复习要点1】数据分析的概念（★★★）

数据分析对于注册会计师而言是一门新的学科,在大型企业审计中,数据分析是大中型会计师事务所应对市场需求的一个重要部分。数据分析可以应用到审计和其他鉴证业务,可以让注册会计师处理一个完成的数据集,便于非专业人士以图形化的方式快速查看结果。

从某种程度上来说,数据分析应当使注册会计师能够更容易的再次看到被审计单位的整体情况。

【复习要点2】数据分析的作用（★★★）

（1）可用于风险分析、交易和控制测试以及分析性程序,可以为判断提供支撑并提供见解。

（2）一些常规的分析工具可以提供审计证据。

（3）数据分析工具可以提高审计质量。

过关演练

一、单选题

1. 注册会计师在控制测试中使用计算机辅助审计技术的最大优势是（　　）。

A. 可对每一笔交易进行测试, 以确定内部控制是否有效运行

B. 可以选择少量交易, 以确定内部控制是否得到运行

C. 可以选择少量的交易进行测试, 以评价内部控制设计是否合理

D. 可以对发现的控制失效的情况进行后续跟踪, 确定控制的偏差

2. 下列各项中对信息技术对内部控制的影响起到决定性作用的是（　　）。

A. 被审计单位的内部控制是否有效运行

B. 被审计单位对信息技术的依赖程度

C. 被审计单位手工控制和自动化控制运用的比例

D. 被审计单位对手工控制的依赖程度

3. 下列情形中,注册会计师应当测试信息技术一般控制和信息技术应用控制的是（　　）。

A. 不信赖人工控制或自动化控制, 采用实质性方案

B. 仅信赖人工控制，此类人工控制不依赖系统所生成的信息或报告

C. 仅信赖人工控制，此类人工控制依赖系统所生成的信息或报告，注册会计师通过实质性程序测试系统生成的信息或报告

D. 信赖自动化控制

4. 下列属于信息系统应用控制的是（　　　）。

A. 输出控制　　　　　　　　　B. 程序开发控制

C. 数据访问控制　　　　　　　D. 程序变更控制

5. 下列关于信息技术系统的说法中，错误的是（　　　）。

A. 信息技术一般控制环境影响应用控制的运行

B. 信息技术一般控制通常与全部或部分财务报表认定相关

C. 编辑检查可以实现应用控制审计的准确性目标

D. 编辑检查不能实现应用控制的完整性目标

6. 下列有关信息技术控制审计的说法中，不正确的是（　　　）。

A. 为得到控制是否可依赖的结论，每个自动系统控制要与其对应的手工控制一起测试

B. 一般控制通常会对实现部分或全部财务报表认定做出间接贡献

C. 访问控制必须满足适当的职责分离

D. 一般控制要经过输入、处理、输出等环节

二、多选题

1. 在信息技术控制下，传统的手工控制越来越多地被自动控制所替代的原因有（　　　）。

A. 自动控制可以处理大额、异常或偶发的交易

B. 自动控制能够有效处理大流量交易及数据

C. 自动信息系统能够提高信息的及时性、准确性

D. 自动控制信息系统能够提高管理层对企业业务活动及相关政策的监督水平

2. 注册会计师在了解被审计单位时，应当关注因为被审计单位对自动控制的依赖可能导致的重大错报的风险有（　　　）。

A. 数据丢失风险　　　　　　　B. 数据无法访问风险

C. 对数据进行错误处理的风险　　D. 计算机过度工作产生的风险

3. 下列控制中，表明信息系统的应用控制存在缺陷的有（　　　）。

A. 未经授权人员对录入数据进行修改

B. 系统登录密码未设置失败重复次数的限制

C.　系统防火墙过期失效

D.　根据订购单系统自动生成未连续编号的销售单

4. 信息技术可能对内部控制产生特定风险，了解信息技术对内部控制产生的特定风险时，注册会计师需要考虑的有（　　　）。

A.　不恰当的人为干预

B.　未经授权改变主文档的数据

C.　不具有一贯性

D.　数据丢失的风险或不能访问所需要的数据

5. 下列有关信息技术对审计过程影响的描述中，正确的有（　　　）。

A.　信息技术在企业的应用并不改变注册会计师制定的审计目标

B.　系统的设计和运行对业务流程和控制的了解会产生直接的影响

C.　系统的设计和运行不会对审计风险的评价产生直接影响

D.　在高度电算化的信息环境中，业务活动和业务流程引发了新的风险，从而使具体控制活动的性质有所改变

第6章　审计工作底稿

【考情分析】在近3年考试中，本章内容所占分值为3分，从题型看，主要以主观题方式考查，有时也结合审计工作底稿的内容在简答题中出现，考生应重点把握审计工作底稿的格式、要素、范围以及工作底稿的归档和变更等内容。

【复习要点】本章复习要点主要包括审计工作底稿概述、审计工作底稿的格式、要素和范围、审计工作底稿的归档等相关知识点。

【本章要点概览】

审计工作底稿	一、审计工作底稿的概述	1. 审计工作底稿的编制目的和要求	★
		2. 审计工作底稿的存在形式	★★
		3. 审计工作底稿的内容	★★
	二、审计工作底稿的格式、要素和范围	1. 确定格式、要素和范围时考虑的因素	★
		2. 审计工作底稿的要素	★★
	三、审计工作底稿的归档	1. 审计工作底稿的变动	★★
		2. 审计档案的结构和期限	★
		3. 审计工作底稿的保存期限	★★

第1节　审计工作底稿的概述

【复习要点1】审计工作底稿的编制目的和要求（★）

审计工作底稿是指注册会计师对制订的审计计划、实施的审计程序、获取的相关审计证据，以及得出的审计结论做出的记录。审计工作底稿的编制目的及要求如下。

1. 审计工作底稿的编制目的

（1）提供充分、适当的记录，作为出具审计报告的基础。

（2）提供证据，证明注册会计师已经按照审计准则和相关法律法规的规定计划和执行了审计工作。

2. 审计工作底稿的编制要求

注册会计师编制的审计工作底稿，应当使未曾接触该项审计工作的有经验的专业人士清楚地了解以下内容。

（1）按照审计准则和相关法律法规的规定实施的审计程序的性质、时间安排和范围。

（2）实施审计程序的结果和获取的审计证据。

（3）审计中遇到的重大事项和得出的结论，以及在得出结论时做出的重大职业判断。

【提示1】在实务中，为便于复核，注册会计师可以将以电子或其他介质形式存在的审计工作底稿通过打印等方式，转换成纸质形式的审计工作底稿，并与其他纸质形式的审计工作底稿一并归档，同时，单独保存这些以电子或其他介质形式存在的审计工作底稿。

【提示2】审计工作底稿通常不包括已被取代的审计工作底稿的草稿或财务报表的草稿、反映不全面或初步思考的记录、存在印刷错误或其他错误而作废的文本，以及重复的文件记录等。

【例题1·多选题】编制的审计工作底稿应当使未曾接触该项审计工作的有经验的专业人士清楚了解审计程序、审计证据和重大审计结论。下列条件中，有经验的专业人士应当具备的有（　　　）。

A. 了解相关法律法规和审计准则的规定

B. 在会计师事务所长期从事审计工作

C. 了解与被审计单位所处行业相关的会计和审计问题

D. 了解注册会计师的审计过程

【解析】有经验的专业人士是指会计师事务所内部或外部的具有审计实务经验，并且对下列方面有合理了解的人士：审计过程、审计准则和相关法律法规的规定、被审计单位所处的经营环境、与被审计单位所处行业相关的会计和审计问题。并没有对是否在会计师事务所长期从事审计工作提出强制要求。

【答案】ACD

【例题2·多选题】（2016年真题）下列各项中，属于注册会计师编制审计工作底稿的目的的有（　　　）。

A. 有助于审计项目组计划和执行审计工作

B. 便于后任注册会计师审阅

C. 便于监管机构对会计师事务所实施执业质量检查

D. 保留对未来审计工作连续产生重大影响的事项的记录

【解析】本题考查的是审计工作底稿的目的。注册会计师应当及时编制审计工作底稿，以实现如表6-1所示8个方面的目的。

【答案】ACD

【复习要点2】审计工作底稿的存在形式（★★）

审计工作底稿的存在形式有3种：纸质形式、电子形式和其他介质形式。

无论审计工作底稿是以纸质、电子或者其他介质形式存在，会计师事务所都应对审计工作底稿设计并实施适当的控制，以达到以下目的。

（1）在审计工作底稿中清晰地显示其生成、修改以及复核的时间与人员。

（2）要求在审计工作的所有阶段，特别是在项目组成员在共享或者通过互联网向其他人员传递信息时，应保护信息的完整性和安全性。

（3）防止未经授权而改动审计工作底稿。

（4）项目组以及其他经授权的人员为了适当履行职责可以接触审计工作底稿。

【复习要点3】审计工作底稿的内容（★★）

1. 审计工作底稿通常包括的内容

审计工作底稿通常包括以下内容：①总体审计策略；②具体审计计划；③分析表；④问题备忘录；⑤重大事项概要；⑥询证函回函和声明；⑦核对表；⑧有关重大事项的往来函件（包括电子邮件）；⑨对被审计单位文件记录的摘要或复印件；⑩业务约定书；⑪管理建议书；⑫项目组内部或项目组与被审计单位举行的会议记录；⑬与其他人士的沟通文件以及错报汇总表等。

2. 审计工作底稿通常不包括的内容

审计工作底稿通常不包括以下内容：①已被取代的审计工作底稿的草稿或者财务报表的草稿；②反映不全面或者初步思考的记录；③存在印刷错误或者其他错误而作废的文本；④重复的文件记录等。

【例题·单选题】（2015年真题）下列各项中，不应当作为审计工作底稿保存的是（　　）。

A. 接受业务时签订的业务约定书

B. 与其他注册会计师的必要的沟通文件

C. 审计项目组与被审计单位举行过的会议记录

D. 管理层进行重大调整前的财务报表

【解析】本题考查的是审计工作底稿的内容。通常审计工作底稿不包括已被取代的财务报表草稿。选项D,进行重大调整前的财务报表属于草稿。

【答案】D

第2节　审计工作底稿的格式、要素和范围

【复习要点1】确定格式、要素和范围时考虑的因素（★）

影响因素	具体内容
被审计单位的规模和复杂程度	（1）相对于小型被审计单位,大型被审计单位形成的审计工作底稿更多 （2）相对于简单业务,复杂业务形成的审计工作底稿更多
拟实施审计程序的性质	针对不同的审计程序,注册会计师可能会编制不同的审计工作底稿
识别出的重大错报风险	识别与评估的重大错报风险水平的不同可能会导致注册会计师实施不同的审计程序,因此编制不同的审计工作底稿
已获取的审计证据的重要程度	由于获取的审计证据的相关性、可靠性以及质量可能存在差异,注册会计师可能会区分不同的审计证据进行有选择性的记录
识别出的例外事项的性质和范围	（1）在执行审计程序时发现例外事项,可能导致审计工作底稿在格式、内容和范围等方面不同 （2）当例外事项构成错报时,注册会计师可能需要实施额外的审计程序来获取更多的审计证据,导致编制的审计工作底稿在内容和范围方面可能存在很大的不同
当从已执行审计工作或获取审计证据的记录中不易确定结论或结论的基础时,记录结论或结论基础的必要性	在某些特别是涉及复杂事项的情况下,及记录已执行的审计工作获取的审计证据并不完全能使其他有经验的注册会计师通过合理分析得出审计结论或结论的基础,因此注册会计师应考虑是否应进一步说明得出结论的基础及该事项的结论
审计方法和使用的工具	（1）审计方法和使用的工具会影响审计工作底稿的格式、内容和范围 （2）采用计算机辅助审计技术可以对应收账款总体的账龄进行重新计算,而人工方式仅能对应收账款样本的账龄进行重新计算,因此导致审计工作底稿在格式、内容和范围方面不同

【复习要点2】审计工作底稿的要素（★★）

一般情况下,审计工作底稿包括下列全部或者部分要素。

（1）审计工作底稿的标题。

（2）审计过程记录。

（3）审计结论。

（4）审计标识及其说明。

（5）索引号及标号。

（6）编制者（复核者）姓名及编制日期。

（7）其他应说明事项。

一、审计工作底稿的标题

对于每张审计工作底稿都应当包括被审计单位的名称、审计项目的名称以及资产负债表日或者审计工作底稿覆盖的会计期间（当与交易有关时）。

二、审计过程记录

1. 具体项目或事项的识别特征

具体项目或事项	识别特征
对被审计单位生成的订购单实施细节测试	订购单的日期或者其唯一编号
需要选取或复核总体内一定金额以上的所有项目的审计程序	实施程序的范围并指明该总体
需要系统化抽样的审计程序	样本的来源、抽样的起点以及抽样间隔
需要询问被审计单位中特定人员的审计程序	询问的时间、被询问人的姓名以及职位
观察程序	观察的对象或观察过程、相关被观察人员及其各自的责任、观察的地点和时间

2. 重大事项及相关重大职业判断

在审计过程中，注册会计师应根据实际情况来判断某一事项是否为重大事项。一般情况下，重大事项包括下列内容。

（1）引起特别风险的事项。

（2）实施审计程序的结果表明财务信息可能存在重大错报，或需要修正以前对重大错报风险的评估以及针对这些风险拟采取的应对措施。

（3）导致注册会计师难以实施必要审计程序的情形。

（4）导致出具非标准审计报告的事项。针对这些重大事项，注册会计师需要记录与管理层、治理层和其他人员对该重大事项的讨论，包括其讨论的性质、时间、地点以及参与人员。同时，由于有关重大事项的记录可能分散在审计工作底稿的不同部分，因此注册会计师还应考虑编制重大事项概要，将其作为审计工作底稿的组成部分，以有效地复核和检查审计工作底稿，并评价重大事项的影响。

3. 针对重大事项如何处理不一致的情况

当注册会计师识别出的信息对于针对重大事项得出的最终结论不一致时，应记录如何处理不一致的情况，包括但不限于以下内容。

（1）注册会计师针对该信息实施的审计程序。

（2）项目组成员对某事项的职业判断不同而向专业技术部门的咨询情况。

（3）项目组成员和被咨询人员不同意见的解决情况。

三、编制人员和复核人员及执行日期

（1）注册会计师在记录已实施审计程序的性质、时间安排以及范围时，应记录：① 测试的具体项目或事项的识别特征；② 审计工作的执行人员及其完成审计工作的日期；③ 审计工作的复核人员以及其复核的日期和范围。

（2）当需要项目质量控制复核时，还应注明项目质量控制复核人员以及其复核的日期。

（3）每张审计工作底稿上通常应注明执行审计工作的人员以及其完成审计工作的日期、复核人员以及其复核的日期。

（4）当若干页审计工作底稿均记录同一性质的具体审计程序或者事项并编制在同一索引号中时，可以仅在审计工作底稿的首页上记录审计程序的执行人员和复核人员，并分别注明日期。

【例题1·单选题】A注册会计师负责审计甲公司2013年度财务报表。在对营业收入进行细节测试时，A注册会计师对顺序编号的销售发票进行了检查。针对所检查的销售发票，A注册会计师记录的识别特征通常是（　　　）。

A. 销售发票的开具人　　　　　B. 销售发票的编号

C. 销售发票的金额　　　　　　D. 销售发票的付款人

【解析】识别特征是指被测试的项目或事项表现出的征象或标志。对某一个具体项目或事项而言，其识别特征通常具有唯一性，4个选项中只有选项B符合要求。

【答案】B

【例题2·多选题】下列有关审计工作底稿格式、要素和范围的表述中，恰当的有（　　　）。

A. 由于注册会计师实施的审计程序的性质不同，其工作底稿的格式、要素和范围可能也会不同

B. 在审计过程中，由于审计使用的工具不同，会导致审计工作底稿在格式、要素和范围上有所不同

C. 识别和评估的重大错报风险水平不同，可能会导致审计工作底稿的格式、要素和范围不同

D. 针对同一目标获取的不同审计证据，注册会计师均应同等记录，不应进行有选

择性的记录

【解析】选项D中，注册会计师可能区分不同的审计证据进行有选择性的记录。

【答案】ABC

第3节　审计工作底稿的归档

【复习要点1】审计工作底稿的变动（★★）

1. 归档期间的变动（事务性变动）

（1）删除或废弃被取代的审计工作底稿。

（2）对审计工作底稿进行分类、整理和交叉索引。

（3）对审计档案归整工作的完成核对表签字认可。

（4）记录在审计报告日前获取的、与审计项目组相关成员进行讨论并取得一致意见的审计证据。

2. 归档后的变动（有必要修改或增加工作底稿）

（1）注册会计师已实施了必要的审计程序，取得了充分适当的审计证据并得出了恰当的审计结论，但审计工作底稿的记录不够充分。

（2）审计报告日后，发现例外情况要求注册会计师实施新的或追加审计程序，或导致注册会计师得出新的结论。

【例题·多选题】在归档期间，注册会计师对审计工作底稿可以做出的事务性变动有（　　）。

A. 在审计报告日后实施新的审计程序或得出新的结论

B. 对审计工作底稿进行分类、整理和交叉索引

C. 对审计档案归整工作的完成核对表签字认可

D. 记录在审计报告日前获取的，与项目组相关成员讨论并达成一致意见的审计证据

【解析】在审计报告日后将审计工作底稿归整为最终审计档案是一项事务性的工作，不涉及实施新的审计程序或得出新的结论。

【答案】BCD

【复习要点2】审计档案的结构和期限（★）

1. 审计档案的结构

（1）永久性档案

记录内容相对稳定，具有长期使用价值，并对以后审计工作具有重要影响和直接作用的审计档案。

（2）当期档案

记录内容经常变化，主要供当期和下期审计使用。

2. 审计工作底稿归档的期限

审计工作底稿的归档期限为审计报告日后60天内。如果注册会计师未能完成审计业务，审计工作底稿的归档期限为审计业务终止后的60天内。

【复习要点3】审计工作底稿的保存期限（★★）

审计工作底稿的保存期限至少为10年，具体如下。

（1）对于注册会计师完成审计业务，会计师事务所应当自审计报告日起，对审计工作底稿至少保存10年。

（2）对于注册会计师未能完成审计业务，会计师事务所应当自审计业务终止日起，对审计工作底稿至少保存10年。

（3）完成最终审计档案的归整工作后，注册会计师不应在规定的保存期届满前删除或废弃任何性质的审计工作底稿。

【例题·单选题】（2012年）注册会计师对被审计单位2011年度财务报表进行审计，于2012年3月31日出具审计报告，相关审计工作底稿于2012年5月20日归档。关于审计工作底稿的保存期限，下列说法中正确的是（　　）。

A. 自2011年12月31日起至少10年

B. 自2011年12月31日起至少7年

C. 自2012年3月31日起至少10年

D. 自2012年3月31日起至少7年

【解析】选项C正确。审计工作底稿的保存期限自审计报告日起至少10年。

【答案】C

过关演练

一、单选题

1. 注册会计师在审计工作底稿中记录所测试的特定项目或事项的识别特征时，下列做法中错误的是（   ）。

A. 如果对销售合同进行检查，可以将合同编号作为主要识别特征

B. 如果对发运凭证进行检查，可将发运凭证的连续编号作为主要识别特征

C. 如果对应收账款信用授权审批控制活动进行测试，可将债务人名称、销售业务发生的时间作为主要识别特征

D. 如果拟询问管理层对产成品存货的出库流程进行控制测试，则应当将询问时间作为主要识别特征

2. 根据审计准则的规定，在记录实施审计程序的性质、时间和范围时，应当记录测试的特定项目或事项的识别特征。在记录识别特征时，下列各项中不正确的是（   ）。

A. 对甲公司信息系统生成的验收单进行细节测试时，可以以验收单的日期或编号作为识别特征

B. 对甲公司应收账款采用函证程序，选择其中的500万元以上的账户作为函证对象，则识别特征为500万元以上这一金额

C. 甲公司的发运单上连续编号的，测试的发运单的识别特征可以是，从第12345号发运凭证开始每隔125号系统抽取发运单

D. A注册会计师需要对甲公司的采购人员询问采购过程中的内部控制规定，则可能将询问的时间、被询问人的姓名及职位作为识别特征

3. 在记录工作底稿时，应记录识别特征。下列说法中正确的是（   ）。

A. 对被审计单位生成的订购单进行测试，将供货商作为主要识别特征

B. 对需要选取既定总体内一定金额以上的所有项目进行测试，将该金额以上的所有项目作为主要识别特征

C. 对运用系统抽样的审计程序，将样本的来源作为主要识别特征

D. 对询问程序，将询问时间作为主要识别特征

4. 在将审计工作底稿归档时，下列各项中，注册会计师通常认为可不作为最终的审计工作底稿保存的是（   ）。

A. 应收账款函证回函结果汇总表

B. 存货盘点记录表

C. 计算加总有误的应付账款明细表

D. 用于记录审计工作完成情况的审计程序核对表

5. 在审计报告日后，注册会计师准备将审计工作底稿归档，下列做法中错误的是（　　）。

A. 在审计报告日后，收到回函原件，注册会计师核对一致后，将原底稿中的传真件替换

B. 发现以前工作底稿中有计算错误，注册会计师进行涂改修正，影响原来所做的结论

C. 有一张工作底稿字迹潦草，重抄一份，将原底稿销毁

D. 注册会计师A编制的工作底稿没有索引号，项目经理安排助理人员代编索引号

6. B注册会计师于2013年3月16日完成了乙公司2012年度财务报表的审计业务，3月17日将审计过程中形成的工作底稿归整为最终审计档案。下列事项中，注册会计师不可以直接变动的是（　　）。

A. 在归整工作底稿时，删除已被取代的存货监盘工作底稿

B. 在归整工作底稿时，将3月15日获取并在项目组内部达成一致意见的审计证据添加到工作底稿中

C. 将3月18日获取并在项目组内部达成一致意见的审计证据补充到审计档案中

D. 在归整工作底稿时，对审计工作底稿进行分类、整理和交叉索引

二、多选题

1. 下列关于审计工作底稿的表述中，错误的有（　　）。

A. 审计工作底稿通常包括初步思考的记录

B. 审计工作底稿通常不包括已经被取代的审计工作底稿的草稿

C. 审计工作底稿通常可以替代被审计单位的会计记录

D. 审计工作底稿通常包括有关重要事项的往来函件（包括电子邮件）

2. 下列有关识别特征的说法，正确的有（　　）。

A. 如在对被审计单位生成的订购单进行细节测试时，注册会计师可能以订购单的日期或编号作为测试订购单的识别特征

B. 对于需要选取或复核既定总体内一定金额以上的所有项目的审计程序，注册会计师可能会以实施审计程序的范围作为识别特征

C. 对于需要系统化抽样的审计程序，注册会计师可能会通过记录样本的来源、抽

样的起点及抽样间隔来识别已选取的样本

D．对于观察程序，注册会计师可能会以观察的对象或观察过程、观察的地点和时间作为识别特征

3．在完成审计工作后，会计师事务所应该及时将审计工作底稿规整为最终审计档案，下列不符合归档期限要求的有（　　　）。

A．2013年3月10日完成了A公司的审计工作，所形成的审计工作底稿于2013年5月1日归档

B．在审计B公司过程中发现管理层诚信存在严重问题，于2013年1月4日解除业务约定，将相关的审计工作底稿于2013年2月28日归档

C．C公司管理层拒绝提供针对管理层责任的声明书，注册会计师于2013年2月28日解除业务约定，并将之前形成的审计工作底稿作废处理

D．2013年3月15日完成了D公司的审计工作，所形成的审计工作底稿于2013年6月25日归档

4．下列各项中，通常应作为审计工作底稿保存的文件有（　　　）。

A．重大事项概要

B．有关重大事项的来往信件

C．财务报表草表

D．对被审计单位文件记录的复印件

5．下列有关注册会计师在归档期间对审计工作底稿做出的事务性变动的说法中，正确的有（　　　）。

A．删除或废弃被取代的审计工作底稿

B．对审计工作底稿进行分类、整理和交叉索引

C．对审计档案归整工作的完成核对表签字认可

D．记录在审计报告日前获取的、与项目组相关成员进行讨论并达成一致意见的审计证据

6．下列关于注册会计师在设计审计工作底稿的格式、要素和范围时需要考虑的因素中，说法正确的有（　　　）。

A．对大型被审计单位进行审计形成的工作底稿比小型被审计单位多

B．识别和评价的重大错报风险越高，需要实施的审计程序并形成的审计工作底稿越多

C．不同审计程序可以通过编制相同审计工作底稿得以实现

D．使用不同的审计方法和工具，影响工作底稿的编制

三、简答题

A会计师事务所承接了乙公司2012年度财务报表审计工作，委派甲注册会计师担任项目合伙人。甲注册会计师要求项目组内人员互相复核工作底稿。审计报告日是2013年3月15日，2013年3月16日安排甲注册会计师执行项目质量控制复核，并于2013年3月18日提交审计报告。同时A会计师事务与乙公司续签了2013年度财务报表审计业务约定书。A会计师事务所于2013年5月17日完成审计工作底稿归档工作。

【要求】（1）简要回答A会计师事务所本次审计工作的复核工作是否正确，并说明理由。

（2）简要回答A会计师事务所本次审计的审计工作底稿的归档期限是否正确，并说明理由。

（3）审计工作底稿归档后，出现何种情形可以修改现有审计工作底稿或增加新的审计工作底稿？

（4）审计工作底稿归档后，如有必要修改现有审计工作底稿或增加新的审计工作底稿，注册会计师应当记录的事项有哪些？

（5）简要回答本次审计工作底稿的保存期限。

第7章　风险评估

【考情分析】在近3年考试中，本章内容所占分值为9分，从题型看，客观题与主观题都有。由于本章理论性较强，在考试时会更多地将本章的内容同审计实务结合起来考查，因此考生应重点掌握本章内容。

【复习要点】本章复习要点主要包括审计风险准则概述、风险评估程序、信息来源以及项目组内部的讨论、了解被审计单位及其环境、了解被审计单位的内部控制、评估重大错报风险等相关知识点。

【本章要点概览】

<table>
<tr><td rowspan="27">风险评估</td><td>一、审计风险准则概述</td><td>风险评估的作用</td><td>★</td></tr>
<tr><td rowspan="2">二、风险评估程序、信息来源以及项目组内部的讨论</td><td>1. 风险评估程序和信息来源</td><td>★★★</td></tr>
<tr><td>2. 项目组内部的讨论</td><td>★★★</td></tr>
<tr><td rowspan="5">三、了解被审计单位及其环境</td><td>1. 总体要求</td><td>★★★</td></tr>
<tr><td>2. 了解行业状况、法律环境和监督环境及其他外部因素</td><td>★★★</td></tr>
<tr><td>3. 了解被审计单位的性质</td><td>★★★</td></tr>
<tr><td>4. 了解被审计单位的目标、战略以及相关经验风险</td><td>★★★</td></tr>
<tr><td>5. 了解被审计单位财务业绩的衡量和评价</td><td>★★★</td></tr>
<tr><td rowspan="12">四、了解被审计单位的内部控制</td><td>1. 内部控制的目标、要素及与审计相关的控制</td><td>★★★</td></tr>
<tr><td>2. 对内部控制了解的深度</td><td>★★★</td></tr>
<tr><td>3. 内部控制的人工和自动化成分</td><td>★★★</td></tr>
<tr><td>4. 内部控制的局限性</td><td>★★★</td></tr>
<tr><td>5. 了解控制环境</td><td>★★★</td></tr>
<tr><td>6. 了解被审计单位的风险评估过程</td><td>★★★</td></tr>
<tr><td>7. 了解被审计单位的信息系统与沟通</td><td>★★★</td></tr>
<tr><td>8. 了解控制活动</td><td>★★★</td></tr>
<tr><td>9. 了解对控制的监督</td><td>★★★</td></tr>
<tr><td>10. 在整体层面了解内部控制</td><td>★★★</td></tr>
<tr><td>11. 在业务流程层面了解内部控制</td><td>★★★</td></tr>
<tr><td>12. 穿行测试</td><td>★★★</td></tr>
<tr><td rowspan="4">五、评估重大错报风险</td><td>1. 评估财务报表层次和认定层次的重大错报风险</td><td>★★★</td></tr>
<tr><td>2. 特别风险</td><td>★★★</td></tr>
<tr><td>3. 仅通过实质性程序无法应对的重大错报风险</td><td>★★★</td></tr>
<tr><td>4. 对风险评估的修正</td><td>★★★</td></tr>
</table>

第1节　审计风险准则概述

【复习要点】风险评估的作用（★）

风险评估的作用如下。

（1）确定重要性水平，并随着审计工作的进程评估对重要性水平的判断是否适当。

（2）考虑会计政策的选择和运用是否恰当，财务报表的列报是否恰当。

（3）识别需要特别考虑的领域，包括关联方交易、管理层运用持续经营假设的合理性，或交易是否具有合理的商业目的等。

（4）确定在实施分析程序时所使用的预期值。

（5）设计和实施进一步审计程序，以将审计风险降至可接受的低水平。

（6）评价所获取审计证据的充分性和适当性。

【提示】审计准则规定，注册会计师应当了解被审计单位及其环境，以充分识别和评估财务报表重大错报风险，设计和实施进一步审计程序。

了解被审计单位及其环境是一个连续和动态地收集、更新与分析信息的过程，贯穿于整个审计过程的始终。了解的程度是否恰当，关键看是否足以识别和评估财务报表的重大错报风险。

【例题·单选题】（2007年）下列各项中，与丙公司财务报表层次重大错报风险评估最相关的是（　　）。

A. 丙公司应收账款周转率呈明显下降趋势

B. 丙公司持有大量高价值且易被盗窃的资产

C. 丙公司的生产成本计算过程相当复杂

D. 丙公司控制环境薄弱

【解析】内控的好坏是影响财务报表层次重大错报风险评估的直接因素，A、B、C选项都是相对具体的，有一定关系，但不是主要的。

【答案】D

第2节　风险评估程序、信息来源以及项目组内部的讨论

【复习要点1】风险评估程序和信息来源（★★★）

注册会计师实施风险评估程序的目的，是为了识别和评估财务报表重大错报，包括财务报表层次的重大错报风险和各类交易、账户余额以及披露认定层次的重大错

报风险。

注册会计师应当实施如下图所示的风险评估程序,以了解被审计单位及其环境。

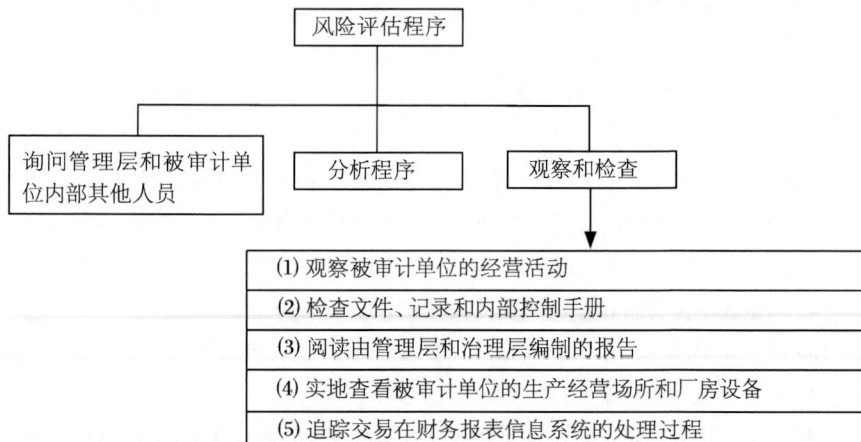

```
                    ┌──────────────┐
                    │  风险评估程序  │
                    └──────────────┘
        ┌──────────────────┼──────────────────┐
┌──────────────┐   ┌──────────────┐   ┌──────────────┐
│询问管理层和被审计单│   │   分析程序    │   │  观察和检查    │
│位内部其他人员    │   └──────────────┘   └──────────────┘
└──────────────┘                              │
                    ┌─────────────────────────────────────────┐
                    │(1) 观察被审计单位的经营活动              │
                    ├─────────────────────────────────────────┤
                    │(2) 检查文件、记录和内部控制手册          │
                    ├─────────────────────────────────────────┤
                    │(3) 阅读由管理层和治理层编制的报告        │
                    ├─────────────────────────────────────────┤
                    │(4) 实地查看被审计单位的生产经营场所和厂房设备│
                    ├─────────────────────────────────────────┤
                    │(5) 追踪交易在财务报表信息系统的处理过程  │
                    └─────────────────────────────────────────┘
```

【复习要点2】项目组内部的讨论(★★★)

1. 讨论的目标

(1)为项目组成员提供交流信息和分享见解的机会。

(2)使成员更好地了解在各自负责的领域中,由于舞弊或错误导致财务报表重大错报的可能性。

(3)了解各自实施审计程序的结果如何影响审计的其他方面,包括对确定进一步审计程序的性质、时间安排和范围的影响。

2. 讨论的内容

(1)被审计单位面临的经营风险。

(2)财务报表容易发生错报的领域以及发生错报的方式,特别是由于舞弊导致重大错报的可能性。

3. 参与讨论的人员

(1)项目组的关键成员。

(2)如果项目组需要拥有信息技术或其他特殊节能的专家,这些专家也应参与讨论。

4. 讨论的时间和方式

根据审的具体情况,在审计过程中持续交换有关财务报表发生重大错报可能性的信息。

【例题·单选题】（2011年）在进行风险评估时，C注册会计师通常采用的审计程序是（　　）。

A．将财务报表与其所依据的会计记录相核对

B．实施分析程序以识别异常的交易或事项，以及对财务报表和审计产生影响的金额、比率和趋势

C．对应收账款进行函证

D．以人工方式或使用计算机辅助审计技术，对记录或文件中的数据计算准确性进行核对

【解析】分析程序既可用作风险评估程序和实质性程序，也可用于对财务报表的总体复核。注册会计师实施分析程序有助于识别异常的交易或事项，以及对财务报表和审计产生影响的金额、比率和趋势。

【答案】B

第3节　了解被审计单位及其环境

【复习要点1】总体要求（★★★）

注册会计师应当从下列方面了解被审计单位及其环境：① 相关行业状况、法律环境和监管环境及其他外部因素；② 被审计单位的性质；③ 被审计单位对会计政策的选择和运用；④ 被审计单位的目标、战略以及相关经营风险；⑤ 被审计单位财务业绩的衡量和评价。

【例题·单选题】下列需要了解的被审计单位及其环境的内容中，既属于内部因素又属于外部因素的是（　　）。

A．相关行业状况、法律环境与监管环境以及其他外部因素

B．被审计单位对会计政策的选择和运用

C．被审计单位的内部控制

D．对被审计单位财务业绩的衡量和评价

【解析】注册会计师应当从下列方面了解被审计单位及其环境。

（1）相关行业状况、法律环境与监管环境以及其他外部因素；

（2）被审计单位的性质；

（3）被审计单位对会计政策的选择和运用；

（4）被审计单位的目标、战略以及可能导致重大错报风险的相关经营风险；

（5）对被审计单位财务业绩的衡量和评价；

（6）被审计单位的内部控制。

其中（5）既属于内部因素又属于外部因素，（1）是外部因素，（2）、（3）、（4）、（6）是内部因素。

【答案】D

【复习要点2】了解行业状况、法律环境和监督环境及其他外部因素（★★★）

注册会计师应当了解被审计单位的行业状况，主要包括：

（1）所处行业的市场与竞争，包括市场需求、生产能力与价格竞争；

（2）生产经营的季节性和周期性；

（3）与被审计单位产品相关的生产技术；

（4）能源供应与成本；

（5）行业的关键指标和统计数据。

注册会计师应当了解被审计单位所处的法律环境与监管环境，主要包括：

（1）会计原则和行业特点惯例；

（2）受管制行业的法规框架；

（3）对被审计单位经营活动产生重大影响的法律法规，包括直接的监管活动；

（4）税收政策，包括企业所得税和其他税种的政策；

（5）目前对被审计单位开展经营活动产生影响的政府政策；

（6）影响行业和被审计单位经营活动的环保要求。

注册会计师还应当了解被审计单位的其他外部因素，主要包括：① 总体经济情况；② 利率；③ 融资的可获得性；④ 通货膨胀水平或币值变动。

【例题·多选题】下列属于注册会计师应当了解的被审计单位行业情况的有（   ）。

A. 产品生产技术的变化

B. 生产经营的季节性和周期性

C. 所在行业的市场供求与竞争

D. 能源供应与成本

【解析】注册会计师应当了解被审计单位的行业状况，主要包括：所处行业的市场与竞争；生产经营的季节性和周期性、与被审计单位产品相关的生产技术、能源供应与成本、行业的关键指标和统计数据。

【答案】ABCD

【复习要点3】了解被审计单位的性质（★★★）

（1）所有权结构

有助于注册会计师识别关联方关系并了解被审计单位的决策过程。

（2）治理结构

可以对被审计单位的经营和财务运作实施有效的监督，从而降低财务报表发生重大错报的风险。

（3）组织结构

考虑复杂组织结构可能导致的重大错报风险，包括财务报表合并、商誉减值以及长期股权投资核算等问题。

（4）经营活动

有助于注册会计师识别预期在财务报表中反映的主要交易类别、重要账户余额和列报。

（5）投资活动

有助于注册会计师关注被审计单位在经营策略和方向上的重大变化。

（6）筹资活动

有助于注册会计师评估被审计单位在融资方面的压力，并进一步考虑被审计单位在可预见未来的持续经营能力。

（7）财务报告

例如，会计政策和行业特定惯例；收入确认惯例；公允价值会计核算；外币资产负债与交易等。

【复习要点4】了解被审计单位的目标、战略以及相关经验风险（★★★）

1. 有关被审计单位的目标、战略以及其相关的经营风险

（1）行业发展。

（2）开发新产品或者提供新服务。

（3）业务扩张。

（4）新的会计要求。

（5）监管要求。

（6）本期以及未来的融资条件。

（7）信息技术的运用。

（8）实施战略的影响，特别是由此产生的需要运用新的会计要求的影响。

2. 经营风险对重大错报风险的影响

（1）经营风险的范围比财务报表重大错报风险的范围更大。

（2）了解被审计单位的经营风险有助于其识别财务报表重大错报风险。

（3）多数经营风险最终都会产生财务后果，从而对财务报表产生影响。

（4）并非所有的经营风险都会导致重大错报风险，因此注册会计不需识别或评估所有的经营风险。

（5）经营风险可能对某类交易、账户余额和披露的认定层次重大错报风险或者财务报表层次重大错报风险产生直接影响。

【复习要点5】了解被审计单位财务业绩的衡量和评价（★★★）

1. 了解的主要方面

注册会计师在了解被审计单位财务业绩衡量和评价情况时，应关注下列信息。

（1）关键业绩指标、关键比率、趋势和经营统计数据；

（2）同期财务业绩比较分析；

（3）预算、预测、差异分析，分部信息与分部、部门或其他不同层次的业绩报告；

（4）员工业绩考核与激励性报酬政策；

（5）被审计单位与竞争对手的业绩比较。

2. 关注内部财务业绩衡量的结果

（1）注册会计师应关注被审计单位内部财务业绩衡量所显示的未预期到的结果或者趋势。

（2）注册会计师应关注被审计单位的管理层的调查结果与纠正措施。

（3）注册会计师应关注被审计单位内部财务业绩衡量的相关信息是否表明财务报表可能存在重大错报。

3. 了解被审计单位财务业绩的衡量与评价的目的

（1）考虑被审计单位管理层是否面临实现某些关键财务业绩指标的压力。

（2）深入了解被审计单位的目标和战略。

【例题·单选题】（2013年）下列有关控制环境的说法中，错误的是（　　）。

A. 控制环境本身能防止或发现并纠正认定层次的重大错报

B. 控制环境的好坏影响注册会计师对财务报表层次重大错报风险的评估

C. 控制环境影响被审计单位内部生成的审计证据的可信赖程度

D. 控制环境影响实质性程序的性质、时间安排和范围

【解析】选项A正确。控制环境本身并不能防止或发现并纠正各类交易、账户余额和披露认定层次的重大错报,注册会计师在评估重大错报风险时,应当将控制环境连同其他内部控制要素产生的影响一并考虑。

【答案】A

第4节　了解被审计单位的内部控制

【复习要点1】内部控制的目标、要素及与审计相关的控制(★★★)

1. 内部控制的目标

内部控制的目标是合理保证:① 财务报告的可靠性,该目标与管理层履行财务报告编制责任密切相关;② 经营的效率与效果,即经济有效地使用企业资源,以最优方式实现企业目标;③ 遵守适用的法律法规的要求,即在法律法规的框架内从事经营活动。

2. 设计和实施内部控制的责任主体

设计和实现内部控制的责任主体是治理层、管理层和其他人员,组织中的每一个人都对内部控制负有责任。

3. 内部控制的五要素

内部控制包括下列要素。

(1)控制环境;

(2)风险评估过程;

(3)与财务报告相关的信息系统和沟通;

(4)控制活动;

(5)对控制的监督。

4. 与审计相关的控制

判断控制是否与审计有关,需考虑的事项如下。

(1)重要性;

(2)相关风险的重要程度;

(3)被审计单位的规模;

(4)被审计单位业务的性质;

(5)被审计单位经营的多样性与复杂性;

(6)适用的法律法规;

（7）内部控制的情况与适用的要素；

（8）作为内部控制组成部分的系统的性质及复杂性；

（9）一项特定控制是否以及如何防止或者发现并纠正重大错报。

【复习要点2】对内部控制了解的深度（★★★）

对内部控制了解的深度，是指在了解被审计单位及其环境时对内部控制了解的程度。其包括评价控制的设计与确定控制是否得到执行两个方面，但不包括对控制是否得到一贯执行的测试。

1. 评价控制的设计

评价控制的设计，即考虑该控制单独或者连同其他控制是否能够有效防止或者发现并纠正重大错报；控制得到执行，即某项控制存在且被审计单位正在使用。由于只有有效控制的执行才有意义，因此，注册会计师应先考虑控制的设计。

2. 获取控制设计和执行的审计证据

注册会计师通常实施下列风险评估程序，以获取有关控制设计和执行的审计证据。

（1）询问被审计单位人员。

（2）观察特定控制的运用。

（3）检查文件和报告。

（4）追踪交易在财务报告信息系统中的处理过程。

3. 内部控制与控制测试的区别和联系

项 目		了解内控	控制测试
内	容	评价控制的设计，并确定其是否得到执行	测试控制是否得到一贯执行
程	序	询问、观察、检查、穿行测试、重新执行	询问、观察、检查、穿行测试、重新执行
		分析程序不用于了解内控和控制测试	
关	系	除非存在某些可以使控制得到一贯运行的自动化控制，注册会计师对控制的了解并不足以测试控制运行的有效性	

【复习要点3】内部控制的人工和自动化成分（★★★）

1. 信息技术的优势

信息技术通常在下列方面提高被审计单位内部控制的效果和结果。

（1）当处理大量的交易或数据时，运用事先确定的业务规则，并进行复杂运算。

（2）提高信息的及时性、可获得性以及准确性。

（3）促进对信息的深入分析。

（4）提高对被审计单位的经营业绩、政策以及程序执行情况进行监督的能力。

（5）降低控制被规避的风险。

（6）通过对应用程序系统、数据库系统以及操作系统进行安全控制，提高不兼容职务分离的有效性。

2. 人工控制的适用范围及相关内部控制风险

内部控制的人工成分在处理下列需要主观判断或酌情处理的情形时更为适当。

（1）存在大额、异常或者偶发的交易。

（2）存在难以界定、预计或者预测的错误的情况。

（3）针对变化的情况，需要对现有的自动化控制进行人工干预。

（4）监督自动化控制的有效性。

【复习要点4】内部控制的局限性（★★★）

无论内部控制如何有效，都只能为被审计单位实现财务报告目标提供合理保证。内部控制的固有限制有：

（1）在决策时人为判断可能出现错误以及因人为失误而导致内部控制失效；

（2）可能由于两个或更多的人员串通或者管理层不当地凌驾于内部控制之上而被规避；

（3）被审计单位内部行使控制职能的人员素质不适应岗位要求会影响内部控制功能的正常发挥；

（4）被审计单位实施内部控制的成本效益问题也会影响其效能；

（5）内部控制通常都是为经常而重复发生的业务设计的，如出现不经常发生或未预计到的业务，原有的内部控制就可能不适用。

【复习要点5】了解控制环境（★★★）

控制环境包括治理职能与管理职能，以及治理层与管理层对内部控制及其重要性的态度、认识以及措施。

项　目	具体内容
了解控制环境的要求	了解管理层在治理层的监督下，是否营造并保持了诚实守信和合乎道德的文化，以及是否建立了防止或发现并纠正舞弊和错误的恰当控制
了解控制环境的要素	（1）对诚信和道德价值观念的沟通与落实 （2）对胜任能力的重视 （3）治理层的参与程度 （4）管理层的理念和经营风格 （5）组织结构及职权与责任的分配 （6）人力资源政策与实务

【**提示**】控制环境本身并不能防止或发现并纠正各类交易、账户余额和披露认定层次的重大错报，注册会计师在评价重大错报风险时，应当将控制环境连同其他内部控制要素产生的影响一并考虑。

【**例题·单选题**】在了解控制环境时，注册会计师通常考虑的因素是（　　）。

A. 内部控制的人工成分

B. 内部控制的自动化成分

C. 会计信息系统

D. 被审计单位董事会对内部控制重要性的态度和认识

【**解析**】控制环境包括治理职能和管理职能，以及治理层和管理层对内部控制及其重要性的态度、认识和措施。因此，选项D是正确的。

【**答案**】D

【复习要点6】了解被审计单位的风险评估过程（★★★）

1. 可能产生风险的事项和情形

（1）监管及经营环境的变化。

（2）新员工的加入。

（3）新信息系统的使用或对原系统进行升级。

（4）业务快速发展。

（5）新技术。

（6）新生产型号、产品和业务活动。

（7）企业重组。

（8）发展海外经营。

（9）新的会计准则。

2. 针对财务报告目标的风险评估过程

（1）识别与财务报告相关的经营风险。

（2）评估风险的重大性以及发生的可能性。

（3）采取措施管理这些风险。

3. 评价被审计单位风险评估过程的设计和执行时主要考虑的因素

（1）被审计单位是否已经建立并沟通其整体目标，并辅以具体策略和业务流程层面的计划。

（2）被审计单位是否已建立风险评估过程。

（3）被审计单位是否已建立某种机制，来识别和应对可能对被审计单位产生重大且普遍影响的变化。

（4）会计部门是否建立了某种流程，来识别会计准则的重大变化。

（5）当被审计单位业务操作发生变化并影响交易记录的流程时，是否存在沟通渠道以通知会计部门。

（6）风险管理部门是否建立了某种流程，来识别经营以及监管环境发生的重大变化。

【复习要点7】了解被审计单位的信息系统与沟通（★★★）

对财务报告相关信息系统的了解如下。

（1）在被审计单位经营过程中，对财务报表具有重大影响的各类交易。

（2）在信息技术和人工系统中，交易生成、记录、处理和报告的程序。在获取了解时，注册会计师应当同时考虑被审计单位将交易处理系统中的数据过入总分类账和财务报告的程序。

（3）与交易生成、记录、处理和报告有关的会计记录、支持性信息和财务报表中的特定项目。企业信息系统通常包括使用标准的会计分录，以记录销售、购货和现金付款等重复发生的交易，或记录管理层定期作出的会计估计，如应收账款可回收金额的变化。信息系统还包括使用非标准的分录，以记录不重复发生的、异常的交易或调整事项，如企业合并、资产减值等。

（4）信息系统如何获取除各类交易之外的对财务报表具有重大影响的事项和情况，如对固定资产和长期资产计提折旧或摊销、对应收账款计提坏账准备等。

（5）被审计单位编制财务报告的过程，包括作出的重大会计估计和披露。编制财务报告的程序应当同时确保适用的会计准则和相关会计制度要求披露的信息得以收集、记录、处理和汇总，并在财务报告中得到充分披露。

（6）管理层凌驾于账户记录控制之上的风险。

【复习要点8】了解控制活动（★★★）

控制活动的组成项目	具体内容
授权	（1）授权包括一般授权和特别授权 （2）一般授权是指管理层制定的要求组织内部遵守的普遍适用于某类交易或活动的政策 （3）特别授权是指管理层针对特定类别的交易或活动逐一设置的授权 （4）特别授权可能用于超过一般授权限制的常规交易

续表

控制活动的组成项目	具体内容
业绩评价	(1)被审计单位分析评价实际业绩与预算(或预测、前期业绩)的差异 (2)综合分析财务数据与经营数据的内在关系 (3)将内部数据与外部信息来源相比较 (4)评价职能部门、分支机构或项目活动的业绩 (5)对发现的异常差异或关系采取必要的调查与纠正措施
信息处理	(1)信息处理有关的控制活动包括信息技术的一般控制和应用控制 (2)信息技术一般控制是指与多个应用系统有关的政策和程序,有助于保证信息系统持续恰当地运行,支持应用控制作用的有效发挥 (3)信息技术应用控制是指主要在业务流程层面运行的人工或自动化程序,与用于生成、记录、处理、报告交易或其他财务数据的程序相关
实物控制	(1)对资产和记录采取适当的安全保护措施 (2)对访问计算机程序和数据文件设置授权 (3)定期盘点并将盘点记录与会计记录相核对
职责分离	(1)被审计单位如何将交易授权、交易记录以及资产保管等职责分配给不同员工,以防范同一员工在履行多项职责时可能发生的舞弊或错误 (2)当信息技术运用于信息系统时,职责分离可以通过设置安全控制来实现

【提示】在了解控制活动时,注册会计师的工作重点是识别和了解针对重大错报可能发生的领域的控制活动。如果多项控制活动能够实现同一目标,注册会计师不必了解与该目标相关的每项控制活动。

【复习要点9】了解对控制的监督(★★★)

1. 含义

控制的监督是指被审计单位评价内部控制在一段时间内运行有效性的过程,其涉及及时评估控制的有效性并采取必要的补救措施。

2. 人员

被审计单位可能使用内部审计人员或具有类似职能的人员对内部控制的设计以及执行进行专门的评价,进而对内部控制进行监督,或者其也可能利用与外部各方沟通或交流所获取的信息监督相关的控制活动。

3. 考虑因素

(1)被审计单位的内部控制是否被定期评价。

(2)在履行正常职责时,被审计单位人员获得内部控制是否有效运行的证据的程度有多大。

(3)与外部的沟通能够证实内部产生的信息或者指出存在的问题的程度有多大。

(4)管理层是否采纳内部审计人员以及注册会计师有关内部控制的建议。

(5)管理层是否及时纠正内部控制运行中的偏差。

（6）管理层根据监管机构的报告与建议是否及时采取纠正措施。

（7）是否存在协助管理层监督内部控制的职能部门。

【复习要点10】在整体层面了解内部控制（★★★）

在整体层面了解内部控制主要关注以下4个方面。

（1）人员要求：一般由项目组中对被审计单位情况比较了解且较有经验的成员负责，同时需要项目组其他成员的参与和配合。

（2）审计程序：通过询问被审计单位人员、观察特定控制的应用、检查文件和报告以及执行穿行测试等风险评估程序相结合。注册会计师应对被审计单位整体层面的内部控制的设计进行评价，并决定其是否得到执行。

（3）重点关注：连续审计中控制的变化情况和因舞弊而导致重大错报的可能性及影响。

（4）影响：被审计单位整体层面的内部控制是否有效将直接影响重要业务流程层面控制的有效性，进而影响注册会计师拟实施的进一步审计程序的性质和范围。

【复习要点11】在业务流程层面了解内部控制（★★★）

1. 在业务流程层面了解内部控制的步骤

在业务流程层面，内部控制的步骤如下。

（1）确定重要业务流程和重要交易类别。

（2）了解重要交易流程，并进行记录。

（3）确定可能发生错报的环节。

（4）识别和了解相关控制。

（5）执行穿行测试，证实对交易流程和相关控制的了解。

（6）初步评价和风险评估。

【提示】在对控制进行初步评价和风险评估后，注册会计师需要回答以下问题：①控制本身的设计是合理的，但没有得到执行；②控制是否得到执行；③是否更多地依赖控制并拟实施控制测试。

2. 在业务流程层面的内部控制类型

通常，业务流程中的控制可以分为预防性控制和检查性控制。

预防性控制通常用于正常业务流程的每一项交易，以防止错报的发生，并且预防性控制可能是人工执行或者信息系统自动执行。

检查性控制是为了发现流程中可能发生的错报。通常检查性控制是管理层用来监督实现流程目标的控制,其由人工执行或者信息系统自动执行。但是,当存在以下情况时,检查性控制可以作为主要的手段来合理保证某特定认定发生重大错报的可能性较小:①控制所检查的数据是完整并且可靠的;②控制对于发现重大错报足够敏感;③发现的所有重大错报都将被纠正。

【例题·多选题】下列对于在业务流程层面了解内部控制的说法中正确的是( )。

A. 确定被审计单位所有业务流程和所有交易类别

B. 了解业务流程层面应执行穿行测试

C. 如果认为被审计单位的内部控制无效,注册会计师不需要测试控制运行的有效性,而直接实施实质性程序

D. 在业务流程层面了解内部控制得出的评价结论只是初步结论

【解析】A选项表述错误,应是确定重要业务流程和重要交易类别,而不是所有业务流程和交易类别,所以选项A是错误的。

【答案】BCD

【复习要点12】穿行测试(★★★)

(1)为了解各类重要交易在业务流程中发生、处理和记录的过程,注册会计师通常会执行穿行测试。

(2)对于重要的业务流程,不管是人工控制还是自动化控制,注册会计师都要对整个流程执行穿行测试,涵盖交易从发生到记账的整个过程。

执行穿行测试可获得的证据有:

① 确认对业务流程的了解。

② 确认对重要交易的了解是完整的,即在交易流程中所有与财务报表认定相关的可能发生错报的环节都已识别。

③ 确认所获取的有关流程中的预防性控制和检查性控制信息的准确性。

④ 评估控制设计的有效性。

⑤ 确认控制是否得到执行。

⑥ 确认之前所做的书面记录的准确性。

【例题·多选题】(2008年)在了解和测试与特别风险相关的内部控制时,C注册会计师的下列做法正确的有( )。

A. 评价相关控制的设计情况,并确定其是否已经得到执行

B. 如果拟信赖相关控制,每年测试控制的有效性

C. 如果拟信赖相关控制，且相关控制自上次测试后未发生变化，每两年测试一次控制的有效性

D. 如果相关控制不能恰当应对特别风险，应当就该事项与丙公司治理层沟通

【解析】对特别风险，注册会计师应当评价相关控制的设计情况，并确定其是否已经得到执行，选项A正确；如果注册会计师拟信赖针对特别风险的控制，那么所有关于该控制运行有效性的审计证据必须来自当年的控制测试。相应地，注册会计师应当在每次审计中都测试这类控制，选项B正确；如果管理层未能实施控制以恰当应对特别风险，注册会计师应当认为内部控制存在重大缺陷，并考虑其对风险评估的影响。在此情况下，注册会计师应当考虑按照《审计准则》第115条的规定，就此类事项与治理层沟通，选项D正确。

【答案】ABD

第5节 评估重大错报风险

【复习要点1】评估财务报表层次和认定层次的重大错报风险（★★★）

1. 评估重大错报风险的审计程序

（1）在了解被审计单位及其环境（包括与风险相关的控制）的整个过程中，结合对财务报表中各类交易、账户余额和披露的考虑，识别风险。

（2）结合对拟测试的相关控制的考虑，将识别出的风险与认定层次可能发生错报的领域相联系。

（3）评估识别出的风险，并评价其是否更广泛地与财务报表整体相关，进而潜在地影响多项认定。

（4）考虑发生错报的可能性（包括发生多项错报的可能性），以及潜在错报的重大程度是否足以导致重大错报。

2. 识别两个层次的重大错报风险

（1）财务报表层次重大错报风险。

①财务报表层次的重大错报风险很可能源于薄弱的控制环境。

②薄弱的控制环境带来的风险可能对财务报表产生广泛影响，难以限于某类交易、账户余额和披露，因此应当采取总体应对措施。

（2）认定层次重大错报风险。

①在评估重大错报风险时,应将所了解的控制与特定认定相联系。

②控制可能与某一认定直接相关,也可能与某一认定间接相关,其关系越间接,控制在防止或发现并纠正认定中错报的作用越小。

③某些控制活动可能专门针对某类交易或账户余额的个别认定。

3. 财务报表的可审计性

如果注册会计师通过对内部控制的了解发现以下情况,并对财务报表局部或整体的可审计性产生疑问,则应当考虑出具保留意见或无法表示意见的审计报告。

(1)被审计单位会计记录的状况和可靠性存在重大问题,不能获取充分、适当的审计证据以发表无保留意见。

(2)对管理层的诚信存在严重疑虑。必要时,注册会计师应考虑解除业务约定。

【复习要点2】特别风险(★★★)

1. 定义

特别风险是指注册会计师识别和评估的,根据判断认为需要特别考虑的重大错报风险。

2. 确定特别风险时考虑的因素

在确定特别风险时,注册会计师应考虑以下因素。

(1)风险的性质。

(2)潜在错报的重要程度(包括该风险是否可能导致多项错报)。

(3)发生的可能性。

在确定风险的性质时,注册会计师应考虑以下因素。

(1)风险是否属于舞弊风险。

(2)风险是否与近期经济环境、会计处理方法或者其他方面的重大变化相关,因而需要特别关注。

(3)交易的复杂程度。

(4)风险是否涉及重大的关联方交易。

(5)财务信息计量的主观程度,特别是计量结果是否具有高度不确定性。

(6)风险是否涉及异常或者超出正常经营过程的重大交易。

3. 重大非常规交易和重大判断事项导致的特别风险

(1)重大非常规交易导致的特别风险如下。

① 管理层更多地干预会计处理。

② 数据收集和处理进行更多的人工干预。

③ 复杂的计算或会计处理方法。

④ 非常规交易的性质可能使被审计单位难以对由此产生的特别风险实施有效控制。

（2）重大判断事项导致的特别风险如下。

①对涉及会计估计、收入确认等方面的会计原则存在不同的理解。

②所要求的判断可能是主观和复杂的，或需要对未来事项做出假设。

【例题·单选题】（2015年真题）下列有关特别风险的说法中，正确的是（　　）。

A. 注册会计师在判断重大错报风险是否为特别风险时，应当考虑识别出的控制对于相关风险的抵销

B. 注册会计师应当将管理层凌驾于控制之上的风险评估为特别风险

C. 注册会计师应当对特别风险实施细节测试

D. 注册会计师应当了解并测试与特别风险相关的控制

【解析】本题考查特别风险。在判断重大错报风险是否为特别风险时，注册会计师不应当考虑识别出的控制对于相关风险的抵销，选项A不正确；管理层凌驾于控制之上的风险属于特别风险，选项B正确；注册会计师应当对特别风险实施实质性程序，选项C错误；注册会计师应当了解与特别风险相关的控制，如果了解到相关的内部控制无效，此时不需要测试相关的控制，选项D错误。

【答案】B

【复习要点3】仅通过实质性程序无法应对的重大错报风险（★★★）

（1）作为风险评估的一部分，当认为仅通过实质性程序获取的审计证据无法将认定层次的重大错报风险降至可接受的低水平时，注册会计师应当评价被审计单位针对这些风险设计的控制，并确定其执行情况。

（2）当被审计单位对日常交易采用高度自动化处理时，审计证据可能仅以电子形式存在，其充分性和适当性通常取决于自动化信息系统相关控制的有效性，注册会计师应当考虑仅通过实施实质性程序不能获取充分且适当审计证据的可能性。

（3）当认为仅通过实施实质性程序不能获取充分且适当的审计证据时，注册会计师应当考虑依赖的相关控制的有效性，并对其进行了解、评估及测试。

【复习要点4】对风险评估的修正（★★★）

（1）当通过实施进一步审计程序获取的审计证据与初始评估获取的审计证据矛盾

时,注册会计师应当修正风险评估结果,并相应修正原计划实施的进一步审计程序。

(2)与了解被审计单位及其环境一样,评估重大错报风险也是一个连续以及动态地收集、更新和分析信息的过程,其贯穿于整个审计过程的始终。

【例题·单选题】(2007年)下列各项中,与丙公司财务报表层次重大错报风险评估最相关的是( )。

A. 丙公司应收账款周转率呈明显下降趋势

B. 丙公司持有大量高价值且易被盗窃的资产

C. 丙公司的生产成本计算过程相当复杂

D. 丙公司控制环境薄弱

【解析】内控的好坏是影响财务报表层次重大错报风险评估的直接因素,A、B、C选项都是相对具体的,有一定关系,但不是主要的。

【答案】D

过关演练

一、单选题

1.下列风险评估程序中,注册会计师的做法正确的是( )。

A. 由于各种条件的限制,无法对A公司及其环境进行了解,为收集更充分的审计证据,注册会计师直接将重大错报风险设定为高水平

B. 注册会计师无需了解B公司的所有内部控制,而只需了解与审计相关的内部控制

C. 由于C公司(小型企业)可能没有正式的风险评估过程,注册会计师应当直接将其风险评估为最高水平

D. 考虑到D公司的规模小、业务少,注册会计师认为风险评估的成本高于由评估而减少的实质性程序的量,决定不对相关的内部控制进行了解而直接执行实质性程序

2.下列有关项目组讨论的说法中,不正确的是( )。

A. 所有项目组成员每次均应参与项目组讨论

B. 项目组应当根据审计的具体情况,持续交换有关被审计单位财务报表发生重大错报可能性的信息

C. 项目组在讨论时应当强调在整个审计过程中保持职业怀疑态度,警惕可能发生重大错报的迹象,并对这些迹象进行严格追踪

D．项目组应讨论被审计单位所面临的经营风险、财务报表容易发生错报的领域以及发生错报的方式，特别是由于舞弊导致重大错报的可能性

3．下列有关控制环境的说法中，错误的是（　　）。

A．控制环境本身能防止或发现并纠正认定层次的重大错报

B．控制环境的好坏影响注册会计师对财务报表层次重大错报风险的评估

C．控制环境影响被审计单位内部生成的审计证据的可信赖程度

D．控制环境影响实质性程序的性质、时间安排和范围

4．以下有关了解被审计单位内部控制的各项中，不正确的是（　　）。

A．在评估财务报表层次重大错报风险时，应当将整体层面的内部控制状况和了解到的被审计单位及其环境其他方面的情况结合起来考虑

B．注册会计师应当对被审计单位整体层面的内部控制的设计进行评价，并确定其是否执行有效

C．对于连续审计，注册会计师可以重点关注整体层面内部控制的变化情况

D．注册会计师还需要特别考虑因舞弊而导致重大错报的可能性及其影响

5．内部控制的目标不包括（　　）。

A．财务报告的可靠性

B．经营的效率和效果

C．减少内部审计人员

D．在所有经营活动中遵守法律法规的要求

6．注册会计师了解被审计单位及其环境的目的是（　　）。

A．确定重要性水平

B．控制固有风险

C．识别和评估财务报表的重大错报风险

D．控制检查风险

二、多选题

1．A注册会计师负责对甲公司2012年度财务报表进行审计，应当了解甲公司及其环境，以充分识别和评估财务报表重大错报风险，设计和实施进一步审计程序。需要了解的方面有（　　）。

A．甲公司对会计政策的选择和运用

B．甲公司的内部控制

C．甲公司的目标、战略以及相关经营风险

D．行业状况、法律环境和监管环境及其他外部因素

2. 下列有关风险评估的说法中正确的有（　　　）。

A. 管理层缺乏诚信可能引发的舞弊风险，与财务报表整体相关

B. 如果认为仅通过实质性程序获取的审计证据无法将认定层次的重大错报风险降至可接受的低水平，注册会计师应当评价被审计单位针对这些风险设计的控制，并确定其执行情况

C. 注册会计师可以使用重新执行程序以了解被审计单位的内部控制

D. 注册会计师了解被审计单位及其环境，目的就是为了识别和评估财务报表重大错报风险

3. 在了解控制环境时，注册会计师应当关注的内容有（　　　）。

A. 治理层相对于管理层的独立性

B. 管理层的理念和经营风格

C. 员工整体的道德价值观

D. 对控制的监督

4. 注册会计师可以从（　　　）方面了解被审计单位的法律环境及监管环境。

A. 与被审计单位相关的税务法规是否发生变化

B. 国家货币、财政、税收和贸易等方面政策的变化是否会对被审计单位的经营活动产生影响

C. 是否存在新出台的法律法规

D. 国家对某一行业的企业是否有特殊的监管要求

5. 注册会计师运用各项风险评估程序，在了解被审计单位及其环境的整个过程中识别风险，下列识别的风险中仅与各类交易、账户余额和披露相联系的有（　　　）。

A. 被审计单位因相关环境法规的实施需要更新设备，可能面临原有设备闲置或贬值的风险

B. 被审计单位对于存货跌价准备的计提没有实施比较有效的内部控制，管理层未根据存货的可变现净值，计提相应的跌价准备带来的风险

C. 管理层缺乏诚信或承受异常的压力可能引发舞弊风险

D. 竞争者开发的新产品上市，可能导致被审计单位的主要产品在短期内过时，预示将出现存货跌价和长期资产的减值

6. 询问管理层和被审计单位内部其他人员是注册会计师了解被审计单位及其环境的一个重要信息来源。注册会计师可以考虑向管理层和财务负责人询问的事项有（　　　）。

A. 管理层所关注的主要问题

B. 被审计单位最近的财务状况、经营成果和现金流量

C. 可能影响财务报告的交易和事项

D. 被审计单位发生的其他重要变化，如所有权结构、组织结构的变化，以及内部控制的变化

三、简答题

ABC会计师事务所的A注册会计师接受委托，对×公司2012年度的财务报表进行审计，在针对内部控制的了解过程中，发现若干内部控制规定，请说明这些内部控制可以防止哪一种错报，并判断其对应的控制类型和最相关的一个项目及其主要认定。

【要求】请将答案填写在给出的表格中。

对控制的描述	控制用来防止的错报	控制类型（预防性控制/检查性控制）	认　定
在更新采购档案之前必须先有收货报告			
销售发票上的价格根据价格清单上的信息确定			
定期编制银行存款余额调节表，跟踪调查挂账的项目			
会计师每天比较运出货物的数量和开票数量。如果发现差异，产生报告，由开票主管复核和追查			
生成收货报告的计算机程序，同时也更新采购档案			
每季度复核应收账款贷方余额并找出原因			

第8章　风险应对

【考情分析】在近3年考试中，本章内容所占分值约为8分，客观题和主观题都有涉及，主观题经常结合风险应对的理念（注册会计师应当针对评估的财务报表层次重大错报风险确定总体应对措施，并针对评估的认定层次重大错报风险设计和实施进一步审计程序，以将审计风险降至可接受的低水平）在实务中的应用。

【复习要点】本章复习要点主要包括针对财务报表层次重大错报风险的总体应对措施、针对认定层次重大错报风险的进一步审计程序、控制测试、实质性程序等相关知识点。

【本章要点概览】

风险应对	一、针对财务报表层次重大错报风险的总体应对措施	1. 总体应对措施	★★★
		2. 增加审计程序不可预见性的方法	★★★
		3. 总体应对措施对拟实施进一步审计程序的总体审计方案的影响	★★★
	二、针对认定层次重大错报风险的进一步审计程序	1. 进一步审计程序的含义和要求	★★★
		2. 进一步审计程序的性质	★★★
		3. 进一步审计程序的时间	★★★
		4. 进一步审计程序的范围	★★★
	三、控制测试	1. 控制测试的含义和要素	★
		2. 控制测试的性质	★
		3. 控制测试的时间	★
		4. 控制测试的范围	★
	四、实质性程序	1. 实质性程序的含义和要求	★★★
		2. 实质性程序的性质	★★★
		3. 实质性程序的时间	★★★
		4. 实质性程序的范围	★★★

第1节　针对财务报表层次重大错报风险的总体应对措施

【复习要点1】总体应对措施（★★★）

总体应对措施包括以下几项。

（1）向项目组强调保持职业怀疑的必要性。

（2）指派更具有经验或者特殊技能的审计人员，或者利用专家的工作。

（3）提供更多的督导。

（4）在选择拟实施的进一步审计程序时融入更多的不可预见的因素。

（5）对拟实施审计程序的性质、时间或范围做出总体修改。

总体修改时应考虑的因素有：①通过实施实质性程序获取更广泛的审计证据（性质）；②在期末而在非期中实施更多的审计程序；③增加拟纳入审计范围的经营地点的数量（范围）。

【复习要点2】增加审计程序不可预见性的方法（★★★）

增加审计程序的不可预见性的方法如下。

（1）对某些未测试过的低于设定的重要性水平或风险较小的账户余额与认定实施实质性程序。

（2）调整实施审计程序的时间，使其超出被审计单位的预期。

（3）采取不同的审计抽样方法，使当期抽取的测试样本与以前不同。

（4）选取不同的地点实施审计程序或不提前告知被审计单位所选定的测试地点。

【例题·单选题】下列难以增加审计程序不可预见性的是（　　　）。

A. 在不事先通知被审计单位的情况下，选择以前未曾到过的盘点地点进行存货监盘

B. 在测试存货时，向以前审计过程中没有接触过的被审计单位员工询问

C. 对以前由于低于设定的重要性水平而未曾测试过的采购项目，进行细节测试

D. 在期末实施存货监盘程序

【解析】通常情况下，监盘的时间就在期末，所以这个程序难以增加审计程序的不可预见性。

【答案】D

【复习要点3】总体应对措施对拟实施进一步审计程序的总体审计方案的影响（★★★）

当注册会计师评估的财务报表层次重大错报风险属于高风险水平（并相应采取更强调审计程序不可预见性与重视调整审计程序的性质、时间安排以及范围等总体应对措施）时，拟实施进一步审计程序的综合方案往往更倾向于实质性方案。

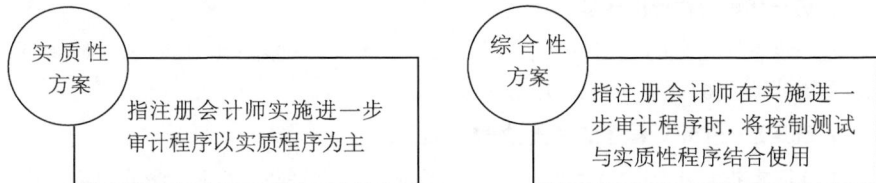

实质性方案　指注册会计师实施进一步审计程序以实质程序为主

综合性方案　指注册会计师在实施进一步审计程序时，将控制测试与实质性程序结合使用

【例题·多选题】（2012年）在识别出被审计单位的特别风险后，采取的下列应对措施中正确的有（　　　）。

A. 将特别风险所影响的财务报表项目与具体认定相联系

B. 对于管理层应对特别风险的控制，无论是否信赖，都需要进行了解

C. 应当专门针对识别的特别风险实施实质性程序

D. 对于管理层应对特别风险的控制，无论是否信赖，都需要进行测试

【解析】选项D控制测试如果在拟不信赖控制的情况下是不需要进行测试的。

【答案】ABC

第2节　针对认定层次重大错报风险的进一步审计程序

【复习要点1】进一步审计程序的含义和要求（★★★）

1. 进一步审计程序的含义

进一步审计程序指注册会计师针对评估的各类交易、账户余额和披露认定层次重大错报风险实施的审计程序，包括控制测试和实质性程序。

2. 进一步审计程序的要求

（1）风险的重要性。

（2）重大错报发生的可能性。

（3）涉及的各类交易、账户余额和披露的特征。

（4）被审计单位采用的特定控制的性质。

（5）注册会计师是否拟获取审计证据，来确定内部控制在防止或者发现并纠正重大错报方面的有效性。

【复习要点2】进一步审计程序的性质（★★★）

1. 进一步审计程序的目的

（1）通过实施控制测试以确定内部控制运行的有效性。

（2）通过实施实质性程序以发现认定层次的重大错报。

2. 进一步审计程序的类型

进一步审计程序的类型有以下7种：（1）检查；（2）观察；（3）询问；（4）函证；（5）重新计算；（6）重新执行；（7）分析程序。

3. 确定进一步审计程序的性质时考虑的因素

（1）应根据认定层次重大错报风险的评估结果选择审计程序，评估的认定层次重大错报风险越高，对通过实质性程序获取的审计证据的相关性与可靠性的要求越高，从而可能影响进一步审计程序的类型及其综合运用。

（2）在确定拟实施的审计程序时，应当考虑评估的认定层次重大错报风险产生的原因，包括考虑各类交易、账户余额和披露的具体特征以及内部控制。

（3）在实施进一步审计程序时拟利用被审计单位信息系统生成的信息，注册会计师还应就信息的准确性以及完整性获取审计证据。

（4）考虑不同审计程序应对特定认定错报风险的效力。

【复习要点3】进一步审计程序的时间（★★★）

1.进一步审计程序的时间的含义

进一步审计程序的时间是指注册会计师何时实施进一步审计程序，或审计证据适用的期间或时点。

2.进一步审计程序的时间的选择

（1）错报风险较高时，注册会计师应当考虑在期末或者接近期末实施实质性程序。

（2）实施审计程序也可能发挥积极作用，可能有助于注册会计师在审计工作初期识别重大事项，并在管理层的协助下及时解决该事项，或者针对该事项制定有效的实质性方案或者综合性方案。

（3）实施了进一步审计程序，注册会计师还应当针对剩余期间获取审计证据。

3.注册会计师在确定实施审计程序的时间时应考虑的重要因素

进一步审计程序的范围是指实施进一步审计程序的数量，包括抽取的样本量、对某项控制活动的观察次数等。

注册会计师在确定实施审计程序的时间里应考虑以下因素。

（1）控制环境。

（2）何时能得到相关信息。

（3）错报风险的性质。

（4）审计证据适用的期间或时点。

【例题·多选题】在确定进一步审计程序的性质时，注册会计师应当考虑的主要因素有（　　）。

A. 不同的审计程序应对特定认定错报风险的效力

B. 认定层次重大错报风险的评估结果

C. 认定层次重大错报风险的产生原因

D. 各类交易、账户余额、列报的特征

【解析】在确定进一步审计程序的性质时，注册会计师首先需要考虑的是认定层次重大错报风险的评估结果。除了从总体上把握认定层次重大错报风险的评估结果对选择进一步审计程序的影响外，在确定拟实施的审计程序时，注册会计师接下来应当考虑评估的认定层次重大错报风险产生的原因，包括考虑各类交易、账户余额、列报的具体特征以及内部控制。另外，因为不同的审计程序应对特定认定错报风险的效力不同，在确定进一步审计程序的性质时也应当考虑。

【答案】ABCD

【复习要点4】进一步审计程序的范围（★★★）

进一步审计程序的范围是指实施进一步审计程序的数量，包括抽取的样本量、对某项控制活动的观察次数等。在确定进一步审计程序的范围时应考虑的因素如下。

（1）确定的重要性水平。重要性水平越低，实施进一步审计程序的范围越广。

（2）评估的重大错报风险。评估的重大错报风险越高，实施进一步审计程序的范围越广，但只有审计程序本身与特定风险相关时，扩大审计范围才能有效。

（3）计划获取的保证进度。计划获取的保证程度越高，实施的进一步审计程序的范围越广。

第3节　控制测试

【复习要点1】控制测试的含义和要求（★）

控制测试是指用于评价内部控制在防止或发现并纠正认定层次重大错报方面的运行有效性的审计程序。

1. 获取关于控制是否有效运行的审计证据

（1）控制在所审计期间的相关时点是如何运行的。

（2）控制是否得到一贯执行。

（3）控制由谁或以何种方式执行。

2. 注册会计师实施控制测试的情形

（1）在评估认定层次重大错报风险时，预期控制的运行是有效的（出于成本效益的考虑）。

（2）仅实施实质性程序并不能够提供认定层次充分、适当的审计证据（出于成本效益以及必须获取一类审计证据的考虑）。

【提示】只有认为控制设计合理、能够防止或发现并纠正认定层次重大错报，对控制运行的有效性实施测试才是必要的。

【复习要点2】控制测试的性质（★）

控制测试的性质是指控制测试所使用的审计程序的类型及其组合。

1. 确定控制测试的性质时的要求

（1）考虑特定控制的性质，即应根据控制的性质选择所需实施的审计程序的类型。

（2）考虑测试与认定直接相关和间接相关的控制。

（3）如何对一项自动化的应用控制实施控制测试。

2. 实施控制测试时对双重目的的实现的理解

（1）控制测试的目的是评价控制是否有效运行。

（2）细节测试的目的是发现认定层次的重大错报。

（3）虽然控制测试和细节测试目的不同，但注册会计师可以针对同一交易同时实施控制测试和细节测试，以实现双重目的。

3. 实施实质性程序的结果对控制测试结果的影响

（1）如果通过实施实质性程序未发现某项认定存在错报，这本身并不能说明与该认定有关的控制是有效运行的。

（2）如果通过实施实质性程序发现某项认定存在错报，注册会计师应在评价相关控制的运行有效性时予以考虑，例如，①降低对相关控制的信赖程度；②调整实质性程序的性质；③扩大实质性程序的范围等。

（3）如果实施实质性程序发现被审计单位没有识别出的重大错报，通常表明内部控制存在重大缺陷，注册会计师应当就这些缺陷与管理层和治理层进行沟通。

【复习要点3】控制测试的时间（*）

1. 控制测试的时间包含两层含义

（1）何时实施控制测试。

（2）测试所针对的控制适用的时点或期间。

2. 考虑期中审计证据

如果已获取有关控制在期中运行有效性的审计证据，并拟利用该证据，注册会计师应当实施下列审计程序：① 获取这些控制在剩余期间发生重大变化的审计证据；② 确定针对剩余期间还需获取的补充审计证据两项审计程序。其中，前一项针对期中已获取审计证据的控制，考察这些控制在剩余期间还需获取的补充审计证据，其考虑因素包括：① 如果这些控制在剩余期间没有发生变化，可以决定信赖期中获取的审计证据；② 如果这些控制在剩余期间发生了变化，则需要了解并测试控制的变化对期中审计证据的影响。后一项针对期中证据以外的、剩余时间的补充证据，其考虑因素包括：① 评估的认定层次重大错报风险的重要程度；② 在期中测试的特定控制，以及自期中测试后发生的重大变动；③ 在期中对有关控制运行有效性获取的审计证据的程度；④ 剩余期间的长度；⑤ 在信赖控制的基础上拟缩小实质性程序的范围；⑥ 控制环境。

3. 考虑以前审计获取的审计证据

（1）如果注册会计师拟信赖以前审计获取的有关控制运行有效的审计证据，则要求注册会计师应当通过实施询问并结合观察或检查程序，获取这些控制是否已经发生变化的审计证据。

① 控制在本期发生变化。如果控制在本期发生变化，注册会计师应当考虑以前审计获取的有关控制运行有效性的审计证据是否与本期审计相关。并且，如果注册会计师拟信赖的控制自上次测试后已发生变化，则应当在本期审计中测试这些控制的运行有效性。

② 控制在本期未发生变化。如果注册会计师拟信赖的控制自上次测试后未发生变化，且不属于旨在减轻特别风险的控制，则应运用职业判断确定是否在本期审计中测试其运行有效性，以及本次测试与上次测试的时间间隔，但每三年至少对控制测试一次。如果注册会计师拟信赖以前审计获取的某些控制运行有效性的审计证据，则其应当在每次审计时从中选取足够数量的控制，测试其运行有效性；不应将所有拟信赖控制的测试集中于某一次审计，而在之后的两次审计中不进行任何测试。

（2）在确定利用以前审计获取的有关控制运行有效性的审计证据是否适当和再次测试控制的时间间隔时，注册会计师应当考虑的内容如下。

① 内部控制其他要素的有效性，包括控制环境、对控制的监督以及被审计单位的风险评估过程。

② 控制特征（人工控制或者自动化控制）产生的风险。

③ 信息技术一般控制的有效性。

④ 影响内部控制的重大人事变动。

⑤ 由于环境发生变化而特定控制缺乏相应变化导致的风险。

⑥ 重大错报的风险和对控制的信赖程度。

4. 不得依赖以前审计所获取证据的情形

由于特别风险的特殊性，对于旨在减轻特别风险的控制，不论该控制在本期是否发生变化，注册会计师都不得依赖以前审计获取的证据。因此，如果确定评估的认定层次重大错报风险是特别风险，并拟信赖旨在减轻特别风险的控制，则有关该控制运行有效的审计证据必须来自当期的控制测试，即应在每次审计中测试该控制的运行有效性。

【例题·多选题】（2016年真题）下列有关利用以前审计获取的有关控制运行有效性的审计证据的说法中，错误的有（　　　）。

A. 如果拟信赖以前审计获取的有关控制运行有效性的审计证据，注册会计师应当

通过询问程序获取这些控制是否已经发生变化的审计证据

B. 如果拟信赖的控制在本期发生变化，注册会计师应当考虑以前审计获取的有关控制运行有效性的审计证据是否与本期审计相关

C. 如果拟信赖的控制在本期未发生变化，注册会计师可以运用职业判断决定不再本期测试其运行的有效性

D. 如果拟信赖的控制在本期未发生变化，控制应对的重大错报风险越高，本次控制测试与上次控制测试的时间间隔越短

【解析】本题考查的是控制测试。如果拟信赖以前审计获取的有关控制运行有效性的审计证据，注册会计师不能仅通过询问获取这些控制是否已经发生变化的审计证据，还需要结合观察或者检查程序，选项A错误；如果拟信赖的控制在本期未发生变化，注册会计师应当运用职业判断决定是否在本期测试其运行的有效性，选项C错误。

【答案】AC

【复习要点4】控制测试的范围（★）

（1）控制测试的范围主要是指某项控制活动的测试次数。通常，注册会计师应当设计控制测试，来获取控制在整个拟信赖的期间有效运行的充分且适当的审计证据。

（2）在确定控制测试范围时，注册会计师除了考虑对控制的信赖程度以外，还可能需要考虑下列因素。

① 在拟信赖期间，被审计单位执行控制的频率。执行控制的频率越高，则控制测试的范围越大。

② 在所审计期间，注册会计师拟信赖控制运行有效性的时间长度。拟信赖期间越长，则控制测试的范围越大。

③ 控制的预期偏差。控制的预期偏差率（控制未得到执行的预期次数占控制应得到执行次数的比率）越高，则控制测试的范围越大。

④ 通过测试与认定相关的其他控制获取的审计证据的范围。当针对其他控制获取审计证据的充分性和适当性越高，则控制测试的范围越小。

⑤ 拟获取的有关认定层次控制运行有效性的审计证据的相关性和可靠性。

【例题·单选题】（2012年）如果注册会计师在期中执行了控制测试，并获取了控制在期中运行有效性的审计证据，下列说法中正确的是（　　）。

A. 如果在期末实施实质性程序未发现某项认定存在错报，说明与该项认定相关的控制是有效的，不需要再对相关控制进行测试

B. 如果某一控制在剩余期间内发生变动，在评价整个期间的控制运行有效性时，无须考虑期中测试的结果

C. 对某些自动化运行的控制，可以通过测试信息系统一般控制的有效性获取控制在剩余期间运行有效的审计证据

D. 如果某一控制在剩余期间内未发生变动，不需要补充剩余期间控制运行有效性的审计证据

【解析】选项C正确，对自动化运行的控制，注册会计师更可能测试信息系统一般控制的运行有效性，以获取控制在剩余期间运行有效性的审计证据；选项A错误，如果在期末实施实质性程序未发现某项认定存在错报，并不能说明控制是有效的；选项B错误，如果某一控制在剩余期间内发生变动，注册会计师需要了解并测试控制变化对期中审计证据的影响；选项D错误，注册会计师要确定针对剩余期间还要获取的补充审计证据。

【答案】C

第4节　实质性程序

【复习要点1】实质性程序的含义和要求（★★★）

实质性程序是指用于发现认定层次重大错报的审计程序。

1. 实质性程序包括的内容

（1）对各类交易、账户余额和披露的细节测试。

（2）实质性分析程序。

此外，注册会计师实施的实质性程序还应当包括以下与财务报表编制完成阶段相关的审计程序。①将财务报表与其所依据的会计记录进行核对或调节。②检查财务报表编制过程中做出的重大会计分录和其他调整。

2. 实质性程序是指用于发现认定层次重大错报的审计程序

（1）评估的认定层次重大错报风险属于特别风险时，注册会计师应当专门针对该特别风险实施实质性程序。

（2）如果针对特别风险实施的程序仅为实质性程序，则这些程序应包括细节测试，或者应将细节测试与实质性分析程序结合使用，来获取充分、适当的审计证据。

【复习要点2】实质性程序的性质（★★★）

1. 实质性程序的性质

实质性程序的性质是指实质性程序的类型及其组合，其包括细节测试和实质性分析程序。

实质性程序的性质	目　的	适用范围
细节测试	直接识别财务报表认定是否存在错报	适用于对各类交易、账户余额和披露认定的测试，尤其是对存在或发生、计价认定的测试
实质性分析程序	识别各类交易、账户余额和披露及相关认定是否存在错报	适用于在一段时间内存在可预期关系的大量交易

2. 细节测试的方向

注册会计师应根据不同的认定层次的重大错报风险设计具有针对性的细节测试。

细节测试的方向	具体内容
逆查	针对存在或发生认定设计细节测试时，注册会计师应当选择包含在财务报表金额中的项目，并获取相关审计证据
顺查	针对完整性认定设计细节测试时，注册会计师应当选择有证据表明应包含在财务报表金额中的项目，并调查这些项目是否确实包括在内

3. 设计实质性分析程序时考虑的因素

设计实质性分析程序时应当考虑的因素如下。

（1）对特定认定所使用实质性分析程序的适当性。

（2）对已记录的金额或者比率作预期时，所依据的内部或者外部数据的可靠性。

（3）做出预期的准确程度是否足以在计划的保证水平上识别重大错报。

（4）已记录金额与预期值之间可接受的差异额。

【例题·单选题】（2016年真题）下列有关实质性程序的说法中，正确的是（　　）。

A. 注册会计师对认定层次的特别风险实施的实质性程序应当包括实质性分析程序

B. 注册会计师应针对所有类别的交易、账户余额和披露实施实质性程序

C. 注册会计师实施的实质性程序应包括财务报表与其所依据的会计记录进行核对或调节

D. 如果在期中实施了实质性程序，注册会计师应当对剩余期间实施控制测试和实质性程序

【解析】本题考查的是实质性程序的性质。对特别风险既可以仅实施细节测试，也可以细节测试与实质性分析程序结合实施，选项A错误；注册会计师只需针对所有重大类别的交易、账户余额和披露实施实质性程序，而不是对所有类别的交易、账户余额和披露实施实质性程序，选项B错误；针对剩余期间既可以仅实施实质性审计程序，也可以实质性审计程序与控制测试结合执行，选项D错误。

【答案】C

【复习要点3】实质性程序的时间（★★★）

注册会计师在确定是否在期中实施实质性程序时应考虑下列因素。

① 控制环境和其他相关的控制。

② 实施审计程序所需信息在期中之后的可获得性。

③ 实质性程序的目的。

④ 评估的重大错报风险。

⑤ 特定类别交易或账户余额以及相关认定的性质。

⑥ 针对剩余期间,能否通过实施实质性程序,或者将实质性程序与控制测试相结合,降低期末存在错报而未被发现的风险。

如果在期中实施了实质性程序,则应当针对剩余期间实施进一步的实质性程序,或将实质性程序和控制测试结合使用,以将期中测试得出的结论合理延伸至期末。

如果拟利用以前审计获取的审计证据,则应当在本期实施审计程序,来确定这些审计证据是否具有持续相关性。

【复习要点4】实质性程序的范围(★★★)

实质性程序	考虑因素
细节测试	(1)从样本量的角度考虑测试范围 (2)从选样方法的有效性考虑测试范围
实质性分析程序	(1)考虑数据的层次,例如,高汇总财务数据层次,或者根据重大错报风险的性质与水平调整数据层次 (2)考虑偏差的幅度或者性质 ① 可容忍或可接受的偏差(即预期偏差)越大,则实质性分析程序的范围越小 ② 确定该差异额时,应主要考虑各类交易、账户余额和披露及相关认定的重要性和计划的保证水平

【例题1·多选题】(2010年)如果在期中实施了实质性程序,在确定对剩余期间实施实质性分析程序是否可以获取充分、适当的审计证据时,A注册会计师通常考虑的因素有(   )。

A. 数据的可靠性　　　　　　　　B. 预期的准确程度

C. 可接受的差异额　　　　　　　D. 分析程序对特定认定的适用性

【解析】如果在期中实施实质性程序,并计划针对剩余期间实施实质性分析程序,注册会计师应当考虑实质性分析程序对特定认定的适用性、数据的可靠性、做出预期的准确程度以及可接受的差异额,并评估这些因素如何影响针对剩余期间获取充分、适当的审计证据的能力。注册会计师还应考虑某类交易的期末累计发生额或账户期末余额在金额、相对重要性及构成方面能否被合理预期。

【答案】ABCD

【例题2·多选题】注册会计师在考虑是否在期中实施实质性程序时应当考虑的因素有(   )。

A. 控制环境和其他相关的控制越薄弱注册会计师越不宜在期中实施实质性程序

B. 如果实施实质性程序所需信息在期中之后可能难以获取,注册会计师应考虑在

期中实施实质性程序

C. 注册会计师评估的某项认定的重大错报风险越高，注册会计师越应当考虑将实质性程序集中于期末（或接近期末）实施

D. 对收入截止认定、或有负债等的审查必须在期末（或接近期末）实施实质性程序

【解析】注册会计师在考虑是否在期中实施实质性程序时应当考虑以下因素：① 控制环境和其他相关的控制；② 实施审计程序所需信息在期中之后的可获得性；③ 实质性程序的目的；④ 评估的重大错报风险；⑤ 特定类别交易或账户余额以及相关认定的性质；⑥ 针对剩余期间，能否通过实施实质性程序与控制测试相结合，降低期末存在错报而未被发现的风险。

【答案】ABCD

过关演练

一、单选题

1. 下列关于进一步审计程序的范围的说法中，不正确的是（　　　）。

A. 进一步审计程序的范围是指实施进一步审计程序的数量

B. 进一步审计程序的范围包括抽取的样本量

C. 进一步审计程序的范围包括对某项控制活动的观察次数

D. 进一步审计程序的范围是指注册会计师何时实施进一步审计程序

2. 通常情况下，注册会计师出于成本效益的考虑可以采用（　　　）设计进一步审计程序，即将测试控制运行的有效性与实质性程序结合使用。

A. 风险评估程序　　　　　　　B. 实质性程序

C. 综合性方案　　　　　　　　D. 实质性方案

3. 下列有关控制测试目的的说法中，正确的是（　　　）。

A. 控制测试旨在评价内部控制在防止或发现并纠正认定层次重大错报方面的运行有效性

B. 控制测试旨在发现认定层次发生错报的金额

C. 控制测试旨在验证实质性程序结果的可靠性

D. 控制测试旨在确定控制是否得到执行

4. 下列关于控制测试的时间的说法，不正确的是（　　　）。

A. 控制测试的时间包括何时实施控制测试

B. 控制测试的时间包括测试所针对的控制适用的时点或期间

C. 注册会计师一般在期中进行控制测试

D. 注册会计师一般在期末进行控制测试

5. 注册会计师在确定进一步审计程序的时间时应当考虑的因素不包括（   ）。

A. 审计意见的类型   B. 控制环境

C. 错报风险的性质   D. 审计证据适用的期间或时点

6. 如果注册会计师认为管理层面临实现盈利指标的压力而可能提前确认收入，则应实施以下（   ）专门应对这种特别风险的实质性程序。

A. 向客户函证应收账款的账户余额

B. 向客户询证交货、结算时间

C. 从营业收入明细账追查到顾客订货单

D. 从发货凭证追查到营业收入明细账

二、多选题

1. 如果被审计单位的控制环境存在缺陷，注册会计师在对拟实施审计程序的性质、时间和范围做出总体修改时应当考虑的有（   ）。

A. 主要依赖控制测试获取审计证据

B. 在期末而非期中实施更多的审计程序

C. 通过实施实质性程序获取更广泛的审计证据

D. 增加拟纳入审计范围的经营地点的数量

2. 下列关于确定进一步审计程序范围应考虑的因素的表述中，说法不恰当的有（   ）。

A. 评估的重大错报风险越高，对拟获取审计证据的相关性、可靠性的要求越高，因此注册会计师实施进一步审计程序的范围可以适当缩小

B. 计划获取的保证程度越高，对测试结果可靠性要求越高，注册会计师实施进一步审计程序的范围越小

C. 如果注册会计师计划从控制测试中获取更高的保证程度，则控制测试的范围就更广

D. 确定的重要性水平越高，注册会计师实施进一步审计程序的范围越广

3. 注册会计师在确定进一步审计程序的时间时应当考虑的因素主要包括（   ）。

A. 审计意见的类型   B. 控制环境

C. 错报风险的性质   D. 审计证据适用的期间或时点

4. 下列关于"针对认定层次重大错报风险的进一步审计程序"的说法中正确的选项有（   ）。

A. 在执行甲公司2012年度财务报表审计业务时，如果注册会计师A通过了解和实施控制测试程序发现甲公司的内部控制存在重大缺陷，则A应采取综合性方案实施进一

步审计程序

B. 计划的保证水平越高，对有关控制运行有效性的审计证据的可靠性要求越高。当拟实施的进一步审计程序主要以控制测试为主，尤其是仅实施实质性程序获取的审计证据无法将认定层次重大错报风险降至可接受的低水平时，注册会计师应当获取有关控制运行有效性的更高的保证水平

C. 在执行甲公司2012年度财务报表审计业务时，如果注册会计师A通过实施了解和控制测试程序发现甲公司的内部控制存在重大缺陷，则A应采取实质性方案实施进一步审计程序

D. 薄弱的控制环境带来的风险可能对财务报表产生广泛影响，注册会计师应当采取总体应对措施

5. 提高审计程序的不可预见性是注册会计师应对财务报表层次重大错报风险的重要措施。在实务中，注册会计师可以通过以下（　　　）方式提高审计程序的不可预见性。

A. 对某些未测试过的低于重要性水平或风险较小的账户余额实施实质性程序

B. 调整实施审计程序的人员，由助理人员担任关键项目的审计工作

C. 采取不同的审计抽样方法，使当期抽取的测试样本与以前有所不同

D. 选取不同的地点实施审计程序，或预先不告知被审计单位所选定的测试地点

6. 下列做法中，可以提高审计程序的不可预见性的有（　　　）。

A. 针对销售收入和销售退回延长截止测试期间

B. 向以前没有询问过的被审计单位员工询问

C. 对以前通常不测试的金额较小的项目实施实质性程序

D. 对被审计单位银行存款年末余额实施函证

三、简答题

Y注册会计师负责对X公司2012年度财务报表进行审计。请根据审计准则的相关规定回答下列问题。

（1）假定X公司存在财务报表层次重大错报风险，作为审计项目合伙人，Y注册会计师应当考虑采取哪些总体应对措施？

（2）假定评估的X公司财务报表层次重大错报风险属于高风险水平，指出Y注册会计师拟实施进一步审计程序的总体方案通常更倾向于何种方案？

（3）针对评估的财务报表层次重大错报风险，在选择进一步审计程序时，Y注册会计师可以通过哪些方式提高审计程序的不可预见性？

（4）假定X公司2012年度财务报表存在舞弊导致的认定层次重大错报风险，Y注册会计师应当考虑采用哪些方式予以应对？

第9章 销售与收款循环的审计

【考情分析】在近3年考试中，本章内容所占分值约为9分，各种题型均可能涉及，尤其是简答题和综合题。例如，主营业务收入的检查程序、截止测试程序，应收账款函证程序等。

【复习要点】本章复习要点主要包括销售与收款循环的特点、销售与收款循环的内部控制、销售与收款循环的实质性程序等相关知识点。

【本章要点概览】

销售与收款循环的审计	一、销售与收款循环的特点	1. 不同行业类型的收入来源	★★★
		2. 涉及的主要单据与会计记录	★★★
	二、销售与收款循环的业务活动和相关内容部控制	1. 销售与收款循环的业务活动	★★★
		2. 销售交易的内部控制	★★★
	三、销售与收款循环的重大错报风险的评估	1. 销售与收款循环存在的重大错报风险	★★★
		2. 根据重大错报风险评估结果设计进一步审计程序	★★★
	四、测试销售与收款循环的内部控制	1. 控制测试的基本原理	★★★
		2. 以风险为起点的控制测试	★★★
	五、销售与收款循环的实质性程序	1. 营业收入的实质性程序	★★★
		2. 应收账款的实质性程序	★★★

第1节 销售与收款循环的特点

【复习要点1】不同行业类型的收入来源（★★★）

行业类型	收入来源
贸易类	作为零售商向普通大众（最终消费者）零售商品，作为批发商向零售商供应商品
一般制造业	通过采购原材料并将其用于生产流程制造产品卖给客户取得收入
专业服务业	律师、会计师、商业咨询师等主要通过提供专业服务取得服务费收入；医疗服务机构通过提供医疗服务取得收入，包括给住院病人提供病房和医护设备，为病人提供精细护理、手术和药品等取得收入
金融服务业	向客户提供金融服务取得手续费，向客户发放贷款取得利息收入，通过协助客户对其资金进行投资取得相关理财费用
建筑业	通过提供建筑服务完成建筑合同取得收入

【复习要点2】涉及的主要单据与会计记录（★★★）

凭证与会计分录名	含义
客户订购单	客户提出的书面购货要求（通过销售人员、电话、信函等方式获取）
销售单	列示客户所订商品的名称、规格、数量以及其他有关信息的凭证
发运凭证	在发货时编制，用以反映发出商品的规格、数量和其他有关信息的凭据
销售发票	用来表明已销售商品的名称、规格以及数量等相关内容的凭证
商品价目表	列示可供销售商品的已经授权批准的价格清单
贷项通知单	用来表示因销售退回或经批准折扣而引起的应收销货款减少的凭证
应收账款账龄分析表	反映月末未收回应收账款总额的账龄，并详细反映各客户月末尚未偿还的应收账款数额和账龄
应收账款明细账	用以记录各客户各项赊销、还款、销售退回及折让的明细账
主营业务收入明细账	用以记录各销售交易的明细账
折扣与折让明细账	用以核算企业销售商品，按销售合同规定为及早收回货款而给予客户的折扣以及因商品质量等原因而给予客户的折让的明细账（也可不设）
汇款通知书	注明了客户的姓名和销售发票号码等内容的凭证，其与销售发票一起寄给客户，由客户在付款时再寄回销售单位的凭证
库存现金日记账和银行存款日记账	用以记录应收账款收回或现销收入以及其他各种现金、银行存款收入和支出的日记账
坏账审批表	用以批准将某些应收账项注销为坏账
客户对账单	定期寄送给客户的用于购销双方定期核对账目的凭证
转账凭证	记录转账业务的记账凭证，其根据有关转账业务的原始凭证编制
现金和银行凭证	用以记录现金和银行存款收入业务的记账凭证

第2节 销售与收款循环的业务活动和相关内部控制

【复习要点1】销售与收款循环的业务活动（★★★）

销售与收款循环涉及的交易类型、财务报表项目、主要业务活动及常见主要凭证和会计记录汇总表如下。

交易类型	相关财务报表项目	主要业务活动	常见主要凭证和会计记录
销售	营业收入 应收账款	接受客户订购单 批准赊销信用 按销售单编制发运凭证并发货 向客户开具发票 记录销售（赊销、现金销售等） 办理和记录销售退回、销售折扣与折让	客户订购单 销售单 发运凭证 销售发票 商品价目单 客户月末对账单 营业收入明细账 转账凭证 贷项通知单 折扣与折让明细账
收款	货币资金 应收账款（含原值及坏账准备） 资产减值损失	办理与记录现金、银行存款收入 提取坏账准备 坏账核销	应收账款账龄分析表 应收账款明细账 汇款通知书 库存现金日记账和银行存款日记账 客户月末对账单 收款凭证 坏账审批表 转账凭证

【复习要点2】销售交易的内部控制（★★★）

1. 恰当的职责分离

（1）根据内部控制的规定，企业应将销售、发货以及收款业务涉及的部门或岗位进行分别设立。

（2）在订立销售合同前，企业应当指定至少两人以上专门人员（与订立合同人员必须分离）就销售价格、信用政策、发货以及收款方式等具体内容与客户进行谈判。

（3）销售发票通知单的编制人员与销售发票的开具人员应相互分离，并且销售人员应避免接触销货现款。

（4）取得和贴现应收票据，都必须经保管票据以外的主管人员书面批准。

2. 恰当的授权审批

授权审批程序	目的
在销售发生前，赊销已正确审批	防止因向虚构或无力支付货款的客户发货而蒙受损失
非经正当审批，不得发出货物	防止因向虚构或无力支付货款的客户发货而蒙受损失
销售价格、折扣以及运费等须经审批	保证销售交易按照企业制定的价格开票收款
在授权范围内进行审批，不得越权审批	防止因审批人决策失误而造成损失

3. 充分的凭证和记录

为了实现各项控制目标，企业需要具备充分的记录手续。

4. 凭证的预先编号

为了防止销售以后开具账单或登记入账的遗漏，以及开具账单或记账的重复，企业需要对凭证预先进行编号。此外，还需要对预先连续编号的凭证按顺序归档，并独立进行定期检查全部凭证编号的完整性。

5. 按月寄出对账单

为了能促使客户在发现应付账款余额不正确后及时反馈有关信息，应由与现金出纳、销售以及应收账款记账无关的人员按月向客户寄发对账单。

6. 内部核查程序

为了实现内部控制目标，必须由内部审计人员或其他独立人员对销售交易的处理和记录情况进行核查。

第3节 销售与收款循环的重大错报风险的评估

【复习要点1】销售与收款循环存在的重大错报风险（★★★）

1. 企业收入交易和余额中主要包括的固有风险

（1）收入的舞弊。

（2）收入复杂性导致的错误。

（3）发生的收入交易未能得到准确记录。

（4）期末收入交易和收款交易的截止日错误。

（5）收款入账不及时或入账不正确导致的错误。

（6）应收账款坏账准备计提不准确。

2. 通过实施风险评估程序识别与收入确认相关的舞弊风险

手段或迹象	具体内容
虚增收入或提前确认收入	（1）未披露关联方的资金循环虚构交易 （2）与未披露的关联方进行显失公允的交易 （3）与形式上非关联、未来或潜在的关联方进行显失公允交易 （4）虚开销售发票虚增收入，并可能在后期计提坏账准备或冲销 （5）转移商品地点，依据出库单和装运凭证记录销售收入 （6）与商品相关的风险和报酬尚未全部转移之前确认销售收入 （7）将以售后回购（或租回）方式发出的商品确认收入 （8）通过高估完工百分比的方法实现当期多确认收入 （9）在代销模式时，按照相关购销交易的总额而非净额确认收入 （10）随意变更所选择的会计估计方法或会计政策 （11）收入确认会计政策与销售模式不匹配
少计收入或延后确认收入	（1）满足确认条件后不确认收入，而将其挂账于负债，或转入其他账户 （2）在以旧换新的销售模式下，以新旧商品的差价确认收入 （3）当提供劳务或建造合同的结果能够可靠估计时，不按完工百分比法确认收入，而推迟到劳务结束或完工时确认收入
舞弊风险迹象	（1）企业的客户是否付款取决于下列情况 　①能否从第三方取得融资 　②能否转售给第三方（如经销商） 　③企业能否满足特定的重要条件 （2）未经客户同意，在销售合同约定的发货期之前发送商品 （3）未经客户同意，将商品运送到销售合同约定地点以外的其他地点 （4）销售记录显示，商品已发往外部仓库或货运代理人，却未指明任何客户 （5）在实际发货之前或实际未发货时开具销售发票 （6）对在期末之后的发货，在本期确认相关收入 （7）依据已取消的订单发货或重复发货，实际销售情况与订单不符 （8）已售给货代理人的商品，在期后有大量退回 （9）销售合同或发运单上的日期被更改，或者其上加盖的公章不属于合同指定客户 （10）在接近期末时发生了巨额或大量的交易 （11）交易之后长期不结算 （12）企业或其他相关事项未发生重大变化时，询证函回函相符比例明显异于以前年度 （13）发生异常大量的现金交易 （14）应收款项收回时，存在较多待付款的情况 （15）商品对客户而言不具有合理用途 （16）主要客户自身规模与其交易规模不匹配

【复习要点2】根据重大错报风险评估结果设计进一步审计程序（★★★）

重大错报风险描述	相关财务报表项目及认定	风险程度	是否信赖控制	进一步审计程序	拟从控制测试中获取的保证程度	拟从实质性程序中获取的保证程度
销售收入可能未真实发生	收入:发生 应收账款:存在	特别	是	综合性方案	高	中
销售收入记录可能不完整	收入/应收账款:完整性	一般	否	实质性方案	无	低
期末收入交易可能未计入正确的期间	收入:截止 应收账款:存在/完整性	特别	否	实质性方案	无	高
发生的收入交易未能得到准确记录	收入:准确性 应收账款:计价和分摊	一般	是	综合性方案	部分	低
应收账款坏账准备的计提不准确	应收账款:计价和分摊	一般	否	实质性方案	无	中

第4节 测试销售与收款循环的内部控制

【复习要点1】控制测试的基本原理（★★★）

（1）控制测试所使用的审计程序的类型主要包括询问、观察、检查和重新执行，其提供的保证程度依次递增。

（2）如果在其中实施了控制测试，注册会计师应当在年末审计时实施适当的前推程序，就控制在剩余期间的运行情况获取证据，以确定控制是否整个被审计期间持续运行有效。

（3）控制测试的范围取决于注册会计师需要通过控制测试获取的保证程度。

（4）若拟信赖的内部控制是由计算机执行的自动化控制，注册会计师除了测试自动化应用控制的运行有效性，还需要就相关的信息技术一般控制的运行有效性获取审计证据。

【复习要点2】以风险为起点的控制测试（★★★）

风险评估和风险应对是整个审计过程的核心，因此，注册会计师通常以识别的重大错报风险为起点，选取拟测试的控制并实施控制测试。

如果人工控制上述控制测试时，依赖信息系统生成的报告，那么注册会计师还应当针对于系统生成报告的准确性执行测试

第5节　销售与筹款循环的实质性程序

【复习要点1】营业收入的实质性程序（***）

1. 主营业务收入实质性分析程序中的比较分析

主营业务收入实质性分析中四大比较分析如下。

（1）将本期的主营业务收入与上期的主营业务收入、销售预算或预测数等进行比较。

（2）计算本期主要产品毛利率，并与上期预算、预测数据或同行业企业相关数据比较。

（3）比较本期各月各类主营业务收入。

（4）依据增值税发票申报表或普通发票估算全年收入，并与实际收入金额比较。

2. 销售的截止测试

目　　　的	审计路径	测试程序
已入账收入是否在同一期间已开具发票并发货，防止多记收入（发生）	以账簿记录为起点	从资产负债表日前后若干天的账簿记录检查至发票存根与发运凭证
确定已开具发票的货物是否已发货并于同一会计期间确认收入，防止少记收入（完整性）	以销售发票为起点	从资产负债表日前后若干天的发票存根检查至发运凭证及账簿记录
确定主营业务收入是否已记入恰当的会计期间，防止少记收入（完整性）	以发运凭证为起点	从资产负债表日前后若干天的发运凭证检查至发票存根与账簿记录

【例题·单选题】注册会计师为了验证被审计单位记录的销售交易是否真实发生和存在，下列最有效的实质性程序是（　　　　）。

A. 以营业收入明细账为起点追查至销售单、发运凭证等原始凭证

B. 以发运凭证为起点，追查至营业收入明细账

C. 复核销售发票上的数据与发运凭证是否一致

D. 追查销售发票上的详细信息至发运凭证、经批准的商品价目表和顾客订货单

【解析】选项C、D，仅是原始凭证之间的复核，没有涉及账簿，因此与账簿记录的真实性不是很相关；选项B，验证的是完整性，而不是真实性。因此正确答案是A。

【答案】A

3.收入的会计处理

（1）收入确认条件

企业商品销售收入应在同时满足以下条件时确认。

① 企业已将商品所有权上的主要风险和报酬转移给购货方。

② 企业既没有保留通常与所有权相联系的继续管理权，也没有对售出的商品实施

有效控制。

　③ 收入的金额能够可靠地计量。

　④ 相关的经济利益很可能流入企业。

　⑤ 相关的已发生或将发生的成本能够可靠地计量。

（2）收入确认时点

销售方式	确认收入的时点
交款提货	货款已收到或取得收款的权利,同时将发票账单和提货单交给对方时
预收款	商品发出时
托收承付	商品已经发出,并已将发票账单提交银行、办妥收款手续时
销售商品需要安装和检验	如果安装或检验合同是销售协议的重要组成部分,在购买方接受商品以及安装和检验完毕时确认收入。如果安装程序比较简单,可在发出商品时确认收入
视同买断方式委托代销	发出商品时
支付手续费方式委托代销	收到受托方开出的代销清单时
长期工程、劳务	合同的结果能够可靠估计,期末按完工百分比法确认收入

（3）特别销售商品业务的处理

销售类型	具体业务处理方法
商业折扣	企业为促销商品而给予的价格扣除。应当按照扣除商业折扣后的金额确认销售收入
现金折扣	为了鼓励购买方在规定的期限内付款而提供的折扣。企业应当按照扣除现金折扣前的金额确认收入,现金折扣实际发生时计入当期财务费用
销售折让	企业因售出商品质量不符合要求等而在价格上给予的减让。销售折让发生在确认销售商品的收入前,直接按扣除折让后的金额确认收入;已经确认收入的商品发生销售折让的,应当在发生时冲减当期的销售商品收入;销售折让属于资产负债表日后事项的,直接冲减报告年度的营业收入和营业成本等项目
销售退回	企业已经确认销售商品收入的售出商品发生销售退回的,应当在发生时冲减当期销售商品收入,同时冲减销售成本;销售退回属于资产负债表日后事项的,同时冲减报告年度的营业收入和营业成本等项目
售后回购	通常情况下,售后回购交易属于融资交易,商品所有权上的主要风险和报酬没有转移,企业不应确认收入;回购价格大于原售价的差额,企业应在回购期间按期计提利息费用,计入财务费用

【例题·多选题】　对于被审计单位发生的销售退回、折让、折扣的控制测试,注册会计师应检查被审计单位的工作内容是（　　）。

　A. 所退回的商品是否具有仓库签发的退货验收报告

　B. 销售退回和折让是否附有按顺序编号并经主管人员核准的借项通知书

　C. 销售退回与折让的批准与贷项通知单的签发职责是否分离

　D. 现金折扣是否经过适当授权,授权人与收款人的职责是否分离

【解析】选项B错,应为贷项通知书;选项A,对于保护所退回商品的安全完整是必要的;选项C、D所述均与职责分离有关,而职责分离是内部控制的要素之一。因此,正确答案为A、C、D。

【答案】ACD

1. 应收账款的审计目标

（1）确定应收账款是否存在；（存在认定）

（2）确定应收账款是否由被审计单位拥有或控制；（权利和义务认定）

（3）确定应收账款是否均已记录；（完整性认定）

（4）确定应收账款是否可收回，坏账准备的计提是否恰当，计提是否准确；（计价和分摊认定）

（5）确定应收账款及其坏账准备是否已经按照企业会计准则的规定在财务报表中做出恰当列报。

2. 应收账款的实质性程序

（1）取得或编制应收账款明细表；

（2）分析程序与应收账款的相关财务指标；

（3）检查应收账款账龄分析是否正确；

（4）对应收账款实施函证程序；

（5）对应收账款余额实施函证以外的细节测试；

（6）检查坏账的冲销和转回；

（7）确定应收账款的列报是否恰当。

3. 坏账准备的实质性程序

（1）取得或编制坏账准备明细表，复核加计是否正确，并核对其与坏账准备总账数、明细账合计数是否相符；

（2）核对应收账款坏账准备本期计提数与资产减值损失相应明细项目是否相符；

（3）检查应收账款坏账准备计提和核销的批准程序，并评价其所依据的资料、假设及方法；

（4）检查实际发生坏账损失的转销依据是否符合有关规定，它的会计处理是否正确；

（5）检查已经确认并转销的坏账重新收回的会计处理是否正确；

（6）确定应收账款坏账准备的列报是否恰当。

过关演练

一、单选题

1. 2012年11月Y公司与W医院签订合同, 销售本公司研发的CT机给W医院, 全部价款100万元, 合同约定12月1日开始调试, 调试前支付价款的10%, 12月31日又支付了价款的10%, 2013年1月1日试运行, 试用期3个月, 期满后, 如果运行良好支付剩余80%款项, 如不满意, 则退货, Y公司应退回全部货款。在审计结束前, 公司仅收到20万元的款项。Y公司对此项业务的收入没有在2012年的账目中反映。助理人员提出的以下处理措施正确的是（　　　）。

A. 不用调整2012年的财务报表

B. 建议调整2012年的财务报表确认收入10万元

C. 建议调整2012年的财务报表确认收入20万元

D. 建议调整2012年的财务报表确认收入100万元

2. 记录销售有关的控制程序通常包括以下几个方面, 其中, 最有助于管理层对其销货记录的发生认定的控制程序是（　　　）。

A. 控制所有事先连续编号的销售发票

B. 依据附有装运凭证和销售单的销售发票记录销售

C. 检查销售发票是否经适当的授权批准

D. 记录销售的职责应与处理销货交易的其他职责相分离

3. 注册会计师通过比较前期坏账准备计提数和实际发生数, 以及检查期后事项, 主要是为了评价（　　　）。

A. 应收账款期末余额是否正确

B. 应收账款计提坏账准备金额是否正确

C. 应收账款的可收回性

D. 应收账款计提坏账准备的合理性

4. 注册会计师在运用销售与收款循环中的各种凭证时应注意, 商品价目表对于主营业务收入来说一般只能证明（　　　）认定, 而不能证明其他认定。

A. 发生   B. 准确性

C. 完整性   D. 权利和义务

5. 在确认商品房销售收入时, 以下条件中不是必要的是（　　　）。

A. 商品房已经有关部门验收合格, 商品房的钥匙已交付给了购买方

B. 与商品房相关的主要风险和报酬已经转移给了购买方

C. 已经收到了房款或对方已经取得了收取房款的权利

D. 办理完毕房屋所有权证书及土地使用权证书

6. 应收账款询证函应当由（　　）签章。

A. 注册会计师　　　　　　　　B. 会计师事务所

C. 被审计单位　　　　　　　　D. 项目合伙人

二、多选题

1. 为有效防止漏开账单的情况发生，企业在收到顾客订货单之后，立即编制了一份预先编号、一式多联的销售单，分别用于下列方面，则漏开账单的情形就较少发生的有（　　）。

A. 批准赊销　　　　　　　　　B. 批准发货

C. 记录发货数量　　　　　　　D. 向顾客开具账单

2. 为了证实被审计单位登记入账的销货是否均经正确的计价，适当的计价测试有（　　）。

A. 复算销售发票上的数据

B. 追查主营业务收入明细账中的金额至销售发票

C. 追查销售发票上的详细资料至发运凭证、经批准的商品价目表和顾客订货单

D. 检查发运凭证连续编号的完整性

3. 为了防止因向无力支付货款的顾客发货而使企业财产蒙受损失，企业应当严格把握以下（　　）关键控制点上的审批程序。

A. 未经批准，不得赊销　　　　B. 未经批准，不得发货

C. 销售价格和条件须经批准　　D. 运费、折扣折让须经批准

4. 注册会计师在函证应收账款时，需要考虑选择函证时间，下列有关函证时间的表述中正确的有（　　）。

A. 如果重大错报风险评估为低水平，注册会计师可选择资产负债表日前适当日期为截止日实施函证，并对所函证项目自该截止日起至资产负债表日止发生的变动实施实质性程序

B. 注册会计师通常以资产负债表日为截止日，在资产负债表日前适当时间内实施函证

C. 注册会计师通常以资产负债表日为截止日，在资产负债表日后适当时间内实施函证

D. 如果重大错报风险评估为低水平，注册会计师可选择资产负债表日前适当日期为截止日实施函证，对截止日后到资产负债表日止的情况不进行任何测试

5. 以下关于截止测试的说法中，正确的有（　　）。

A. 截止测试的方法一般是审查所审计业务的凭证与记账的日期

B. 截止测试是由被审计单位对财务报表的分类和可理解性认定推论得来的

C. 截止测试是由被审计单位对财务报表的计价和分摊认定推论得来的

D. 截止测试的范围是审查结账日前后若干天的业务，看是否有跨期现象

6. 下列关于销售与收款循环中涉及的主要凭证与会计记录，说法不正确的选项有（　　　）。

A. 销售单是作为销售方外部处理客户订购单的凭证

B. 贷项通知单是一种用来表示由于销售退回或经批准的折让而引起的应收销货款减少的凭证

C. 通常，应收账款账龄分析表应该按月编制，反映月末尚未收回的应收账款总额的账龄，详细反映每个客户月末尚未偿还的应收账款数额和账龄

D. 对于赊销业务的批准是由销售部门根据管理层的赊销政策在每个客户的已授权的信用额度内进行的

三、简答题

注册会计师在对ABC公司的销售与收款循环的内部控制进行了解和测试时，注意到下列情况。

（1）根据批准的顾客订单，销售部编制预先连续编号的一式三联现销或赊销销售单。经销售部被授权人员批准后，所有销售单的第一联直接送仓库作为按销售单供货和发货给装运部门的授权依据，第二联交开具账单部门，第三联由销售部留存。

（2）仓库部门根据批准的销售单供货，装运部门将从仓库提取的商品与销售单核对无误后装运，并编制一式四联预先连续编号的发运单，其中三联及时分送开具账单部门、仓库和顾客，一联留存装运部门。

（3）开具账单部门在收到发运单并与销售单核对无误后，编制预先连续编号的销售发票，并将其连同发运单和销售单及时送交会计部门。会计部门在核对无误后由财务部门职员王某据以登记销售收入和应收账款明细账。

（4）由负责登记应收账款备查簿的人员在每月末定期给顾客寄送对账单，并对顾客提出的异议进行专门追查。

【要求】请指出上述4项中，内部控制是否存在缺陷，如有请指出，并说明理由及提出改进建议。

第10章　采购与付款循环的审计

【考情分析】在近3年考试中，本章内容所占分值约为3分，以客观题简答题或综合题形式出现，如固定资产审计程序、内部控制或会计知识等。

【复习要点】本章复习要点主要包括主要业务活动与相关控制要点、采购与付款循环和控制测试、采购与付款循环的实质性程序等相关知识点。

【本章要点概览】

采购与付款循环的审计	一、采购与付款循环的特点	不同行业的采购和费用支出	★★★
	二、采购与付款循环的主要业务活动和相关内部控制	1. 采购与付款循环的业务活动	★★★
		2. 相关内部控制	★★★
	三、采购与付款循环的重大错报风险	1. 采购与付款循环的相关交易和余额存在的重大错报风险	★★★
		2. 根据重大错报风险的评估结果设计进一步审计程序	★★★
	四、采购与付款循环的实质性程序	1. 应付账款的实质性程序	★★★
		2. 除折旧/摊销、人工费用以外的一般费用的实质性程序	★★★

第1节　采购与付款循环的特点

【复习要点】不同行业的采购和费用支出（★★★）

行业类型	典型的采购和费用支出
贸易业	产品的选择和购买、产品的存储和运输、广告促销费用、售后服务费用
一般制造业	生产过程所需的设备支出，原材料、易耗品、配件的购买与存储支出，市场经营费用，把产成品运达顾客或零售商处发生的运输费用，管理费用
专业服务业	律师、会计师、财务顾问的费用支出包括印刷、通讯、差旅费、电脑、车辆等办公设备的购置和租赁，书籍资料和研究设施的费用
金融服务业	建立专业化的安全的计算机信息网络和用户自动存取款设备的支出，给付储户的存款利息，支付其他银行的资金拆借利息、手续费，现金存放、现金运送和网络银行设施的安全维护费用，客户关系维护费用
建筑业	建材支出，建筑设备和器材的租金或购置费用，支付给分包商的费用；保险支出和安保成本；建筑保证金和许可审批方面的支出；交通费、通讯费等。当在外地施工时还会发生建筑工人的食宿费用

第2节　采购与付款循环的主要业务活动和相关内部控制

【复习要点1】采购与付款循环的业务活动（★★★）

采购与付款循环涉及的交易类别、财务报表项目、主要业务活动及主要单据和会计记录汇总表如下。

交易类别	财务报表项目	主要业务活动	主要单据和会计记录
采购	存货、其他流动资产、销售费用、管理费用、应付账款、其他应付款、预付账款等	①编制采购计划 ②维护供应商清单 ③请购商品和劳务 ④编制订购单 ⑤验收商品 ⑥储存已验收的商品 ⑦编制付款凭单 ⑧确认与记录负债	①采购计划 ②供应商清单 ③请购单 ④订购单 ⑤验收单 ⑥卖方发票 ⑦付款凭单
付款	应付账款、其他应付款、应付票据、货币资金等	①办理付款 ②记录现金、银行存款支出 ③与供应商定期对账	①转账凭证/付款凭证 ②应付账款明细账 ③库存现金日记账和银行存款日记账 ④供应商对账单

【复习要点2】相关内部控制（★★★）

（1）制定采购计划；

（2）供应商认证及信息维护；

（3）请购商品或劳务；

（4）编制订购单；

（5）验收商品；

（6）储存已验收的商品；

（7）编制付款凭单；

（8）确认与记录负债；

（9）办理付款；

（10）记录现金、银行存款。

第3节　采购与付款循环的重大错报风险

【复习要点1】采购与付款循环的相关交易和余额存在的重大错报风险（★★★）

（1）低估负债或相关准备；

（2）管理层错报负债费用支出的偏好的动因；

（3）费用支出的复杂性；

（4）不正确地记录外币交易；

（5）舞弊和盗窃的固有风险；

（6）存在未记录的权利和义务。

【复习要点2】根据重大错报风险的评估结果设计进一步审计程序（★★★）

当存在下列情形之一时，注册会计师应当设计和实施控制测试：

（1）在评估认定层次重大错报风险时，预期控制的运行是有效的（即在确定实质性程序的性质、时间安排和范围时，注册会计师拟信赖控制运行的有效性）；

（2）仅实施实质性程序并不能够提供认定层次充分、适当的审计证据。

采购及付款循环的重大错报风险及进一步审计程序总体审计方案如下。

重大错报风险描述	相关财务报表项目及认定	风险程度	是否信赖控制	进一步审计程序	拟从控制测试中获取的保证程度	拟从实质性程序中获取的保证程度
确认的负债及费用并未实际发生	应付账款/其他应付款：存在 销售费用/管理费用：发生	一般	是	综合性方案	高	低
不计提采购相关的负债或不计提尚未付款的已经购买的服务支出	应付账款/其他应付款：完整 销售费用/管理费用：完整	特别	是	实质性方案	高	中
采用不正确的费用支出截止期，例如将本期之的处延迟到下期确认	应付账款/其他应付款：存在/完整 销售费用/管理费用：截止	一般	否	综合性方案	无	高
发生的采购未能以正确的金额记录	应付账款/其他应付款：准确性 销售费用/管理费用：计价和分摊	一般	是	综合性方案	高	低

第4节　采购与付款循环的实质性程序

【复习要点1】应付账款的实质性程序（★★★）

1. 应付账款的审计目标

审计目标	财务报表认定				
	存在	完整性	权利和义务	计价和分摊	与列报和披露相关的认定
资产负债表中记录的应付账款是存在的	√				
所有应当记录的应付账款均已记录		√			
资产负债表中记录的应付账款是被审计单位应当履行的现实义务			√		
应付账款以恰当的金额包括在财务报表中，与之相关的计价或分摊调整已恰当记录				√	
应付账款已按照企业会计准则的规定在财务报表中作出恰当的列报					√

2. 应付账款的实质性程序

（1）获取或编制应付账款明细表；

（2）函证应付账款；

（3）检查应付账款是否计入了正确的会计期间，是否存在未入账的应付账款；

（4）寻找未入账负债的测试；

（5）检查应付账款长期挂账的原因并做出记录，对确实无需支付的应付款的会计处理是否正确；

（6）检查应付账款是否已经按照企业会计准则的规定在财务报表中做出恰当列报和披露。

【复习要点2】除折旧/摊销、人工费用以外的一般费用的实质性程序（***）

1. 一般费用的审计目标

（1）确定利润表中记录的一般费用是否确认发生（发生认定）；

（2）确定所有应当记录的费用是否均已记录（完整性认定）；

（3）确定一般费用是否恰当的金额包括在财务报表中（准确性认定）；

（4）确定费用是否已计入恰当的会计期间（截止认定）。

2. 一般费用的实质性程序

（1）获取一般费用明细表，复核其加计数是否正确，并与总账和明细合计数核对是否正确。

（2）实质性分析程序

①考虑可获取信息的来源、可比性、性质和相关性以及与信息编制相关的控制，评价在对记录的金额或比率做出预期时使用数据的可靠性。

②将费用细化到层次，根据关键因素和相互关系设定预期值，评价预期值是否能够精确以识别重大错报。

③确定已经记录的金额与预期值之间可接受的、无需作进一步调查的可接受的差异额。

④将已记录金额与预期值进行比较,识别需要进一步调查的差异。

⑤调查差异,询问管理层,针对管理层的答复获取适当的审计证据,根据具体情况在必要时实施其他审计程序。

(3)从资产负债表日后的银行对账单或付款凭证中选取项目进行测试,检查支持性文件(如合同或发票),关注发票日期和支付日期,追踪已选取项目的相关费用明细表,检查费用所计入的会计期间,评价费用是否被记录于正确的会计期间。

(4)对本期发生的销售费用,选取样本,检查其支持性文件,确定原始凭证是否齐全、记账凭证与原始凭证是否相符以及账务处理是否正确。

(5)抽取资产负债表日前后的凭证,实施截止测试,评价费用是否被记录于正确的会计期间。

(6)检查一般费用是否已按照企业会计准则及其他相关规定在财务报表中做出恰当的列报和披露。

过关演练

一、单选题

1. 在购货业务中,采购部门在收到请购单后,只能对经过批准的请购单发出订购单。订购单一般为一式四联,其副联无须送交( )。

 A. 编制请购单的部门   B. 验收部门

 C. 应付凭单部门   D. 供应商

2. 以下程序中,属于测试采购交易与付款交易内部控制"计价和分摊"目标的常用控制测试的是( )。

 A. 检查付款凭单是否附有卖方发票

 B. 检查卖方发票连续编号的完整性

 C. 检查企业验收单是否有缺号

 D. 审核采购价格和折扣的标志

3. 应付账款审计工作底稿中显示的以下准备实施的审计程序中,不恰当的审计程序是( )。

 A. 由于函证应付账款不能保证查出未记录的应付账款,因此决定不实施函证程序

 B. 由于应付账款控制风险较高,决定仍实施应付账款的函证程序

 C. 某一应付账款明细账户期末余额为零,决定仍然可能将其列为函证对象

 D. 由于应付账款容易被漏记,应对其进行函证

4. 检查丙公司2012年度应付账款项目业务时,C注册会计师在审计工作中发现丙

续表

公司于2013年4月20日支付了其控股股东丁公司账龄长达4年的应付账款1 000万元（丙公司2012年财务报表于2013年4月30日批准报出）。对此，丙公司在其2012年12月31日的资产负债表中进行如下的披露，其中，C注册会计师不应认可的是（　　）。

    A. 作为期后事项，调整丙公司应付账款项目

    B. 在附注中说明未偿还此笔款项的原因

    C. 在附注中说明此笔款项已于资产负债表日后偿还

    D. 在附注中说明欠有丁公司的款项

    5. 注册会计师在对甲公司2012年度财务报表进行审计时，发现该公司2011年6月20日开始自行建造的一条生产线，2012年6月1日达到预定可使用状态，2012年7月1日办理竣工决算，2012年8月1日投入使用，该生产线建造成本为740万元，预计使用年限为5年，预计净残值为20万元。在采用年数总和法计提折旧的情况下，2012年该设备应计提的折旧额为（　　）万元。

    A. 240   B. 120   C. 100   D. 80

二、多选题

    1. 采购与付款循环通常要经过的程序有（　　）。

    A. 请购   B. 订货   C. 验收   D. 付款

    2. 甲注册会计师在对A公司采购与付款循环进行控制测试时，为了解A公司是否存在主要使企业管理人员和职员受益而非使公司受益的付款情况，决定将"所记录的购货都确已收到商品或接受劳务"作为一项重要的控制目标加以测试。这一测试有助于发现下列（　　）等情况。

    A. 有关职员在付款凭单登记簿上虚记一笔采购而侵吞公款

    B. A公司中层或高层管理人员未经批准购买个人用品

    C. 支付A公司管理人员在俱乐部的个人会费

    D. 支付管理人员及其家属的度假费用

    3. 注册会计师执行的下列审计程序中与实现采购交易截止目标不相关的审计程序有（　　）。

    A. 追查存货的采购记录至存货永续盘存记录

    B. 将验收单和卖方发票上的日期与采购明细账中的日期进行比较

    C. 参照卖方发票，比较会计科目表上的分类

    D. 从验收单追查至采购明细账

    4. 注册会计师通过下列审计程序，可以查找被审计单位没有入账的应付账款的有（　　）。

    A. 审查资产负债表日收到，但尚未处理的购货发票

    B. 审查应付账款函证的回函

C. 审查资产负债表日后一段时间内的支票存根

D. 审查资产负债表日已入库，但尚未收到发票的商品的有关记录

5. 注册会计师对固定资产的期初余额应实施必要的实质性程序，下列对固定资产期初余额实施的审计程序恰当的有（　　　）。

A. 在连续审计情况下，应注意与上期审计工作底稿中的固定资产和累计折旧的期末余额审定数核对相符

B. 在变更会计师事务所时，后任注册会计师可考虑查阅前任注册会计师有关工作底稿

C. 如果被审计单位以往未经注册会计师审计，即在首次接受审计情况下，注册会计师应对期初余额进行较全面的审计，尤其是当被审计单位的固定资产数量多、价值大、占资产总额比重高时，最理想的方法是全面审计被审计单位设立以来"固定资产"和"累计折旧"账户中的所有重要的借贷记录

D. 注册会计师将固定资产期末余额追溯调整推算出期初余额

第11章 生产与存货循环的审计

【考情分析】在近3年考试中,本章内容所占分值约为8分,各种题型均有涉及,尤其是简答题和综合题。例如,在"风险评估与风险应对"的综合题中,经常考查关于期末存货跌价准备的重新估计;在简答题中,经常考查存货监盘程序。

【复习要点】本章复习要点主要包括主要业务活动与相关控制要点、销售与收款循环的实质性程序等相关知识点。

【本章要点概览】

生产与存货循环的审计	一、生产与存货循环的特点	1. 不同行业类型的存货性质	★★★
		2. 涉及的主要凭证与会计记录	★★★
	二、生产与存货循环的业务活动和相关内部控制	生产与存货循环的业务活动和相关内部控制	★★★
	三、生产与存货循环的重大错报风险	根据重大错报风险评估结果设计进一步审计程序	★★★
	四、生产与存货循环的实质性程序	1. 存货的审计目标	★★★
		2. 存货的一般审计程序	★★★
		3. 存货监盘	★★★
		4. 存货计价测试	★★★

第1节 生产与存货循环的特点

【复习要点1】不同行业类型的存货性质(★★★)

行业类型	存货性质
贸易业	从厂商、批发商或其他零售商处采购的商品
一般制造商	采购的原材料、易耗品和配件等,生成的半成品和半成品
金融服务业	一般只有消耗品存货,例如仅有文具、教学器材以及行政用的计算机设备等
建筑业	建筑材料、在建项目成本(一般包括建造活动发生的直接人工成本和间接费用,以及支付给分包商的建造成本等)

【复习要点2】涉及的主要凭证与会计记录(★★★)

(1)生产指令;

(2)领发料凭证;

(3)产量和工时记录;

(4)工薪汇总表及工薪费用分配表;

(5) 材料费用分配表；

(6) 制造费用分配汇总表；

(7) 成本计算单；

(8) 存货明细账；

(9) 产成品入库单和出库单；

(10) 存货盘点时间、盘点表及盘点标签；

(11) 存货货龄分析表。

第2节　生产与存货循环的业务活动和相关内部控制

【复习要点】生产与存货循环的业务活动和相关内部控制（★★★）

交易类别	涉及的财务报表项目	主要业务活动	常见主要凭证和会计记录
生产	存货	计划和安排生产 发出原材料 生产产品和成本核算	生产通知单 原材料通知单 领料单 产量统计记录边坡 生产统计报告 入库单 材料费用分配表 工时统计记录表 人工费用分配汇总表 制造费用分配汇总表 存货明细账
存货管理	存货 营业成本	产成品入库及存货保管 发出产成品 提取存货跌价准备	验收单 入库单 存货台账 盘点计划 盘点表单 盘点明细表 出库单 营业成本明细账 存货货龄分析表 可变现净值计算表

第3节　生产与存货循环的重大错报风险

【复习要点2】根据重大错报风险评估结果设计进一步审计程序（★★★）

重大错报风险描述	相关财务报表项目及认定	风险程度	是否信赖控制	进一步审计程序	拟从控制测试中获取的保证程度	拟从实质性程序中获取的保证程度
存货实物可能不存在	存货: 存在	特别	是	综合性	中	高
存货的单位成本可能存在计算错误	存货: 计价和分摊 营业成本: 准确性	一般	是	综合性	中	低
已销售产品的成本可能没有准确结转至营业成本	存货: 计价和分摊 营业成本: 准确性	一般	是	综合性	中	低
存货的账面价值可能无法实现	存货: 计价和分摊	特别	否	实质性	无	高

【名师点拨】无论采用综合性方案还是实质性方案，获取的审计证据都应当能够从认定层次对所识别的重大错报风险，直至针对该风险所涉及的全部相关认定均已获取了足够的保证程度。

第4节 生产与存货循环的实质性程序

【复习要点1】存货的审计目标（★★★）

（1）账面存货余额对应的实物是否真是存在（存在认定）；

（2）属于被审计单位的存货是否均已入账（完整性认定）；

（3）存货是否属于被审计单位（权利和义务）；

（4）存货单位成本的计量是否准确（计价和分摊认定）；

（5）存货的账面价值是否可以实现（计价和分摊认定）。

【复习要点2】存货的一般审计程序（★★★）

1. 获取年末存货余额明细表，并执行以下工作

（1）复核单项存货金额的计算（单位成本×数量）和明细表的加总计算是否准确。

（2）将本年末存货余额与上年末存货余额进行比较，总体分析变动原因。

2. 实施实质性分析程序

（1）根据被审计单位的经营活动，供应商、贸易条件和行业现状的了解，确定存货周转天数的期望值。

（2）根据对本期存货余额组成，实际经营情况、市场情况、存货采购情况等的了解，确定可接受的重大差异额。

（3）计算实际存货周转天数和预期周转天数之间的差异。

（4）通过询问管理层和相关员工，调查存在重大差异的原因，并评估差异是否表明存在重大错报风险，是否需要设计恰当的细节测试程序以识别和应对重大错报风险。

【复习要点3】存货监盘（★★★）

一、存货监盘的作用

1. 目的

（1）确保被审计单位记录的所有存货确实存在（存在认定）。

（2）确保反映了被审计单位拥有的全部存货（完整性认定）。

（3）确保均属于被审计单位的合法财产（权利与义务认定）。

2. 实施

（1）在存货盘点现场实施监盘。

（2）对期末存货记录实施审计程序，确定其实际的存货盘点结果的反映是否准确。

二、存货监盘计划

1. 制定存货监盘计划应考虑的相关事项

（1）与存货相关的重大错报风险。

（2）与存货相关的内部控制的性质。

（3）对存货盘点是否制定了适当的程序，并下达了正确的指令。

（4）存货盘点的时间安排。

（5）被审计单位是否一贯采用永续盘存制。

（6）存货的存放地点。

（7）是否需要专家协助。

2. 存货监盘计划的主要内容

（1）存货监盘的目标

① 获取被审计单位在资产负债表日有关存货数量和状况以及管理层有关存货盘点程序可靠性的审计证据。

② 检查存货的数量是否真实完整，是否归属被审计单位。

③ 存货有无毁损、陈旧、过时、残次以及短缺等情况。

（2）存货监盘的范围

① 取决于存货的内容与性质。

② 取决于与存货相关的内部控制的完善程度。

③ 取决于重大错报风险的评估结果。

（3）存货监盘的时间

应与被审计单位存货盘点时间相协调，包括：

① 实地察看盘点现场的时间；

② 观察存货盘点的时间；

③ 对已盘点存货实施检查的时间等。

（4）存货监盘的要点

实施存货监盘程序的方法、步骤，各个环节应注意以及要解决的问题。

（5）存货监盘的关注事项

盘点期间的存货移动、存货的状况、存货的截止确认、存货的各个存放地点以及金额等。

（6）参加有货监盘人员的分工

确定存货监盘工作量的大小与人员素质，进而确定参加存货监盘的人员组成、各组成人员的职责以及具体的分工，并加强督导。

（7）检查存货的范围

根据对被审计单位存货盘点和内部控制的评价结果确定检查存货的范围。

三、存货监盘程序

1. 评价管理层用于记录与控制存货盘点结果的指令和程序

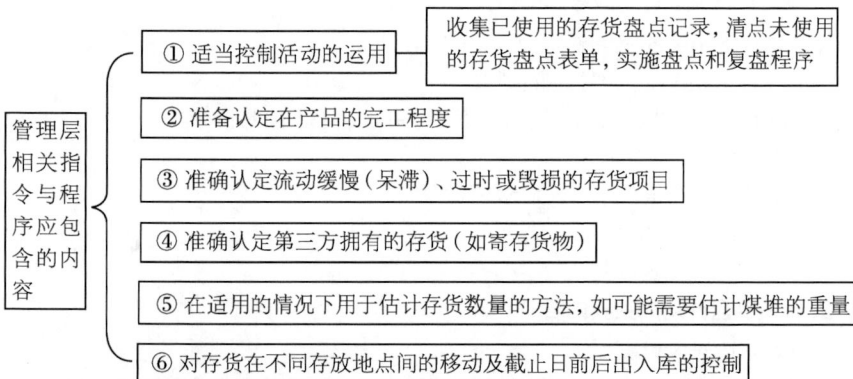

```
                        ┌──────────────────────┐   ┌─────────────────────────────────┐
                        │ ① 适当控制活动的运用  ├───┤ 收集已使用的存货盘点记录，清点未使用 │
                        └──────────────────────┘   │ 的存货盘点表单，实施盘点和复盘程序   │
┌──────┐               ┌──────────────────────────┐└─────────────────────────────────┘
│管理层 │               │ ② 准备认定在产品的完工程度 │
│相关指 │               └──────────────────────────┘
│令与程 │              ┌────────────────────────────────────────┐
│序应包 ├──────────────┤ ③ 准确认定流动缓慢（呆滞）、过时或毁损的存货项目 │
│含的内 │              └────────────────────────────────────────┘
│容     │              ┌──────────────────────────────────┐
└──────┘               │ ④ 准确认定第三方拥有的存货（如寄存物品） │
                       └──────────────────────────────────┘
                       ┌────────────────────────────────────────────┐
                       │ ⑤ 在适用的情况下用于估计存货数量的方法，如可能需要估计煤堆的重量 │
                       └────────────────────────────────────────────┘
                       ┌──────────────────────────────────────┐
                       │ ⑥ 对存货在不同存放地点间的移动及截止日前后出入库的控制 │
                       └──────────────────────────────────────┘
```

2. 观察管理层制定的盘点程序的执行情况

（1）存货移动

盘点存货时最好能保持存货不发生移动。如果在盘点过程中被审计单位的生产经营仍将持续进行，注册会计师应通过实施必要的检查程序，确定被审计单位是否已经对此设置了相应的控制程序，确保在适当的期间内对存货做出了准确记录。

（2）存货截止测试时，注册会计师通常都应当考虑的内容

① 应包括在盘点范围内，并且已反映在截止日以前的会计记录中的存货包括：所有在截止日以前入库的存货、任何在截止日期以后装运出库的存货、所有已记录为购货但尚未入库的存货。

② 未包括在盘点范围内，并且未反映在截止日以前的会计记录中的存货包括：任何在截止日期以后入库的存货、所有在截止日以前装运出库的存货、所有已确认为销售但尚未装运出库的存货。

③ 在途的存货以及直接向顾客发运的存货是否均已进行了适当的会计处理。

（3）检查存货

注册会计师在存货监盘过程中检查存货的主要目的有：①确定存货的存在；②识别过时、毁损或者陈旧的存货；③记录所有过时、毁损或者陈旧存货，并追查其处置情况；④检查被审计单位存货跌价准备的计提是否准确。

（4）执行抽盘

在被审计单位事先不了解将抽盘的存货项目的情况下，注册会计师可从存货盘点记录中选取存货项目追查至存货实物以获取有关盘点记录准确性的审计证据，以及从存货实物中选取存货项目追查至盘点记录以获取有关盘点记录完整性的审计证据。

（5）存货监盘结束时的工作

在被审计单位存货监盘结束前，注册会计师应当实施以下工作。

① 再次观察盘点现场，以确定所有应纳入盘点范围的存货是否均已盘点。

② 取得并检查已填用、作废以及未使用盘点表单的编号记录，确定其是否连续编号。

③ 查明已发放的表单是否均已收回，并将其与存货盘点汇总记录进行核对。

④ 根据在存货监盘过程中获取的信息对被审计单位的存货盘点结果汇总记录进行复核，并评估其是否真实反映了实际盘点结果。

⑤ 如果存货盘点日不是资产负债表日，注册会计师应实施适当的审计程序以确定盘点日与资产负债表日之间的存货变动是否已恰当记录，并将盘点数倒挤至资产负债表日以检查记录的准确性。

【例题1·单选题】（2015年真题）下列有关存货监盘的说法中，正确的是（　　）。

A. 注册会计师主要用采用观察程序实施存货监盘

B. 注册会计师在实施存货监盘过程中不应协助被审计单位的盘点工作

C. 由于不可预见的情况而导致无法在预定日期实施存货监盘，注册会计师可以实施替代程序

D. 注册会计师实施存货监盘通常可以确定存货的所有权

【解析】存货监盘程序中主要采用的程序除了观察外至少还有检查程序，选项A错误；如果由于不可预见的情况无法在存货盘点现场实施监盘，注册会计师应当另择日期实施监盘，并对间隔期内发生的交易实施审计程序，选项C错误；存货监盘主要验

证存货的存在认定和完整性认定,存货监盘本身并不足以提供注册会计师确定存货的所有权,选项D错误。

【答案】B

四、特殊情况的处理

特殊情况		相关内容
在存货盘点现场实施存货监盘不可行	相关条件	(1)由存货性质和存放地点等因素造成 (2)因存货的存放给注册会计师带来不便的一般因素以及审计中的困难、时间或成本等事项不能作为其条件
	采取措施	(1)实施替代审计程序,以获取有关存货的存在和状况的充分且适当的审计证据 (2)不能实施替代审计程序或者实施替代审计程序可能无法获取有关审计证据时,则应按相关规定发表非无保留意见
因不可预见情况导致无法在存货盘点现场实施监盘	相关条件	(1)注册会计师自身因素,即因不可抗力导致其无法到达存货存放地实施存货监盘 (2)气候因素,即因恶劣的天气导致注册会计师无法到达存货存放地实施存货监盘,或因恶劣天气无法观察存货
	采取措施	另择日期实施监盘,并对间隔期内发生的交易实施审计程序
由第三方保管或控制的存货	采取措施	(1)向持有被审计单位存货的第三方函证存货的数量与状况 (2)实施检查 (3)实施或安排其他注册会计师实施对第三方的存货监盘 (4)获取其他注册会计师针对用以保证存货得到恰当盘点与保管的内部控制的适当性而出具的报告 (5)检查与第三方持有的存货相关的文件记录 (6)当存货被作为抵押品时,要求其他机构或人员进行确认

【例题2·简答题】A注册会计师负责对常年审计客户甲公司2008年度财务报表进行审计。甲公司从事商品零售业,存货占其资产总额的60%。除自营业务外,甲公司还将部分柜台出租,并为承租商提供商品仓储服务。根据以往的经验和期中测试的结果,A注册会计师认为甲公司有关存货的内部控制有效。A注册会计师计划于2008年12月31日实施存货监盘程序。A注册会计师编制的存货监盘计划部分内容摘录如下。

(1)在到达存货盘点现场后,监盘人员观察代柜台承租商保管的存货是否已经单独存放并予以标明,确定其未被纳入存货盘点范围。

(2)在甲公司开始盘点存货前,监盘人员在拟检查的存货项目上做出标识。

(3)对以标准规格包装箱包装的存货,监盘人员根据包装箱的数量及每箱的标准容量直接计算确定存货的数量。

(4)在存货监盘过程中,监盘人员除关注存货的数量外,还需要特别关注存货是否出现毁损、陈旧、过时及残次等情况。

(5)对存货监盘过程中收到的存货,要求甲公司单独码放,不纳入存货监盘的范围。

(6)在存货监盘结束时,监盘人员将除作废的盘点表单以外的所有盘点表单的号码记录于监盘工作底稿。

【要求】

（1）针对上述（1）至（6）事项，逐项指出是否存在不当之处。如果存在，简要说明理由。

（2）假设因雪灾导致监盘人员于原定存货监盘日未能到达盘点现场，指出A注册会计师应当采取何种补救措施。

【答案】

（1）事项（1）不存在不当之处。

事项（2）存在不当之处。在甲公司开始盘点存货前，监盘人员不应当在拟检查的存货项目上做出标识，注册会计师检查的范围不应该让被审计单位知道。

事项（3）存在不当之处。注册会计师应当对标准规格包装箱包装的存货进行开箱查验，以防止内装存货弄虚作假。

事项（4）不存在不当之处。

事项（5）存在不当之处。存货监盘的时间定在12月31日，所以对存货监盘过程中收到的存货，应当确定是否要计入2008年12月31日的存货，如果需要，则应纳入存货监盘的范围。

事项（6）存在不当之处。注册会计师应当将所有盘点表单的号码记录于监盘工作底稿，包括作废的盘点表单。

（2）注册会计师应当考虑改变存货监盘日期，对预定盘点日与改变后的存货监盘日之间发生的交易进行测试。

【复习要点4】存货计价测试（★★★）

存货单位成本测试	针对原材料的单位成本	注册会计师通常基于企业的原材料计价方法，结合原材料的历史购买成本，测试其账面成本是否准确，测试程序包括核对原材料采购的相关凭证以及验证原材料计价方法的运用是否正确
	针对产成品和在成品的单位成本	注册会计师需要对成本核算过程实施测试，包括直接材料成本测试、直接人工成本测试、制造费用测试和生产成本在当期完工产品与在产品之间分配的测试
存货跌价损失准备的测试		（1）识别需要计提跌价损失准备的存货项目 （2）检查可变现净值的计量是否合理

过关演练

一、单选题

1. C注册会计师应当特别关注存货的移动情况，其目的是（　　）。

A. 观察被审计单位是否已经恰当区分所有毁损、陈旧、过时及残次的存货

B. 检查库存记录与会计记录期末截止是否正确

C. 防止遗漏或重复盘点

D. 确定被审计单位的存货所有权，检查是否被纳入盘点范围

2. 下列属于甲公司健全有效的存货内部控制需要由独立的采购部门负责的是（　　）。

A. 编制购货订单　　　　　　　　B. 编制请购单

C. 检验购入货物的数量、质量　　D. 负责采购业务的付款

3. 下列关于被审计单位储存产成品的说法中错误的是（　　）。

A. 产成品的保管由验收部门负责

B. 仓库部门在签收产成品后，将实际入库数量通知会计部门

C. 根据签收记录，仓库部门确立了本身应承担的责任，并对验收部门的工作进行验证

D. 仓库部门应根据产成品的品质特征分类存放，并填制标签

4. 对生产与存货循环实施实质性分析程序的目的，在于获取支持相关审计目标的证据。因此，注册会计师在具体实施分析程序时应当注意的事项不包括（　　）。

A. 使用计算机辅助审计方法下载被审计单位存货主文档和总分类账户，以便计算财务指标和经营指标，并将计算结果与期望值进行比较

B. 按区域分析被审计单位各月存货变动情况，并考虑存货变动情况是否与季节性变动和经济因素变动一致

C. 对周转缓慢或者长时间没有周转（如超过半年）以及出现负余额的存货项目单独摘录并列表

D. 注册会计师可以主要依赖计算的平均值

二、多选择

1. A注册会计师在对甲公司期末存货进行截止测试时，通常应当关注（　　）。

A. 所有在截止日以前入库的存货项目是否均已包括在盘点范围内，并已反映在截止日以前的会计记录中

B. 任何在截止日期以后入库的存货项目是否均未包括在盘点范围内，也未反映在截止日以前的会计记录中

C. 所有在截止日以前装运出库的存货项目是否均未包括在盘点范围内，且未包括在截止日的存货账面余额中

D. 任何在截止日期以后装运出库的存货项目是否均已包括在盘点范围内，并已包括在截止日的存货账面余额中

2. 在对生产与存货循环的审计过程中，A注册会计师想要证实存货的成本以正确的金额在恰当的会计期间及时记录于适当的账户，可以实施的实质性程序有（　　）。

A. 对成本实施分析程序

B. 对重大在产品项目进行计价测试

C. 测试是否按照规定的成本核算流程和账务处理流程进行核算和财务处理

D. 抽查成本计算单，检查各种费用的归集和分配以及成本的计算是否正确

3. 如果A注册会计师了解到甲公司（大型制造类企业）会计人员经常发生变动，针对这种情况，以下说法中正确的有（   ）。

A. 这可能导致在各个会计期间将费用分配至产品成本的方法出现不一致

B. 可能引发存货交易和余额的重大错报风险

C. 可能导致存货项目的可变现净值难以确定

D. 增加了错误的风险

4. A注册会计师在对甲公司存货的内部控制进行调查记录时，注意到以下情况，其中可能存在缺陷的有（   ）。

A. 甲公司在审计年度内未对存货实施盘点，但有完整的存货会计记录和仓库记录

B. 采用预先编号、采购价格已确定，并按获得批准的购货订单进行购货，且定期清点存货

C. 甲公司生产产品所需的零星Z材料由XYZ公司代管，甲公司对Z材料的变动暂不进行会计记录。另外，甲公司财务部门会计记录和仓库明细账均反映了代XYZ公司保管的E材料

D. 甲公司每年12月25日后发出的存货在仓库的明细账上记录，不在财务部门的会计账上反映

5. 甲公司与领料单相关规定中合理的有（   ）。

A. 各车间的领料单应统一事先连续编号，按顺序使用

B. 每张领料单只填写一种材料，并须经车间主管人员批准

C. 领料单一式三联，领料后，其中一联返还车间

D. 领料单一联留存仓库登记材料明细账，一联交会计部门登记材料收发核算

第12章　货币资金的审计

【考情分析】在近3年考试中，本章内容所占分值约为2分，题型均为选择题。

【复习要点】本章复习要点主要包括货币资金内部控制制度、监盘库存现金审计与银行存款的实质性程序等相关知识点。

【本章要点概览】

货币资金的审计	一、货币资金审计概述	货币资金内部控制	★★★
	二、货币资金的重大错报风险	1. 货币资金的可能发生错报环节	★★★
		2. 识别应对可能发生错报环节的内部控制	★★★
		3. 与货币资金相关的重大错报风险	★★★
	三、测试货币资金的内部控制	1. 库存现金的控制测试	★★★
		2. 银行存款的控制测试	★★★
	四、货币资金的实质性程序	1. 库存现金的实质性程序	★★★
		2. 银行存款的实质性程序	★★★
		3. 其他货币资金的实质性程序	★★★

第1节　货币资金审计概述

【复习要点】货币资金内部控制（★★★）

1. 岗位分工及授权批准

（1）建立货币资金业务的岗位责任制；通过明确相关部门与岗位的职责权限，以确保货币资金业务的不相容岗位相分离、制约及监督。

（2）建立货币资金业务的授权批准制度。

（3）按照规定的程序办理货币资金支付业务。

（4）企业重要货币资金支付业务，应实施集体决策与审批，并建立责任追究制度。

（5）应严禁未经授权的机构（人员）办理货币资金业务或者直接接触货币资金。

2. 现金和银行存款的管理

（1）实施库存现金限额管理，要求超过库存限额的现金应及时存入银行。

（2）明确库存现金开支范围，要求不属于现金开支范围的业务应通过银行办理转账结算。

（3）不得坐支现金，现金收入必须及时存入银行，不得直接用于企业的支出。

（4）不得私设"小金库"，要求不得账外设账，以及收款不入账。

(5)加强银行账户管理,严格按规定开立账户,办理存、取款和结算。

(6)指定专人定期核对银行账户(至少每月校对一次)。

(7)定期和不定期地进行现金盘点,确保现金账面余额与实际库存相符。

(8)遵守银行结算纪律,不套取银行信用,不套取银行和他人资金,不任意占用他人资金,不违反规定开设使用银行账户。

3. 票据及其有关印章的管理

(1)加强票据管理,明确各种票据的购买、保管领用、背书转让以及注销等环节的职责权限等,并设专门登记簿记录,以防止空白票据的遗失或被盗用。

(2)加强印章的管理,财务专用章应由专人保管,个人名章应由本人或者其授权人员保管,严禁一人保管支付款项所需的全部印章,严格执行有关经济业务的签字或者盖章制度。

【例题·多选题】A注册会计师审计甲公司2013年度财务报表,针对以下与货币资金相关的内部控制,应提出改进建议的有( )。

A. 现金收入必须及时存入银行,不得直接用于公司的支出

B. 在办理费用报销的付款手续后,出纳人员应及时登记现金、银行存款日记账和相关费用明细账

C. 指定负责成本核算的会计人员每月核对一次银行存款账户

D. 期末应当核对银行存款日记账余额和银行对账单余额。对余额核对相符的银行存款账户,无须编制银行存款余额调节表

【解析】选项B中出纳人员不得兼任稽核、会计档案保管和收入、支出、费用、债权债务账目的登记工作;选项D,仍然需要编制银行存款余额调节表。

【答案】BD

第2节　货币资金的重大错报风险

【复习要点1】货币资金的可能发生错报环节(★★★)

(1)被审计单位资产负债表的货币资金项目中的库存现金和银行存款在资产负债表日不存在。(存在)

(2)被审计单位有所应当记录的现金收支业务和银行存款收支业务未得到完整记录,存在遗漏。(完整性)

(3)被审计单位的现金收款通过舞弊手段被侵占。(完整性)

（4）记录的库存现金不是为被审计单位拥有或控制。（权利和义务）

（5）库存现金金额未被恰当地包括在财务报表的货币资金项目中，与之相关的计价调整未得到恰当记录。（计价和分摊）

（6）库存现金和银行存款未按照企业会计准则的规定在财务报表中做出恰当列报。（列报）

【复习要点2】识别应对可能发生错报环节的内部控制（★★★）

库存现金内部控制	（1）现金收支与记账的岗位分离 （2）现金收支要有合理、合法的凭据 （3）全部收支及时准确入账，并且支出要有核准手续 （4）控制现金坐支，当日收入现金应及时送存银行 （5）按月盘点现金，以做到账实相符 （6）加强对现金收支业务的内部审计
银行存款内部控制	（1）银行存款收支与记账的岗位分离 （2）银行存款收支要有合理、合法的凭据 （3）全部收支及时准确入账，全部支出要有核准手续 （4）按月编制银行存款余额调节表，以做到账实相符 （5）加强对银行存款收支业务的内部审计

【复习要点3】与货币资金相关的重大错报风险（★★★）

货币资金交易业务、账户余额和列报的认定层次的重大错报风险可能包括以下几种。

（1）被审计单位存在虚假的货币资金余额或交易，因而导致银行存款余额的存在性或交易发生重大错报风险。

（2）被审计单位存在大额的外币交易和余额，可能存在外币交易或余额未被准确记录的风险。

（3）银行存款的期末收支存在大额的截止性错误（截止）。

（4）被审计单位可能存在未按照企业会计准则的规定对货币资金做出恰当披露的风险。

注册会计师在对被审计单位货币资金以及对其他报告项目实施审计时，当其出现下表中的事项或情形时，注册会计师应该高度警惕。

货币资金审计时应高度警惕的事项或情形	其他财务报告项目审计时应高度警惕的事项或情形
（1）现金交易占比相对较高，并且与其所在的行业常用结算模式不同 （2）库存现金规模明显高于业务周转所需资金 （3）银行账户数目与其实际业务规模不匹配 （4）银行账户开立在没有经营业务的地区 （5）企业资金存放在管理层或者员工个人账户 （6）货币资金收支金额与现金流量表不匹配 （7）不能提供银行对账单或者银行存款余额调节表 （8）存在长期或者大量银行未达账项 （9）银行存款明细账中存在非正常转账的"一借一贷" （10）违反货币资金存放和使用规定 （11）在未涉足外贸业务的情况下，存在大额外币收付记录 （12）被审计单位以各种理由不配合注册会计师实施银行函证	（1）存在没有具体业务支持或者与交易不匹配的大额资金往来 （2）存在长期挂账的大额预付款项 （3）有大额自有资金的同时，向银行高额举债 （4）付款方账户名称与销售客户名称不一致、收款方账户名称与供应商名称不一致 （5）开具的银行承兑汇票没有银行承兑协议支持 （6）银行承兑票据保证金余额与应付票据余额比例不合理

第3节　测试货币资金的内部控制

【复习要点1】库存现金的控制测试（***）

一、现金付款的审批和复核

针对现金付款的审批和复核的内部控制，注册会计师可以在选取适当样本的基础上实施以下控制测试程序：

（1）询问相关业务部门的部门经理和财务经理在日常现金付款业务中执行的内部控制，以确定其是否与被审计单位内部控制政策要求保持一致；

（2）观察财务经理复核付款申请的过程，是否核对了付款申请的用途、金额及后附相关凭据，以及在核对无误后是否进行了签字确认；

（3）重新核对经审批后复核的付款申请及其相关凭据，并检查是否经签字确认。

二、现金盘点

注册会计师对被审计单位的现金盘点实施的现金监盘可能涉及以下几种程序：

（1）检查现金以确定其是否存在，并检查现金盘点结果；

（2）观察执行现金盘点的人员对盘点计划的遵循情况，以及用于记录和控制现金盘点结果的程序的实施情况；

（3）获取有关被审计单位存货盘点程序可靠性的审计证据。

如果被审计单位的现金交易比例较高,注册会计师可以考虑在了解和评价被审计单位现金交易内部控制的基础上,针对相关控制运行的有效性获取充分、适当的审计证据。

【复习要点2】银行存款的控制测试(★★★)

银行账户的开立、变更和注销	(1)询问会计主管被审计单位本年开户、变更、撤销的整体情况 (2)取得本年度账户开立、变更、撤销申请项目清单,检查清单的完整性,并在选取适当样本的基础上检查账户的开立、变更、撤销项目是否已经财务经理和总经理审批
银行付款的审批和复核	(1)询问相关业务部门的部门经理和财务经理在日常银行付款业务中执行的内部控制,以确定其是否与被审计单位内部控制政策要求保持一致 (2)观察财务经理复核付款申请的过程,是否核对了付款申请的用途、金额及后附相关凭据,以及在核对无误后是否进行了签字确认 (3)重新核对经审批及复核的付款申请及其相关凭据,并检查是否经签字确认
编制银行存款余额调节表	(1)询问应收账款会计和会计主观,以确定其执行的内部控制是否与被审计单位内部控制政策要求保持一致,特别是针对未达账项的编制及审批流程 (2)针对选取的样本,检查银行存款余额调节表,查看调节表中记录的企业银行存款日记账余额是否与银行存款日记账余额保持一致、调节表中记录的银行对账单余额是否与被审计单位提供的银行对账单的余额保持一致 (3)针对调节项目,检查是否经会计主管的签字复核 (4)针对大额未达账项进行期后收付款的检查

第4节　货币资金的实质性程序

【复习要点1】库存现金的实质性程序(★★★)

(1)检查库存现金日记账与总账的金额是否一致,以及外币库存现金的折算汇率(折算金额)是否正确。检查库存现金日记账与总账的金额是否相符是注册会计师测试现金余额的起点,如库存现金日记账与总账金额不符,应查明原因,必要时可以建议做出适当调整。

(2)监盘库存现金

项　　目	具体内容
库存现金监盘的目的	证实资产负债表中货币资金项目下列示的库存现金是否存在
库存现金监盘的范围	通常包括被审计单位各部门经管的所有现金
库存现金监盘的时间	根据被审计单位的具体情况而定,最好在上午上班前或者下午下班时进行

项　目	具体内容
库存现金监盘的参与人员	根据被审计单位的具体情况而定，但被审计单位的出纳员、会计主管以及注册会计师必须参加
监盘方式	突击性检查
监盘过程	（1）制订监盘计划 （2）审阅库存现金日记账，并将其同时与现金收付凭证相核对 （3）出纳根据库存现金日记账加计累计数额，结出现金结余额 （4）出纳盘点及注册会计师监盘保险柜内的现金实存数，注册会计师编制"库存现金监盘表" （5）盘点现金金额，并将其与库存现金日记账余额核对 （6）若有冲抵库存现金的借条、未提现支票以及未作报销的原始凭证，应在"库存现金监盘表"中注明，必要时应提请被审计单位做出调整 （7）在非资产负债表日进行盘点与监盘时，应调整至资产负债表日的金额

【复习要点2】银行存款的实质性程序（★★★）

1. 对被审计单位银行账户存有疑虑时考虑实施的程序

（1）了解并评论被审计单位开立账户的管理控制措施。了解报告期内被审计单位开户银行的数量及分布，与被审计单位实际经营的需要进行比较，判断其合理性，关注是否存在越权开立银行账户的情形。

（2）询问办理货币资金业务的相关人员（如出纳），了解银行账户的开立、使用、注销等情况。必要时，获取被审计单位已将全部银行存款账户信息提供给注册会计师的书面说明。

（3）注册会计师亲自到人民银行或基本存款账户开户行出巡并打印《已开立银行结算账户清单》，以确认被审计单位账面记录的银行人民币结算账户是否完整。

（4）结合其他相关细节测试，关注原始单据中被审计单位的收（付）款银行账户是否包含在注册会计师已获取的开立银行账户清单内。

2. 实施实质性分析程序

（1）计算银行存款累计余额的应收利息收入，分析比较银行存款应收与实际利息收入的差异是否合理，并评估利息收入的恰当性。

（2）检查高息资金拆借是否存在，以确认银行存款余额是否存在以及利息收入是否均已完整记录。

3. 检查银行存款账户发生额

（1）分析不同账户发生银行日记账漏记银行交易的可能性，获取相关账户有关期间的全部银行对账单。

（2）对被审计单位银行对账单的真实性存在疑虑，在被审计单位的协助下亲自到银行获取银行对账单，并且在获取银行对账单时，注册会计师要全程关注银行对账单的打印过程。

（3）选取被审计单位银行日记账记录与银行对账单中记录的交易进行核对，从被审计单位银行存款日记账上选取样本,核对至银行对账单。

(4)选取银行对账单中的交易与被审计单位银行日记账进行核对,浏览银行对账单,选取大额异常交易,检查被审计单位银行存款日记账上有无该项收付金额记录。

4.取得并检查银行存款余额对账单和银行存款余额调节表

(1)将被审计单位资产负债表日的银行存款余额对账单与银行询证函回函核对,确认是否一致,核对账面记录的存款金额是否与对账单记录一致。

(2)获取资产负债表日的银行存款余额调节表,检查调节表中加计数是否正确,调节后银行存款日记账余额与银行对账单余额是否一致。

(3)检查调节事项的性质和范围是否合理。

(4)检查是否存在未入账的利息收入和利息支出。

(5)检查是否存在其他跨期收支事项。

(6)当未经授权或授权不清支付货币资金的现象比较突出时,检查银行存款余额调节表中支付异常的领款(包括没有载明收款人)、签字不全、收款地址不清、金额较大票据的调整事项,确认是否存在舞弊。

5.函证银行存款余额

项　目	内　容
函证目的	(1)证实资产负债表中所列银行存款是否存在 (2)了解企业欠银行的债务和企业未登记的银行借款以及未披露的或有负债
函证对象	被审计单位在本期存过款的银行,包括零余额账户和本期内注销的账户
函证方式	积极式询证函

【例题·单选题】(2012年)注册会计师在检查被审计单位2011年12月31日的银行存款余额调节表时,发现下列调节事项,其中有迹象表明性质或范围不合理的事项是(　　)。

A.“银行已收、企业未收”项目包含一项2011年12月31日到账的应收账款,被审计单位尚未收到银行的收款通知

B.“企业已付、银行未付”项目包含一项被审计单位于2011年12月31日提交的转账支付申请,用于支付被审计单位2011年12月的电费

C.“企业已收、银行未收”项目包含一项2011年12月30日收到的退货款,被审计单位已将供应商提供的支票提交银行

D.“银行已付、企业未付”项目包含一项2011年11月支付的销售返利,该笔付款已经总经理授权,但由于经办人员未提供相关单据,会计部门尚未入账

【解析】选项D不属于“未达账项”,而是因为经办人员未提供相关单据,会计部

门尚未入账，不是与银行之间的未达账项。

【答案】D

【复习要点3】其他货币资金的实质性程序（★★★）

1. 当被审计单位存在定期存款时，注册会计师应考虑使用以下审计程序。

（1）向管理层询问定期存款存在的商业理由并且评价其合理性。

（2）取得定期存款明细表，并检查其与账面记录金额是否一致，存款人是否为被审计单位，以及是否被质押或者限制使用。

（3）定期对存款凭据进行监盘。

（4）检查开户证实书原件，以确定定期存款未被质押，从而防止被审计单位提供的复印件是未质押前原件的复印件。

（5）检查已质押的定期存款单的复印件，并将其与相应的质押合同进行核对。

（6）函证定期存款相关信息。

（7）结合财务费用，对预测的利益收入的合理性进行审计，进而判断体外资金循环的情形是否存在。

（8）对于在资产负债表日后已提取的定期存款，核对其相应的兑付凭证等。

（9）被审计单位定期存款是否在财务报表附注中进行了充分披露。

2. 注册会计师在对除定期存款以外的其他货币资金进行审计程序时，一般还应高度关注的事项

事　项	实施程序
保证金存款	（1）检查开立银行承兑汇票的协议或者银行授信审批文件 （2）将保证金账户对账单与相应的交易进行核对 （3）依据被审计单位应付票据的规模合理推断保证金数额 （4）检查保证金与相关债务的比例和合同约定是否一致 （5）关注保证金的发生是否与被审计单位存在的保证事项情形相符
存出投资款	（1）跟踪资金流向，并获取董事会决议等批准文件、开户资料、授权操作资料等 （2）结合相应金融资产项目审计，核对证券账户名称是否与被审计单位相符 （3）获取证券公司证券交易结算资金账户的交易流水，抽查大额的资金收支，关注资金收支的财务账面记录与资金流水是否相符

过关演练

一、单选题

1. 注册会计师在检查被审计单位2011年12月31日的银行存款余额调节表时，发现下列调节事项，其中有迹象表明性质或范围不合理的是（　　　）。

A. "银行已收、企业未收"项目包含一项2011年12月31日到账的应收账款，被审

计单位尚未收到银行的收款通知

B. "企业已付、银行未付"项目包含一项被审计单位于2011年12月31日提交的转账支付申请，用于支付被审计单位2011年12月的电费

C. "企业已收、银行未收"项目包含一项2011年12月30日收到的退货款，被审计单位已将供应商提供的支票提交银行

D. "银行已付、企业未付"项目包含一项2011年11月支付的销售返利，该笔付款已经总经理授权，但由于经办人员未提供相关单据，会计部门尚未入账

2. 下列各项中，最有可能预防员工挪用现金收入的控制措施是（　　　）。

A. 现金收取与应收账款过账之间的职责分离

B. 坏账冲销由独立于信用审批部门的主管授权

C. 监督每日现金汇总表与现金日记账之间的核对

D. 对现金日记账和每日现金汇总表实施独立的内部稽核

3. 监盘库存现金是A注册会计师证实甲公司资产负债表所列现金是否存在的一项重要程序，甲公司必须参加盘点的人员是（　　　）。

A. 出纳员和会计主管人员　　　　　B. 出纳员和单位负责人

C. 现金出纳员和财务经理　　　　　D. 会计主管人员和内部审计人员

4. 针对丁公司下列与货币资金相关的内部控制，D注册会计师应提出改进建议的是（　　　）。

A. 现金折扣必须经过适当的审批手续

B. 每日由出纳及时记录现金日记账和总账

C. 由不接触现金、银行存款账务的人员定期取得银行对账单，并及时编制银行存款余额调节表，如果发现差异，立即告知主管人员

D. 银行存款收支要有合理、合法的凭据

5. 在对丁公司的库存现金进行监盘后，应当由（　　　）编制"库存现金监盘表"。

A. 丁公司总经理　　　　　　　　　B. 丁公司出纳人员

C. 丁公司财务总监　　　　　　　　D. D注册会计师

6. 在对银行存款实施审计时，实施的函证程序可以证实若干项目标，其中最基本的目标是（　　　）。

A. 是否有漏记的银行借款

B. 银行存款的真实性

C. 是否有充作抵押担保的存货

D. 是否有企业已经记录但是银行方没有记录的交易事项

二、多选题

1. 下列情形中, 违背货币资金"不相容岗位相互分离"控制原则的有（　　）。

A. 由出纳人员兼任会计档案保管工作

B. 由出纳人员保管签发支票所需全部印章

C. 由出纳人员兼任收入总账和明细账的登记工作

D. 由出纳人员兼任固定资产明细账的登记工作

2. 下列说法中不正确的有（　　）。

A. 制定库存现金监盘程序时应实施突击性检查, 时间必须安排在上午上班前或下午下班时进行, 在进行现金盘点前, 应由出纳员将现金集中起来存入保险柜

B. 对于货币资金业务的授权审批制度, 甲公司应当设置专门的审批人员, 并为其授予审批权限, 对于超过该审批人员授权范围的重要货币资金支付业务, 应当由财务部经理或者总经理亲自审核批准

C. 盘点库存现金的时间和人员应视被审计单位的具体情况而定, 但必须有出纳员和被审计单位会计主管人员参加, 并由注册会计师亲自盘点和监盘

D. 注册会计师在分配财务报表项目重要性水平时考虑到由于货币资金是企业流动性最强的资产, 企业必须加强对货币资金的管理, 并建立良好的货币资金内部控制以防止错漏报及舞弊的发生, 所以应从严制定货币资金的重要性水平

3. 甲公司应当建立对货币资金业务的监督检查制度, 明确监督检查机构或人员的职责权限, 定期和不定期地进行检查。货币资金监督检查的内容主要包括（　　）。

A. 检查是否存在货币资金业务不相容职务混岗的现象

B. 检查货币资金支出的授权批准手续是否健全, 是否存在越权审批行为

C. 检查是否存在办理付款业务所需的全部印章交由一人保管的现象

D. 检查票据的购买、领用、保管手续是否健全, 票据保管是否存在漏洞

4. A注册会计师拟对甲公司的银行存款余额实施函证程序, 以下程序正确的有（　　）。

A. 以甲公司的名义寄发银行询证函

B. 除余额为零的银行存款账户以外, 必须对甲公司所有银行存款账户实施函证

程序

C. 银行询证函由甲公司盖章后，交由A注册会计师直接发出并回收

D. 如果银行询证函回函结果表明没有差异，则直接认定银行存款余额是正确的

5. 下列有关说法中不恰当的有（　　　）。

A. 注册会计师在对银行存款审查时，如果取得的银行存款余额调节表中左右两边金额相等，则可以直接确定银行存款余额的正确性

B. 出纳不能够同时负责登记银行存款日记账和编制银行存款余额调节表

C. 函证银行存款余额是证实资产负债表所列银行存款是否存在的重要程序。通过向往来银行函证，注册会计师不仅可了解企业资产的存在，还可了解企业账面反映所欠银行债务的情况，并有助于发现企业未入账的银行借款和未披露的或有负债

D. 监盘库存现金是证实资产负债表中所列现金是否存在的一项重要程序，盘点范围包括未存入银行的已收现金、零用金、找换金及各部门人员领用的备用金的盘点

6. 针对A公司以下与货币资金相关的内部控制，注册会计师应提出改进建议的有（　　　）。

A. 现金收入必须及时存入银行，不得直接用于公司的支出

B. 在办理费用报销的付款手续后，出纳人员应及时登记现金、银行存款日记账和相关费用明细账

C. 超过规定限额以上的现金支出一律使用支票

D. 期末应当核对银行存款日记账余额和银行对账单余额，对余额核对相符的银行存款账户，无须编制银行存款余额调节表

三、简答题

Y股份有限公司（以下简称Y公司）主要经营中小型机电类产品的生产和销售，采用手工会计系统，产品销售以Y公司仓库为交货地点。C和D注册会计师负责审计Y公司2012年度财务报表，于2012年12月1日至12月15日对Y公司的采购与付款循环、销售与收款循环的内部控制进行了解、测试与评价。

资料一： C和D注册会计师在审计工作底稿中记录了所了解的有关采购与付款循环、销售与收款循环的控制程序，部分内容摘录如下。

（1）采购原材料须由请购部门编制请购单，采购部门审核请购单后发出预先连续编号的采购订单。采购的原材料经采购人员验收后入库，仓库人员收到原材料后编制预先连续编号的入库单，并交采购人员签字确认。

（2）应付凭单部门核对供应商发票、入库单和采购订单，并编制预先连续编号的付款凭单。会计部门在接到经应付凭单部门审核的上述单证和付款凭单后，登记原材料和应付账款明细账。月末，在与仓库核对连续编号的入库单和采购订单后，应付凭单部门对相关原材料入库数量和采购成本进行汇总。应付凭单部门对已经验收入库但尚未收到供应商发票的原材料编制清单，会计部门据此将相关原材料暂估入账。

（3）销售的产品发出前，信用审核部门检查经授权的相关客户剩余赊销信用额度，并在销售部门编制的销售单上签字。在剩余赊销信用额度内的销售，由信用审核部门职员E审批；超过剩余赊销信用额度的销售，在职员E审批后，还需获得经授权的信用审核部门经理F的批准。

（4）仓库开具预先连续编号的发货单，并在销售的产品装运后，将相关副本分送开具账单部门、运输单位和顾客。开具账单部门审核发货单和销售单后开具销售发票，在保留副本后将相关单据送交会计部门职员G审核。会计部门职员G核对无误后登记主营业务收入明细账和应收账款明细账。

资料二：C注册会计师负责采购与付款循环的内部控制实施测试，并在审计工作底稿中记录了测试情况，部分内容摘录如下：

（1）应付凭单部门在9月末编制了已收入库但尚未收到供应商发票的原材料清单，会计部门据此将相关原材料暂估入账，并在10月1日全额冲回。上述原材料清单显示已入库甲原材料1 000千克，单价为每千克1 300元。经核对批准发出的采购订单和入库单，数量和单价均相符，但C注册会计师注意到Y公司另需向运输单位支付该原材料的运费100 000元。财务人员解释，由于原材料运费是与运输单位另行结算的，因此在原材料暂估入账时未予考虑，并且，在10月8日收到运输单位的运费发票时，Y公司已将运费计入该原材料的采购成本。C注册会计师在甲原材料明细账中找到了上述100 000元运输费的记录。

（2）原材料明细账显示，Y公司在11月27日购入乙原材料694千克，金额为70 000元（不含增值税）。C注册会计师注意到该原材料采购订单所列数量为700千克，单价为每千克100元（不含增值税），但相应的入库单所列数量为694千克。财务人员解释，上述数量差异是运输途中损耗所致。按照Y公司原材料采购管理规定，乙原材料允许的入库检验差异率为±1%。

【要求】（1）针对资料一第（1）至第（4）事项，假定不考虑其他条件，请逐项判断Y公司上述控制程序设计是否存在缺陷。如果存在缺陷，请分别予以指出，并简要说明理由，提出改进建议。

（2）针对资料一第（1）至第（4）事项，请指出哪一项与"已发生的购货业务均已记录"这一控制目标相关，并确定针对该控制目标的测试程序。

（3）针对资料二第（1）和第（2）事项，请分别指出这些事项主要与存货和应付账款的什么认定相关？

第13章 对舞弊和法律法规的考虑

【考情分析】在近3年考试中,本章内容所占分值约为4分,以选择题为主,但也可能涉及简答题或综合题。

【复习要点】本章为重要章节,复习要点主要包括舞弊的含义和种类、识别和评估舞弊导致的重大错报风险、评价审计证据等相关知识点。

【本章要点概览】

对舞弊和法律法规的考虑	一、财务报表审计中与舞弊相关的责任	1. 舞弊的含义和种类	★
		2. 治理层、管理层的责任与注册会计师的责任	★
		3. 风险评估程序和相关活动	★★★
		4. 识别和评估舞弊导致的重大错报风险	★★★
		5. 应对舞弊导致的重大错报风险	★★★
		6. 评价审计证据	★★★
		7. 发现舞弊行为时注册会计师应当与管理层、治理层和监管机构进行沟通	★★★
		8. 会计分录测试	★★★
	二、财务报表审计中对法律法规的考虑	1. 注册会计师的责任	★
		2. 识别出或怀疑存在违反法律法规行为时实施的审计程序	★★★
		3. 对识别出的或怀疑存在的违反法律法规行为的报告	★★★

第1节 财务报表审计中与舞弊相关的责任

【复习要点1】舞弊的含义和种类(★)

一、舞弊的含义

舞弊是指被审计单位的管理层、治理层、员工或第三方使用欺骗手段获取不当或非法利益的故意行为。

二、舞弊的种类

1. 对编制虚假财务报告导致的错报

(1)编制虚假的会计分录,特别是在临近会计期末时。

(2)滥用或随意变更会计政策。

（3）不恰当地调整会计估计所依据的假设及改变原先所做的判断。

（4）故意漏记、提前确认或推迟确认报告期内发生的交易或事项。

（5）隐瞒可能影响财务报表金额的事实。

（6）构造复杂的交易以歪曲财务状况或经营成果。

（7）篡改与重大或异常交易相关的会计记录和交易条款。

2. 侵占资产导致的错报

（1）贪污收入款项。

（2）盗取货币资金、实物资产或无形资产。

（3）使被审计单位对虚构的商品或劳务付款。

（4）将被审计单位资产挪为私用。

【复习要点2】治理层、管理层的责任与注册会计师的责任（★）

1. 治理层和管理层的责任

对舞弊进行遏制，即发现和惩罚舞弊行为。

2. 注册会计师的责任

（1）注册会计师有责任按照审计准则的规定实施审计工作，获取财务报表在整体上不存在重大错报的合理保证。

（2）由于审计的固有限制，即使按照审计准则的规定恰当地计划和实施审计工作，注册会计师也不能对财务报表整体不存在重大错报获取绝对保证。

【例题·多选题】注册会计师在审计中，对于发现舞弊的责任，以下表述中错误的是（　　）。

A. 管理层、治理层和注册会计师对防止或发现舞弊都负有主要责任

B. 如果注册会计师遵循了审计准则的规定，就能发现财务报表中的所有重大错报

C. 如果保持了必要的职业谨慎，注册会计师就能够对财务报表整体不存在重大错报获取绝对保证

D. 完成审计工作后又发现伪造文件记录导致的重大错报，并不必然表明注册会计师没有遵守审计准则

【解析】选项A，管理层、治理层对防止或发现舞弊负有主要责任，注册会计师不负有主要责任；选项B、C，由于审计的固有限制，即使注册会计师按照审计准则的规定恰当计划和执行了审计工作，也不可避免地存在财务报表中的某些重大错报未被发现的风险，注册会计师不能对财务报表整体不存在重大错报获取绝对保证。由此可

见，A、B、C选项错误。

【答案】ABC

【复习要点3】风险评估程序和相关活动（★★★）

注册会计师通常采用下列程序评估舞弊风险：询问、评估舞弊风险因素、实施分析程序、考虑其他信息、组织项目组讨论。

一、询问

1. 询问对象

（1）不直接参与财务报告过程的业务人员。

（2）拥有不同级别权限的人员。

（3）参与生成、处理或记录复杂或异常交易的人员及对其进行监督的人员。

（4）内部法律顾问。

（5）负责道德事务的主管人员或承担类似职责的人员。

（6）负责处理舞弊指控的人员。

2. 询问内容

（1）管理层对财务报表可能存在由于舞弊导致的重大错报风险的评估，包括评估的性质、范围和频率等。

（2）管理层对舞弊风险的识别和应对过程，包括管理层识别出的或注意到的特定舞弊风险，或可能存在舞弊风险的各类交易、账户余额或披露。

（3）管理层就其对舞弊风险的识别和应对过程向治理层的通报。

（4）管理层就其经营理念和道德观念向员工的通报。

二、评价舞弊风险因素

舞弊发生因素	舞弊风险因素细类	舞弊风险因素具体示例
动机或压力	个人的生活方式或财务状况问题	接触现金或其他易被侵占（通过盗窃）资产的管理层或员工负有个人债务，可能会产生侵占这些资产的压力
	接触现金或其他易被盗窃资产的员工与被审计单位之间存在的紧张关系	已知或预期会发生裁员
		近期或预期员工报酬或福利计划会发生变动
		晋升、报酬或其他奖励与预期不符
机会	资产的某些特性或特定情形可能增加其被侵占的可能性	持有或处理大额现金
		体积小、价值高或需求较大的存货
		易于转手的资产，如无记名债券、钻石或计算机芯片
		体积小、易于销售或不易识别所有权归属的固定资产

续表

舞弊发生因素	舞弊风险因素细类	舞弊风险因素具体示例
机会	与资产相关的不恰当的内部控制可能增加资产被侵占的可能性	职责分离或独立审核不充分
		对高级管理人员的支出（如差旅费及其他报销费用）的监督不足
		管理层对负责保管资产的员工的监管不足（如对保管偏远地区的资产的员工监管不足）
		对接触资产的员工选聘不严格
		对资产的记录不充分
		对交易（如采购）的授权及批准制度不健全
		对现金、投资、存货或固定资产等的实物保管措施不充分
		未对资产做出完整、及时的核对调节
		未对交易做出及时、适当的记录（如销货退回未作冲销处理）
		对处于关键控制岗位的员工未实行强制休假制度
		管理层对信息技术缺乏了解，从而使信息技术人员有机会侵占资产
		对自动生成的记录的访问控制（包括对计算机系统日志的控制和复核）不充分
态度或借口	管理层或员工不重视相关控制	忽视监控或降低与侵占资产相关的风险的必要性
		忽视与侵占资产相关的内部控制，如凌驾于现有的控制之上或未对已知的内部控制缺陷采取适当的补救措施
		被审计单位人员在行为或生活方式方面发生的变化可能表明资产已被侵占
		容忍小额盗窃资产的行为
	对被审计单位存在不满甚至敌对情绪	被审计单位人员的行为表明其对被审计单位感到不满，或对被审计单位对待员工的态度感到不满

【例题1·多选题】（2015年真题）下列舞弊风险因素中，与编制虚假财务报告相关的有（　　）。

A. 利用商业中介进行交易，但缺乏明显的商业理由

B. 在非所有者管理的主体中，管理层由一人或少数人控制，且缺乏补偿性控制

C. 会计系统和信息系统无效

D. 对高级管理人员支出的监督不足

【解析】本题考查的是评价舞弊风险因素。选项D属于与侵占资产导致的错报相关的舞弊风险因素——机会。

【答案】ABC

【例题2·单选题】（2015年真题）下列舞弊风险因素中，与实施舞弊的动机或压力相关的是（　　）。

A. 组织结构过于复杂，存在异常的法律实体或管理层级

B. 非财务管理人员过度参与会计政策的选择或重大会计评估的确定

C. 管理层在被审计单位中拥有重大经济利益

D. 职责分离或独立审核不充分

【解析】本题考查有关舞弊的知识。选项A、D与实施舞弊的机会相关，选项B与实施舞弊的态度或借口有关。

【答案】C

三、实施分析程序

注册会计师应当评价在实施分析程序时识别出的异常或偏离预期的关系（包括与收入账户有关的关系），是否表明存在由于舞弊导致的重大错报风险。注册会计师实施分析程序有助于对财务报表和审计产生影响的金额、比率和趋势。

四、考虑其他信息

（1）获取的有关被审计单位及其环境的信息。

（2）项目组成员间的讨论。

（3）在客户接受和保持过程中获取的信息。

（4）为被审计单位提供其他服务所获取的经验（如中期财务信息审阅）。

五、组织项目组讨论

项目组内部可能讨论如下内容。

（1）项目组成员认为财务报表易于发生由于舞弊导致的重大错报的方式和领域、管理层可能编制和隐瞒虚假财务报告的方式以及侵占资产的方式等。

（2）可能表明管理层操纵利润的迹象，以及管理层可能采取的导致虚假财务报告的利润操纵手段。

（3）已知悉的对被审计单位产生影响的外部和内部因素，这些因素可能产生动机或压力使管理层或其他人员实施舞弊、可能提供实施舞弊的机会、可能表明存在为舞弊行为寻找借口的文化或环境。

（4）对接触现金或其他易被侵占资产的员工，管理层对其实施监督的情况。

（5）注意到的管理层或员工在行为或生活方式方法上出现的异常或无法解释的变化。

（6）强调在整个审计过程中对由于舞弊导致重大错报的可能性保持适当关注的重要性。

（7）遇到的哪些情形可能表明存在舞弊。

（8）如何在拟实施审计程序的性质、时间安排和范围中增加不可预见性。

（9）为应对由于舞弊导致财务报表发生重大错报的可能性选择实施的审计程序，以及特定类型的审计程序是否比其他审计程序更为有效。

（10）注册会计师注意到舞弊指控。

（11）管理层凌驾于控制之上的风险。

【例题·单选题】下列选项中，属于舞弊的动机或压力的是（　　　）。

A. 被审计单位高级管理人员缺乏士气

B. 被审计单位从事超出正常经营过程的重大关联方交易

C. 被审计单位首席运营官个人为被审计单位的债务提供了担保

D. 被审计单位由于信息技术人员不能胜任而频繁更换信息技术人员

【解析】选项A属于舞弊的借口，选项B和D属于舞弊的机会，选项C属于舞弊的动机或压力。

【答案】C

【复习要点4】识别和评估舞弊导致的重大错报风险（★★★）

舞弊导致的重大错报风险是特别风险，属于注册会计师特别考虑的重大错报风险。

注册会计师实施舞弊风险评估程序的目的，在于识别因舞弊导致的重大错报风险。

【复习要点5】应对舞弊导致的重大错报风险（★★★）

1. 总体应对措施

（1）在分派和督导项目组成员时，应当考虑承担重要业务职责的项目组成员所具备的知识、技能和能力，并考虑由于舞弊导致的重大错报风险的评估结果。

（2）评价被审计单位对会计政策（特别是涉及主观计量和复杂交易的会计政策）的选择和运用时，是否可能表明管理层通过操纵利润对财务信息做出虚假报告。

（3）在选择审计程序的性质、时间安排和范围时，增加审计程序的不可预见性。

2. 针对舞弊导致的认定层次重大错报风险实施的审计程序

（1）改变拟实施审计程序的性质，以获取更为可靠、相关的审计证据，或获取其他佐证性信息。

（2）改变实质性程序的时间，包括在期末或接近期末实施实质性程序，或针对本期较早时间发生的交易事项或贯穿于本会计期间的交易事项实施测试。

（3）改变审计程序的范围，包括扩大样本规模、采用更详细的数据实施分析程序等。

3. 针对管理层凌驾于控制之上的风险实施的程序

（1）管理层通过凌驾于控制之上实施舞弊的手段。

① 编制虚假的会计分录，特别是在临近会计期末时。

② 滥用或随意变更会计政策。

③ 不恰当地调整会计估计所依据的假设及改变原先做出的判断。

④ 故意漏记、提前确认或推迟确认报告期内发生的交易或事项。

⑤ 隐瞒可能影响财务报表金额的事实。

⑥ 构造复杂或虚假的交易以歪曲财务状况或经营成果。

⑦ 篡改与重大或异常交易相关的会计记录和交易条款。

（2）注册会计师针对管理层凌驾于控制之上的风险应当设计和实施审计程序。

① 测试日常会计核算过程中做出的会计分录以及编制财务报表过程中做出的其他调整是否适当。

② 复核会计估计是否存在偏向，并评价产生这种偏向的环境是否表明存在由于舞弊导致的重大错报风险。

③ 对于超出被审计单位正常经营过程的重大交易，或基于对被审计单位及其环境的了解以及在审计过程中获取的其他信息而显得异常的重大交易，评价其商业理由（或缺乏商业理由）是否表明被审计单位从事交易的目的是为了对财务信息做出虚假报告或掩盖侵占资产的行为。

④ 了解管理层的异常重大交易迹象。

【例题·多选题】 下列属于针对管理层凌驾于控制之上的风险而且采取的措施的有（   ）。

A. 改变拟实施审计程序的性质，以获取更为可靠、相关的审计证据

B. 在选择审计程序的性质、时间安排和范围时，增加审计程序的不可预见性总体应对措施

C. 复核会计估计是否存在偏向，并评价产生这种偏向的环境是否表明存在由于舞弊导致的重大错报风险

D. 对于超出被审计单位正常经营过程的重大交易，评价其商业理由（或缺乏商业理由）是否表明被审计单位从事交易的目的是对财务信息做出虚假报告或掩盖侵占资产的行为

【解析】 选项A、B分别属于针对舞弊的风险应对措施中针对总体和认定层次实施的审计程序，C、D选项是针对管理层凌驾于控制之上的风险采取的措施。

【答案】 CD

【复习要点6】评价审计证据（★★★）

一、发现舞弊时对审计的影响

在就财务报表与所了解的被审计单位情况是否一致形成总体结论时，注册会计师应评价在临近审计结束时实施的分析程序，是否表明存在此前尚未识别的由于舞弊导致的重大错报风险。

（1）识别由于舞弊导致重大错报风险的趋势和关系。

① 在报告期的最后几周内记录了不寻常的大额收入或异常交易；

② 收入与经营活动产生的现金流量趋势不一致。

（2）识别错报后，注册会计师应评价该错报是否存在舞弊，若存在舞弊的迹象，注册会计师应评价该项错报对审计工作其他方面的影响，特别是对管理层声明可靠性的影响。

（3）若注册会计师识别出错报并有理由认为该错报是或可能是由舞弊导致，且涉及（更高级）管理层，无论错报是否重大，注册会计师都应重新评价对该错报风险的评估结果，以及该结果对旨在应对评估的风险的审计程序的相关影响。

（4）若确认财务报表存在由于舞弊导致的重大错报，或无法确定财务报表是否存在由于舞弊导致的重大错报，注册会计师应评价这两种情况对审计的影响。

二、无法继续执行审计业务

情　形		规　定
对继续执行审计业务的能力产生怀疑	由于舞弊或舞弊现已导致出现错报而产生怀疑	确定适用于具体情况的职业责任和法律责任，在相关法律法规允许的情况下，考虑是否需要解除业务的约定
	由于其他异常情形而产生的怀疑	（1）被审计单位没有针对舞弊采取适当的、注册会计师根据具体情况认为必要的措施，即使该舞弊对财务报表并不重大（2）注册会计师对由于舞弊导致的重大错报风险的考虑以及实施审计测试的结果，表明存在重大且广泛的舞弊风险（3）注册会计师对管理层或治理层的胜任能力或诚信产生重大疑虑
解除业务约定		（1）与适当层级的管理层和治理层讨论解除业务约定的决定和理由（2）考虑是否存在职业责任或法律责任，需要向审计业务委托人或监管机构报告解除业务约定的决定和理由

【复习要点7】发现舞弊行为时注册会计师应当与管理层、治理层和监管机构进行沟通（★★★）

1. 与管理层的沟通

（1）已获取的证据表明存在或可能存在舞弊时，尽快提请适当层级的管理层关注这一事项是很重要的。无论事项重要或不重要。

（2）确定拟沟通的适当层级的管理层，通常情况下，适当层级的管理层至少要比涉嫌舞弊人员高出一个级别。

2. 与治理层的沟通

（1）如果确定或怀疑舞弊涉及管理层、在内部控制中承担重要职责的员工以及其舞弊行为可能导致财务报表重大错报的其他人员，注册会计师应当尽早就此类事项与治理层沟通。

（2）如果怀疑舞弊涉及管理层，注册会计师应当将此怀疑向治理层通报，并与其讨论为完成审计工作所必需的审计程序的性质、时间安排和范围。

（3）如果根据判断认为还存在与治理层职责相关的、涉及舞弊的其他事项，注册会计师应当就此与治理层沟通。这些事项可能包括：

① 对管理层评估的性质、范围和频率的疑虑，这些评估是针对旨在防止和发现舞弊的控制及财务报表可能存在的重大错报风险而实施的。

② 管理层未能恰当应对识别出的值得关注的内部控制缺陷或舞弊。

③ 注册会计师对被审计单位控制环境的评价，包括对管理层胜任能力和诚信的疑虑。

④ 可能表明存在编制虚假财务报告的管理层行为，例如，对会计政策的选择和运用可能表明管理层操纵利润，以影响财务报表使用者对被审计单位业绩和盈利能力的看法，从而欺骗财务报表使用者。

⑤ 对超出正常经营过程的交易授权的适当性和完整性的疑虑。

3. 与监管机构的沟通

如果识别出舞弊或怀疑存在舞弊，注册会计师应当确定是否有责任向被审计单位以外的机构报告。

【复习要点8】会计分录测试（★★★）

1. 会计分录测试的目的

应对被审计单位管理层凌驾于控制之上的风险。

2. 会计分录测试的对象

与被审计财务报表相关的会计分录和其他调整可分为如下3类。

（1）标准会计分录。此类分录用于记录被审计单位日常经营活动之外的事项或异常交易，可能包括特殊资产减值准备的计提、期末调整分录等。

（2）非标准会计分录。此类分录用于记录被审计单位日常经营活动之外的事项或异常交易，可能包括特殊资产减值准备的计提、期末调整分录等。

（3）其他调整。其他调整包括为编制合并财务报表而做出的调整分录和抵销分录、通常不作为正式的会计分录反映的重分类调整等。

3. 会计分录测试的步骤

（1）了解流程和控制

了解被审计单位的财务报告流程，以及针对会计分录和其他调整已实施的控制，必要时，测试相关控制的运行有效性。

（2）测试整体的完整性

确定待测试会计分录和其他调整的总体，并测试总体的完整性。

（3）选择测试样本

从总体中选取待测试的会计分录及其他调整。

（4）测试并记录测试结果

测试选取的会计分录及其他调整，并记录测试结果。

4. 被审计单位内部控制系统中针对会计分录和其他调整的控制

在被审计单位的内部控制系统中，针对会计分录和其他调整，通常包括下列类型的控制措施。

（1）针对会计分录和其他调整的授权、过账、审核、核对等方面设置职责分离。

（2）在会计系统中设置系统访问权限，用以控制会计分录的记录权和审批权。

（3）用以防止并发现虚假会计分录或未经授权的更改的控制措施。

（4）由管理层、治理层或其他适当人员对会计分录记录和过入总账以及在编制财务报表过程中做出其他调整的过程进行监督。

（5）由被审计单位的内部审计人员（如有）定期测试控制运行的有效性，有助于其确定会计分录测试的性质、时间安排和范围。

5. 确定待测试会计分录和其他调整的总体并测试总体的完整性

（1）注册会计师在确定待测试会计分录和其他调整的总体时，需要根据风险评估结果，并运用职业判断。

注册会计师考虑下列情况，可能有助于其确定待测试会计分录和其他调整的总体。

① 由于某些会计分录和其他调整可能并不过入被审计单位的总账，因此，注册会计师需要全面了解各总账账户，以及各明细账户与被审计财务报表项目之间的对应关系。

② 通过了解对被审计单位财务报告流程以及会计分录和其他调整实施的控制,来确定待测试会计分录和其他调整的总体

③ 以手工方式生成的会计分录或其他调整通常于月末、季末或年末做出,主要用于记录会计调整或会计估计,或者用于编制合并财务报表。

④ 在期末用于记录会计调整或会计估计,或者用于编制合并财务报表的调整分录,注册会计师可以了解这些分录的编制者,所需要的审批,以及这些分录方式是以电子形式记录的,还是以纸质形式记录的。

(2)实施完整性测试的程序。注册会计师在实施完整性测试时,需要考虑由于舞弊导致的财务报表重大错报风险,以及对被审计单位财务报告流程的了解。

6. 选取并测试会计分录和其他调整时考虑的因素

注册会计师在选取待测试会计分录和其他调整,并针对已选取的项目确定适当的测试方法时,可以考虑下列因素。

(1)对由于舞弊导致的重大错报风险的评估。

(2)对会计分录和其他调整已实施的控制。注册会计师需要充分考虑管理层凌驾于控制之上的风险。

(3)被审计单位的财务报告过程以及所能获取的证据的性质。在很多被审计单位中,交易的日常处理同时涉及人工和自动化的步骤和程序。类似地,会计分录和其他调整的处理过程也可能同时涉及人工和自动化的程序和控制。当信息技术应用于财务报告过程时,会计分录和其他调整可能仅以电子形式存在。

(4)虚假会计分录或其他调整的特征。

(5)账户的性质和复杂程度。

(6)在日常经营活动之外处理的会计分录或其他调整。

【例题·多选题】(2016年真题)下列有关会计分录测试的说法中,正确的有( )。

A. 在所有财务报表审计业务中,注册会计师均应当实施会计分录测试

B. 注册会计师应当对待测试会计分录总体实施完整性测试删去"待"

C. 即使被审计单位对会计分录和其他调整实施的控制有效,注册会计师也不可以缩小会计分录的测试范围

D. 会计分录测试的对象包括被审计单位编制合并财务报表时作出的抵销分录

【解析】本题考查的是会计分录测试。为保证对会计分录实施有效控制,会计师应该在财务报表审计业务中,注册会计师均需实施会计分录测试,并保证会计分录的

完整性，选项A、B正确。当被审计单位对会计分录和其他调整实施的控制有效，注册会计师可以缩小会计分录的测试范围，但需要充分考虑管理层凌驾于控制之上的风险，因此选项C错误；会计分录测试的对象是被审计单位财务报表相关的所有会计分录和其他调整，包括审计单位编制合并财务报表时作出的抵销分录和调整分录，选项D正确。

【答案】ABD

第2节　财务报表审计中对法律法规的考虑

【复习要点1】注册会计师的责任（★）

1. 被审计单位需要遵守的法律法规

（1）对"财务报表中的重大金额和披露有直接影响的" 法律法规。

（2）对"遵守这些法律法规对被审计单位的经营活动、持续经营能力或避免大额罚款至关重要"的法律法规。

2. 注册会计师的责任

（1）就被审计单位遵守这些法律法规的规定获取充分、适当的审计证据。

（2）仅限于实施特定的审计程序，以有助于识别可能对财务报表产生重大影响的违反这些法律法规的行为。

【提示】（1）注册会计师有责任对财务报表整体不存在由于舞弊或错误导致的重大错报获取合理的保证。

（2）注册会计师没有责任防止被审计单位违反法律法规行为，也不能期望其发现所有的违反法律法规行为。其主要原因有：

① 许多法律法规主要与被审计单位经营活动相关，通常不影响财务报表，且不能被与财务报告相关的信息系统所获取。

② 违反法律法规可能涉及故意隐瞒的行为，如共谋、伪造、故意漏记交易、管理层凌驾于控制之上或故意向注册会计师提供虚假陈述。

③ 某行为是否构成违反法律法规，最终只能由法院认定。

【复习要点2】识别出或怀疑存在违反法律法规行为时实施的审计程序（★★★）

1. 与识别出的或怀疑存在的违反法律法规行为相关的信息的审计程序

（1）了解违反法律法规行为的性质及其发生的环境。

（2）获取进一步的信息，以评价对财务报表可能产生的影响。

① 违反法律法规行为对财务报表产生的潜在财务后果，如受到罚款、处分、赔偿、封存财产、强制停业和诉讼等。

② 潜在财务后果是否需要列报。

③ 潜在财务后果是否非常严重，以致对财务报表的公允反映产生怀疑或导致财务报表产生误导。

2. 怀疑被审计单位存在违反法律法规行为时的审计程序

（1）如果治理层能够提供额外的审计证据，注册会计师可以与治理层讨论其发现。

（2）如果管理层或治理层不能提供充分的信息，可以考虑向被审计单位内部或外部的法律顾问咨询。

（3）如认为咨询不适当或不满意，可考虑向会计师事务所的法律顾问咨询，以确定是否存在违反法律法规"行为"、可能导致的法律"后果"（包括舞弊的可能性），以及可能采取的进一步"行动"。

【复习要点3】对识别出的或怀疑存在的违反法律法规行为的报告（★★★）

一、与治理层沟通

1. 与治理层沟通的总体要求

（1）注册会计师应当将注意到的违反法规行为尽快地与治理层沟通，或获取治理层已获知违反法规行为的审计证据。

（2）如果治理层已获知管理层的违反法规行为，注册会计师可以不再与其进行沟通，但必须获取治理层已经获知该违反法规行为的有关审计证据。

2. 违反法规行为情节严重时的沟通要求

（1）如果认为违反法规行为是故意和重大的，注册会计师应当就发现的情况立即与治理层沟通。

（2）如果怀疑违反法规行为涉及高级管理人员，注册会计师应当向被审计单位内部的审计委员会或监事会等更高层次的机构报告。如果不存在更高层次的机构，注册会计师认为报告不起作用，或难以确定向谁报告，注册会计师应当考虑征询法律意见。

二、出具审计报告

1. 考虑违反法规行为的影响

如果认为被审计单位存在对财务报表产生重大影响的违反法规行为,注册会计师应当要求被审计单位在财务报表中予以恰当反映。

(1)如果被审计单位在财务报表中对该违反法规行为做出恰当反映,注册会计师应当出具无保留意见的审计报告。

(2)如果认为违反法规行为对财务报表有重大影响,且未能在财务报表中得到恰当反映,注册会计师应当出具保留意见或否定意见的审计报告。

2. 考虑审计范围受到限制的影响

(1)来自被审计单位的限制。被审计单位拒绝提供必要的资料或故意销毁重要证据,注册会计师应当将其视为审计范围受到重大限制,根据审计范围受到限制的程度,出具保留意见或无法表示意见的审计报告。

(2)其他条件的限制。如果因审计范围受到被审计单位以外的其他条件限制而无法确定违反法规行为是否发生,注册会计师应当考虑其对审计报告的影响。

过关演练

一、单选题

1. 为应对甲公司在存货项目中可能存在的舞弊,注册会计师应实施一些针对性的应对措施,下列程序中不恰当的是(　　　)。

A. 由于存放地点比较分散,因此进行存货监盘时,分别在不同日期进行监盘

B. 检查甲公司的存货记录,判断需要在甲公司盘点过程中(或结束后)特别重视的存货项目或存货存放地点

C. 按照存货的等级或类别、存放地点或其他标准分类,将存货的当期数量与上期进行比较,或将盘点数量与存货记录进行比较

D. 在观察存货盘点过程中结合实施其他程序,并利用专家工作

2. 如果确定或怀疑舞弊涉及管理层、在内部控制中承担重要职责的员工,以及其舞弊行为可能导致财务报表重大错报的其他人员,注册会计师应当尽早就此类事项与(　　　)沟通。

　　A. 管理层　　　　　B. 治理层　　　　　C. 监管机构　　　　　D. 法律部门

3. 针对评估的舞弊导致的财务报表层次重大错报风险, 注册会计师采用的总体应对措施是( )。

A. 运用计算机辅助审计技术, 扩大审计程序的范围

B. 原先可能只准备针对该项资产的账面记录实施程序, 现在重视实地观察这项资产

C. 如果发现被审计单位管理层选用的会计政策过于激进, 或者不恰当地采用或变更重大会计政策, 注册会计师就应当充分考虑这些事项背后的真正原因是不是管理层意图操纵利润, 其结果会不会导致财务报表产生重大错报

D. 考虑向被审计单位内部的非财务人员询问有关的销售方式和销售协议等信息及其潜在的异常变化

4. 如果因被审计单位阻挠无法获取充分、适当的审计证据, 以评价是否发生或可能发生对财务报表具有重大影响的违反法规行为, 注册会计师应当出具的审计报告类型是( )。

A. 保留或否定意见　　　　　　B. 标准无保留意见

C. 带强调事项段的无保留意见　　D. 保留或无法表达意见

5. 如果注意到旨在防止或发现舞弊的内部控制在设计或执行方面存在重大缺陷, 注册会计师应尽早( )。

A. 告知适当层次的管理层　　　B. 告知适当层次的治理层

C. 向监管机构报告　　　　　　D. 征询法律意见

6. 如果识别出或怀疑存在严重的违反法律法规行为, 注册会计师应当考虑是否有责任向监管机构报告, "严重"的判定标准是( )。

A. 涉及的金额超过重要性水平

B. 有重大法律后果或涉及社会公众利益

C. 牵涉的人员级别很高

D. 舆论的关注度很高

二、多选题

1. 被审计单位的治理层、管理层以及注册会计师对被审计单位由于舞弊导致的重大错报风险负有各自的责任。根据审计准则的相关规定, 下列属于被审计单位管理层责任的有( )。

A. 建立旨在防止舞弊的内部控制

B. 制定和维护与财务报表可靠性相关的内部控制

C. 对可能导致财务报表发生重大错报的风险实施管理

D. 监督旨在防止舞弊的内部控制

2. A注册会计师在对东方公司2012年财务报表实施审计的过程中，发现东方公司可能存在与编制虚假财务报告导致的错报相关的收入确认方面的重大错报风险，针对此风险，A注册会计师拟实施的下列审计程序中与应对此类风险相关的有（　　）。

A. 于期末或接近期末时在被审计单位的一处或多处销售及发货现场实地观察销售及发货情况

B. 按照月份和产品线（或业务分部）比较当期与以往期间的收入

C. 通过函证和更直接的沟通方式（如询问、走访）向被审计单位的顾客确证销售合同的部分或全部条款以及是否存在附加协议

D. 按标签号分类排序以测试存货的标签控制，或按照存货的编号顺序检查是否存在漏计或重复编号

3. 注册会计师在审计康泰公司2011年度财务报表时，发现下列情况，其中属于舞弊的有（　　）。

A. 2011年3月，康泰公司会计员康辉因一张已开出的销货增值税专用发票（防伪税控系统开具）抵扣联和记账联丢失，于是重新通过税控机开具了一张一样的销售发票，保留了抵扣联和记账联，并予以入账

B. 2011年4月，康泰公司仓库保管员丁泰存货入库盘点时发现，盘点数量为116箱，而存货装运单上记录的数量为115箱，经丁泰询问，装运部门确认收到的产品为115箱，于是在卸下产品后丁泰将多出的1箱产品作为仓库内部资产管理

C. 2011年8月，康泰公司对其所有固定资产进行清理，根据清理结果，公司的总经理建议将厂部尚有一定使用价值，但尚未报废的固定资产全部报废，以减少当年突然飙升的利润率，平衡次年的财务报表，对此，会计主管接受了这一建议

D. 2011年12月，仓库保管员丁泰发现4月入库的产品因气候变潮，出现变质迹象，在年底存货盘点时，丁泰等也没有开箱验证这一点，也未向有关人员反映这一情况，致使次年4月（审计报告已对外公布）这批存货全部报废

4. 注册会计师应当针对评估的舞弊导致的认定层次重大错报风险实施审计程序，其中恰当的有（　　）。

A. 改变审计程序的范围，包括扩大样本规模，采用更详细的数据实施分析程序等

B. 考虑被审计单位采用的会计政策

C. 改变实质性程序的时间，包括在期末或接近期末实施实质性程序，或针对本期

较早时间发生的交易事项或贯穿于整个本期的交易事项实施测试

D. 改变拟实施审计程序的性质，以获取更为可靠、相关的审计证据，或获取其他佐证性信息，包括更加重视实地观察或检查，在实施函证程序时改变常规函证内容，询问被审计单位的非财务人员等

5. 下列关于"治理层、管理层和注册会计师的责任"的说法中正确的有（　　　）。

A. 注册会计师有责任按照审计准则的规定实施审计工作，发现舞弊并保证财务报表在整体上不存在任何错报

B. 内部控制是防止或发现舞弊的第一道防线，被审计单位治理层有责任监督管理层建立和维护这方面的内部控制

C. 注册会计师有责任按照审计准则的规定实施审计工作，获取财务报表在整体上不存在重大错报的合理保证

D. 防止或发现舞弊是被审计单位治理层和管理层的责任，被审计单位治理层有责任建立和维护防止或发现舞弊的内部控制

6. 以下有关违反法规行为的提法中，正确的有（　　　）。

A. 注册会计师在财务报表审计中，应当假定甲公司有违反法规行为，不能假定其没有，必须充分考虑注意到的、反映甲公司可能存在违反法规行为的任何迹象

B. 针对甲公司需要遵守的对决定财务报表中的重大金额和披露有直接影响的法律法规，注册会计师应就甲公司遵守这些法律法规的规定获取充分、适当的审计证据

C. 注册会计师应当评价甲公司的违反法规行为对风险评估和甲公司书面声明可靠性的影响

D. 注册会计师应当与治理层沟通审计过程中注意到的有关违反法规行为，除非治理层全部成员参与管理甲公司

第14章　审计沟通

【考情分析】在近3年考试中，本章内容所占分值约为2分，主要以客观题的形式考查，但也可能在简答题或综合题中涉及。

【复习要点】本章为非重点章节，复习要点主要包括注册会计师与治理层直接沟通的事项和过程、前后任注册会计师的沟通程序，以及后任发现前任注册会计师审计的财务报表可能存在重大错报时的处理等相关知识点。

【本章要点概览】

审计沟通	一、注册会计师与治理层的沟通	1. 沟通的对象	★★
		2. 沟通的事项	★★
		3. 沟通的过程	★★
		4. 审计工作底稿	★★
	二、前任注册会计师和后任注册会计师的沟通	1. 前后任注册会计师的含义	★★
		2. 前后任注册会计师的沟通程序	★★
		3. 发现前任审计的财务报表可能存在重大错报时的处理	★★

第1节　注册会计师与治理层的沟通

【复习要点1】沟通的对象（★★）

1. 与治理层下设的组织或个人沟通

（1）治理层的下设组织与治理层各自的责任。这种责任划分是确定适当沟通对象的直接依据。

（2）拟沟通事项的性质。不同性质的沟通事项，其适当的沟通对象可能并不相同。如果出现涉及内容和对象、重要程度等方面比较特殊的事项，可能需要适当改变沟通对象。

（3）相关法律法规的规定。法律法规可能会就治理结构、治理层下设组织和人员的职责做出规定，如有这方面的规定，注册会计师在确定适当的沟通对象时，应当从其规定。

（4）下设组织是否有权就沟通的信息采取行动，以及是否能够提供注册会计师可能需要的进一步信息和解释。

2. 与治理层整体沟通

在某些情况下,治理层全部成员参与管理被审计单位。如果就审计准则要求沟通的事项已与负有管理责任的人员沟通,且这些人员同时负有治理责任,注册会计师无须就这些事项再次与负有治理责任的相同人员沟通。有时与负有管理责任的人员的沟通,可能不能向所有负有治理责任的人员充分传递应予沟通的内容。在这种情况下,注册会计师需要对如何运用沟通的要求进行调整。

【提示】在决定是否需要与治理机构沟通信息时,注册会计师可能受到其对下设组织与治理机构沟通相关信息的有效性和适当性的评估的影响。注册会计师可以在就审计业务约定条款达成一致意见时明确指出,除非法律法规禁止,注册会计师保留与治理机构直接沟通的权利。

【复习要点2】沟通的事项（**）

1. 注册会计师与财务报表审计相关的责任

注册会计师应当与治理层沟通注册会计师与财务报表审计相关的责任,包括:

（1）注册会计师负责对管理层在治理层监督下编制的财务报表形成和发表意见。

（2）财务报表审计并不减轻管理层或治理层的责任。

（3）注册会计师与财务报表审计相关的责任通常包含在审计业务约定书或记录审计业务约定条款的其他适当形式的书面协议中。

注册会计师应当与治理层沟通如下事项。

（1）注册会计师按照审计准则执行审计工作的责任,主要集中在对财务报表发表意见上。审计准则要求沟通的事项包括财务报表审计中发现的、与治理层对财务报告过程的监督有关的重大事项。

（2）审计准则并不要求注册会计师设计程序来识别与治理层沟通的补充事项。

（3）注册会计师依据法律法规的规定、与被审计单位的协议或适用于该业务的其他规定,承担所需要沟通特定事项的责任（如适用）。

2. 计划的审计范围和时间安排

在与治理层就计划的审计范围和时间安排进行沟通时,特别是在治理层部分或全部成员参与管理被审计单位的情况下,注册会计师需要保持职业谨慎,避免损害审计的有效性。

沟通的事项可能包括:

（1）注册会计师拟如何应对由于舞弊或错误导致的特别风险;

（2）注册会计师对与审计相关的内部控制采取的方案；

（3）在审计中对重要性概念的运用，不包括具体的重要性水平或界限的划定。

此外，还包括可能适合与治理层讨论的计划方面的其他事项。

（1）如果被审计单位设有内部审计，拟利用内部审计工作的程度，以及注册会计师和内部审计人员如何以建设性和互补的方式更好地协调和配合工作。

（2）治理层对与被审计单位治理结构中的哪些适当人员沟通、治理层和管理层之间的责任分配、被审计单位的目标和战略等问题的看法。

（3）治理层对被审计单位内部控制和舞弊的态度、认识和措施。

（4）治理层应对会计准则、公司治理实务、交易所上市规则等事项变化的措施。

（5）治理层对以前与注册会计师沟通做出的反应。

3. 审计中发现的重大问题

注册会计师应当与治理层沟通审计中发现的下列重大问题。

（1）注册会计师对被审计单位会计实务（包括会计政策、会计估计和财务报表披露）重大方面的质量的看法。

（2）审计工作中遇到的重大困难。审计工作中遇到的重大困难可能包括下列事项。

①管理层在提供审计所需信息时出现严重拖延。

②不合理地要求缩短完成审计工作的时间。

③为获取充分、适当的审计证据需要付出的努力远远超过预期。

④无法获取预期的信息。

⑤管理层对注册会计师施加的限制。

⑥管理层不愿意按照要求对被审计单位持续经营能力进行评估，或不愿意延长评估期间。

（3）已与管理层讨论或需要书面沟通的审计中出现的重大事项，以及注册会计师要求提供的书面声明，除非治理层全部成员参与管理被审计单位。

已与管理层讨论或需要书面沟通的重大事项可能包括：

①影响被审计单位的业务环境，以及可能影响重大错报风险的经营计划和战略。

②对管理层就会计或审计问题向其他专业人士进行咨询的关注。

③管理层在首次委托或连续委托注册会计师时，就会计实务、审计准则应用、审计或其他服务费用与注册会计师进行的讨论或书面沟通。

（4）审计中出现的、根据职业判断认为对监督财务报告过程重大的其他事项，可能包括已更正的、含有已审计财务报表的文件中的其他信息存在的对事实的重大错报或重大不一致。

4. 值得关注的内部控制缺陷

（1）内部控制缺陷和值得关注的内部控制缺陷。

内部控制缺陷，是指在下列任一情况下内部控制存在的缺陷。

① 某项控制的设计、执行或运行不能及时防止或发现并纠正财务报表错报。

② 缺少用以及时防止或发现并纠正财务报表错报的必要控制。

值得关注的内部控制缺陷，是指注册会计师根据职业判断，认为足够重要从而值得治理层关注的内部控制的一个缺陷或多个缺陷的组合。

注册会计师应当根据已执行的审计工作，确定是否识别出内部控制缺陷。如果识别出内部控制缺陷，注册会计师应当根据已执行的审计工作，确定该缺陷单独或连同其他缺陷是否构成值得关注的内部控制缺陷。

（2）向治理层和管理层通报内部控制缺陷。

注册会计师应当以书面形式及时向治理层通报审计过程中识别出的值得关注的内部控制缺陷。

注册会计师还应当及时向相应层级的管理层通报下列内部控制缺陷。

① 已向或拟向治理层通报的值得关注的内部控制缺陷，除非在具体情况下不适合直接向管理层通报。

② 在审计过程中识别出的、其他方尚未向管理层通报而注册会计师根据职业判断认为足够重要从而值得管理层关注的内部控制其他缺陷。

值得关注的内部控制缺陷的书面沟通文件应当包括以下内容。

① 对缺陷的描述以及对其潜在影响的解释。

② 使治理层和管理层能够了解沟通背景的充分信息。

在向治理层和管理层提供信息时，注册会计师应当特别说明下列事项。

① 注册会计师执行审计工作的目的是对财务报表发表审计意见。

② 审计工作包括考虑与财务报表编制相关的内部控制，其目的是设计适合具体情况的审计程序，并非对内部控制的有效性发表意见（如果结合财务报表审计对内部控制的有效性发表意见，应当删除"并非对内部控制的有效性发表意见"的措辞）。

③ 报告的事项仅限于注册会计师在审计过程中识别出的、认为足够重要从而值得向治理层报告的缺陷。

5. 注册会计师的独立性

注册会计师需要遵守与财务报表审计相关的职业道德要求，包括对独立性的要求。通常包括：

（1）对独立性的不利影响；

（2）法律法规和职业规范规定的防范措施、被审计单位采取的防范措施，以及会计师事务所内部自身的防范措施。

注意：如果被审计单位是上市实体，注册会计师与管理层还应沟通如下事项：①就审计项目组成成员、会计师事务所其他相关人员以及会计师事务所和网络事务所按照相关职业道德要求保持了独立性做出声明；②根据职业判断，注册会计师认为会计师事务所、网络事务所与被审计单位之间存在的可能影响独立性的所有关系和其他事项；③为消除对独立性的不利影响或将其降至可接受的水平，已经采取的相关防范措施。

6. 补充事项

注册会计师可能注意到一些补充事项，其不一定与监督财务报告流程有关，但对治理层监督被审计单位的战略方向或与被审计单位受托责任相关的义务很可能是重要的。这些事项可能包括与治理结构或过程有关的重大问题、缺乏适当授权的高级管理层做的重大决策或行动。

【例题·单选题】如果被审计单位是上市实体，注册会计师在就其独立性与被审计单位的治理层进行沟通时，下列通常不属于沟通的内容是（　　　）。

A.根据职业判断，注册会计师认为会计师事务所、网络事务所与被审计单位之间存在的可能影响独立性的所有关系和其他事项

B.为消除对独立性的不利影响或将其降至可接受的水平，已经采取的相关防护措施

C.就审计项目组成成员、会计师事务所其他相关人员以及会计师事务所和网络事务所按照相关职业道德要求保持了独立性做出声明

D.无法获取预期的信息

【解析】选项D属于注册会计师与治理层沟通的在审计工作中发现的问题，而不是有关独立性与治理层沟通的事项。

【答案】D

【复习要点3】沟通的过程（★★）

一、确立沟通过程

1. 可能有助于实现有效双向沟通通常讨论的事项

（1）沟通的目的。明确的目的有助于沟通双方对采取的行动取得相互了解。

（2）沟通拟采取的形式。与治理层达成友好的沟通形式有利于得到治理层的理解和配合。

（3）由审计项目组和治理层中的哪些人员就特定事项进行沟通。有利于双方合理确定参与沟通的人员，以及找到适当的沟通对象。

（4）注册会计师对沟通的期望，包括将进行双向沟通以及治理层就其认为与审计工作相关的事项与注册会计师沟通。与审计工作相关的事项包括：可能对审计程序的性质、时间安排和范围产生重大影响的战略决策，对舞弊的怀疑或检查，对高级管理人员的诚信或胜任能力的疑虑。

（5）对注册会计师沟通的事项采取措施和进行反馈的过程。

（6）对治理层沟通的事项采取措施和进行反馈的过程。

2. 与管理层的沟通

与管理层的沟通在与治理层沟通某些事项前，注册会计师可能就这些事项与管理层讨论，除非这种做法并不适当。不适合与管理层讨论的事项包括管理层的胜任能力或诚信问题等。如果被审计单位设有内部审计，注册会计师可以在与治理层沟通前与内部审计人员讨论相关事项。

3. 与第三方的沟通

在某些情况下，向第三方沟通披露沟通书面文件可能是违法或不适当的。在向第三方提供为治理层编制的书面沟通文件时，在书面沟通文件中声明以下内容，告知第三方这些书面沟通文件不是为他们编制的，可能是非常重要的。

（1）书面沟通文件只为治理层的使用而编制的，但不应被第三方依赖，可在适当情况下被集团注册会计师使用。

（2）注册会计师不对第三方承担责任。

（3）书面沟通文件向第三方披露或分发的任何限制。

二、沟通的形式

（1）对于审计中发现的重大问题，如果根据职业判断认为采用口头形式沟通不适当,注册会计师应当以书面形式与治理层沟通,但书面沟通不必包括审计过程中的所有事项。

(2)注册会计师应以书面形式向治理层通报值得关注的内部控制缺陷。

(3)其他事项,注册会计师可采用口头或书面形式沟通。

三、沟通的时间安排

注册会计师应当及时与治理层沟通。适当的沟通时间安排因业务环境的不同而不同。相关的环境包括事项的重要程度和性质,以及期望治理层采取的行动。

(1)对于计划事项的沟通,通常在审计业务的早期阶段进行。

(2)对于审计中遇到的重大困难,如果治理层能够协助注册会计师克服这些困难,或者这些困难可能导致发表非无保留意见,可能需要尽快沟通。

(3)当同时审计通用目的和特殊目的的财务报表时,注册会计师协调沟通的时间安排可能是适当的。

四、沟通过程的充分性

注册会计师应当评价其与治理层之间的双向沟通对实现审计目的是否充分。如果注册会计师与治理层之间的双向沟通不充分,并且这种情况得不到解决,注册会计师应采取下列主要措施。

(1)根据审计范围受到的限制发表非无保留意见。

(2)就采取不同措施的后果征询法律意见。

(3)与第三方(监管机构)、被审计单位外部的在治理结构中拥有更高权力的组织或人员(如企业的业主、股东大会中的股东)或对公共部门负责的政府部门进行沟通。

(4)在法律法规允许的情况下解除业务约定。

【例题·多选题】(2015年真题)如果注册会计师与治理层之间的双向沟通不充分,并且这种情况得不到解决,注册会计师可以采取的措施包括(　　)。

A. 根据审计范围受到的限制发表非无保留意见

B. 就采取不同措施的后果征询法律意见

C. 监管机构、被审计单位外部的在治理结构中拥有甲权利的组织或人员进行沟通

D. 在法律法规允许的情况下解除业务约定

【解析】如果注册会计师与治理层之间的双向沟通不充分,并且这种情况得不到解决,注册会计师可以采取下列措施:(1)根据范围受到的限制发表非无保留意见;

（2）就采取不同措施的后果征询法律意见；（3）与第三方（如监管机构）、被审计单位外部的在治理结构中拥有更高权力的组织或人员（如企业的业主，股东大会中的股东）或公共部门负责的政府部门进行沟通；（4）在法律法规允许的情况下解除业务约定。

【答案】ABCD

【复习要点4】审计工作底稿（★★）

审计工作底稿应注意以下几个方面。

（1）注册会计师应当记录与治理层沟通的重大事项。

（2）如果审计准则要求沟通的事项是以口头形式沟通的，注册会计师应将其包括在审计工作底稿中，并记录沟通的时间和对象。

（3）如果审计准则要求沟通的事项是以书面形式沟通的，注册会计师应当保存一份沟通文件的副本，作为审计工作底稿的一部分。

（4）如果被审计单位编制的会议记录是沟通的适当记录，注册会计师可以将其副本作为口头沟通的记录，并作为审计工作底稿的一部分；如果根据业务环境不容易识别出适当的沟通人员，注册会计师还应当记录识别治理结构中适当沟通人员的全过程。

（5）如果治理层全部参与管理，注册会计师还应当记录对沟通的充分性进行考虑的过程，即考虑与负有管理责任人员的沟通能否向所有负有治理责任的人员充分传递应予沟通内容的过程。

【例题·单选题】（2013年）关于注册会计师与被审计单位治理层的沟通，下列说法中正确的是（　　）。

A. 对于与治理层沟通的事项，应当事先与管理层讨论

B. 对于涉及舞弊等敏感信息的沟通，应当避免书面记录

C. 与治理层沟通的书面记录是一项审计证据，所有权属于会计师事务所

D. 如果注册会计师应治理层的要求向第三方提供为治理层编制的书面沟通文件的副本，注册会计师有责任向第三方解释其在使用中产生的疑问

【解析】选项C正确。与治理层沟通的书面记录属于审计工作底稿，审计工作底稿的所有权属于会计师事务所。选项A错误，在与治理层沟通某事项前，可能先与管理层沟通，除非这种做法不适当，例如就管理层胜任能力或诚信问题与其讨论可能是不适当的；选项B错误，审计发现的重大问题，如果根据职业判断认为口头形式不适当，应

以书面形式沟通。选项D错误，如果注册会计师应治理层的要求向第三方提供为治理层编制的书面沟通文件的副本，注册会计师对第三方不承担责任。

【答案】C

第2节　前任注册会计师和后任注册会计师的沟通

【复习要点1】前后任注册会计师的含义（★★）

1. 前任注册会计师

（1）已对最近一期财务报表发表了审计意见的某会计师事务所的注册会计师。

（2）接受委托但未完成审计工作的某会计师事务所的注册会计师。

2. 后任注册会计师

（1）在签订业务约定书之前，正在考虑接受委托的注册会计师。

（2）已接受委托并签订业务约定书，接替前任注册会计师执行财务报表审计业务的注册会计师。

【提示】前任注册会计师和后任注册会计师是针对会计师事务所发生变更时的情况，而不是针对会计师的变更。

对前后任注册会计师沟通的总体要求是后任注册会计师应当征得被审计单位的同意，主动与前任注册会计师沟通。沟通可以采用口头和书面等方式进行。前后任注册会计师应当将沟通的情况记录于审计工作底稿。

【复习要点2】前后任注册会计师的沟通程序（★★）

项　目	接受委托前的沟通	接受委托后的沟通
沟通的前提	前提是征得被审计单位的同意	（1）前提是征得被审计单位的同意 （2）前任可自主决定是否允许后任注册会计师查阅工作底稿，复印或摘录的工作底稿内容 （3）在允许查阅底稿之前，前任注册会计师应当向后任注册会计师获取确认函，就工作底稿的使用目的、范围和责任等预期达成一致意见
沟通的目的	确定是否接受委托（必要程序）	了解前任的工作情况（不是必要的审计程序）

续表

项　目	接受委托前的沟通	接受委托后的沟通
沟通的内容	（1）是否发现被审计单位管理层存在诚信方面的问题 （2）前任注册会计师与管理层在重大会计、审计等问题上存在的意见分歧 （3）前任注册会计师曾与被审计单位治理层（如监事会、审计委员会或其他类似机构）沟通过的关于管理层舞弊、违反法规行为以及内部控制的重大缺陷等问题 （4）前任注册会计师认为导致被审计单位变更会计师事务所的原因	这些内容通常可能包括有关审计计划、控制测试、审计结论的工作底稿，以及其他具有延续性的对本期审计产生重大影响的会计、审计事项（如有关资产负债表账户的分析和或有事项）的工作底稿
沟通的结果	（1）如果得到的答复是有限的，后任注册会计师应当判断是否存在由被审计单位或潜在法律诉讼引起的答复限制，并考虑这一情况对自己接受业务委托的影响 （2）如果未得到答复，且没有理由认为变更会计师事务所的原因异常，后任注册会计师应设法以其他方式与前任注册会计师再次进行沟通	查阅前任注册会计师工作底稿获取的信息可能影响后任注册会计师实施审计程序的性质、时间和范围，但后任注册会计师应当对自身实施的审计程序和得出的审计结论负责。后任注册会计师不应在审计报告中表明，其审计意见全部或部分地依赖前任注册会计师的审计报告或工作

【提示】如果前任注册会计师提供的信息与被审计单位提供的更换会计师事务所的原因不符，特别是当被审计单位与前任注册会计师在会计、审计问题上存在着重大意见分歧时，后任注册会计师应慎重考虑是否接受委托。

通常情况下，后任注册会计师一般应拒绝接受委托。

【例题·多选题】（2016年真题）下列有关前后任注册会计师沟通的说法中，错误的有（　　）。

A. 后任注册会计师在接受委托前与前任注册会计师沟通，应当征得被审计单位同意

B. 在接受委托前，后任注册会计师应当采用书面形式与前任注册会计师进行沟通

C. 如果需要查阅前任注册会计师的审计工作底稿，后任注册会计师不必征得被审计单位同意

D.与前任注册会计师的沟通一直是注册会计师必要的审计程序

【解析】本题考查的是与前后任注册会计师的沟通。在接受委托前，后任注册会计师既可以采用书面形式也可以口头形式与前任注册会计师进行沟通，选项B错误；为了履行保密责任，如果需要查阅前任注册会计师的审计工作底稿，后任注册会计师必须征得被审计单位同意，选项C错误；在接受委托前，后任注册会计师应与前任注册会计师沟通，而接受委托后，与前任注册会计师的沟通非必要程序，选项D错误。

【答案】BCD

【复习要点3】发现前任审计的财务报表可能存在重大错报时的处理（★★）

1. 安排三方会谈

如果发现前任注册会计师审计的财务报表可能存在重大错报,后任注册会计师应当提请被审计单位告知前任注册会计师。必要时,后任注册会计师可要求被审计单位安排三方会谈。

2. 无法参加三方会谈的处理

如果被审计单位拒绝告知前任注册会计师,或前任注册会计师拒绝参加三方会谈,或后任注册会计师对解决问题的方案不满意,此时,后任注册会计师应当考虑对审计报告的影响或解除业务约定。其具体处理方法如下。

（1）评估这种情况对当前审计业务的潜在影响,并根据具体情况出具恰当的审计报告。

（2）是否退出当前审计业务。

（3）后任注册会计师可考虑向其法律顾问咨询,以便决定如何采取进一步措施。

【例题·单选题】下列关于前后任注册会计师的沟通问题的表述中,不正确的是（　　）。

A.后任注册会计师应当将沟通的情况记录于审计工作底稿,以便完整反映审计工作的轨迹

B.在接受委托前,后任注册会计师与前任注册会计师进行沟通的目的是确定是否接受委托

C.接受委托前的沟通和接受委托后的沟通均是必要的审计程序

D.如果被审计单位有购买审计意见的行为,后任注册会计师一般应拒绝接受委托,以抑制被审计单位购买审计意见的企图,并保护前任注册会计师的利益

【解析】接受委托前的沟通是必需的,接受委托后的沟通并不是必需的审计程序。

【答案】C

过关演练

一、单选题

1. 甲公司2009年的财务报表由B会计师事务所审计,并出具了标准无保留意见的

审计报告。A会计师事务所承接了甲公司2010年度财务报表工作，在实施必要的审计程序后，A会计师事务所发现甲公司2009年度财务报表可能存在重大错报，A会计师事务所可能采取的措施不包括(　　)。

A. 告知甲公司管理层

B. 告知B会计师事务所

C. 要求被审计单位安排会谈，会谈方包括A会计师事务所、B会计师事务所和甲公司管理层

D. 在前任注册会计师拒绝参加三方会谈时，应考虑该错报对当前审计业务的潜在影响，并根据具体情况出具恰当的审计报告或解除业务约定

2. 下列关于注册会计师与治理层沟通的时间安排的说法中，不正确的是(　　)。

A. 对于计划事项的沟通，通常在审计业务的早期阶段进行

B. 对于审计中遇到的重大困难，如果治理层能够协助注册会计师克服这些困难，或者这些困难可能导致发表非无保留意见，可能需要尽快沟通

C. 当同时审计通用目的和特殊目的财务报表时，注册会计师协调沟通的时间安排可能是适当的

D. 对于计划事项的沟通，应当在审计业务的终结阶段进行

3. 注册会计师在审计工作中遇到下列重大困难，其中不需要与治理层进行沟通的是(　　)。

A. 管理层不愿意按照要求对被审计单位持续经营能力进行评估

B. 注册会计师对应收账款进行函证样本的数量有限而管理层不愿意承担注册会计师未实施足够审计程序的责任

C. 为获取充分、适当的审计证据需要付出的努力远远超过预期

D. 管理层过分缩短审计工作时间

4. A会计师事务所在洽谈承接2012年度财务报表审计业务时，必须在接受业务委托前与B会计师事务所进行沟通的是(　　)。

A. 甲公司拟聘请A会计师事务所审计其2012年度财务报表。甲公司2012年度财务报表中注明由B会计师事务所代编，而且B会计师事务所出具了代编报告

B. 乙公司拟聘请A会计师事务所重新审计其2012年度财务报表。此前，B会计师事务所审计了乙公司2012年度财务报表，出具了标准无保留意见的审计报告

C. 丙公司拟聘请A会计师事务所审计其2012年度财务报表，此前曾有意委托B会计师事务所审计，但B会计师事务所在初步了解情况后未接受委托。C会计师事务所审计

了丙公司2011年度财务报表，出具了保留意见的审计报告

D. 丁公司拟聘请A会计师事务所审计其2012年度的财务报表。丁公司于2011年年初设立，B会计师事务所承办了其设立验资业务

5. 在接受委托之前，下面有关前后任注册会计师沟通的提法中正确的是(　　)。

A. 审计准则规定，在承接业务之前，无论被审计单位是否同意，后任注册会计师都应当与前任注册会计师进行沟通

B. 沟通主要采用询问的方式，包括询问具体审计计划、上期监盘结果和发现的问题以及审计报告的意见等内容

C. 尽管被审计单位未对前任注册会计师给出的答复进行限制，但前任注册会计师还是未做出充分答复，并且向后任注册会计师说明了原因

D. 前任注册会计师未做出任何答复，后任注册会计师应当直接拒绝接受此项业务委托

二、多选题

1. 下列各项中，注册会计师应当与被审计单位治理层沟通的有(　　)。

A. 注册会计师在审计过程中识别出的值得关注的内部控制缺陷

B. 注册会计师与财务报表审计相关的责任

C. 被审计单位管理层拒绝对其持续经营能力进行评估

D. 注册会计师对被审计单位会计实务重大方面的质量的看法

2. 在下列情况下，如果会计师事务所未取得客户的授权，也无须承担相应法律后果的有(　　)。

A. 根据法律法规的规定，会计师事务所为法律诉讼准备文件或提供证据

B. 根据法律法规的规定，会计师事务所向监管机构报告发现的违反法规行为

C. 接受注册会计师协会和监管机构依法进行的质量检查

D. 向后任注册会计师提供审计工作底稿

3. 在与治理层沟通计划的审计范围和时间时，通常包括的内容有(　　)。

A. 具体审计计划

B. 财务报表层次的重要性水平

C. 对与审计相关的内部控制采取的方案

D. 如何应对由于舞弊或错误导致的重大错报风险

4. 为使前任注册会计师愿意向其提供更多的接触工作底稿的机会，后任注册会

计师可以考虑同意前任注册会计师在自己查阅工作底稿过程中可能做出的限制,这些限制条件包括( )。

A. 当涉及前任注册会计师的审计质量时,后任注册会计师不应提供任何专家证词、诉讼服务或承接关于前任注册会计师审计质量的评论业务

B. 不将查阅工作底稿的信息告知被审计单位

C. 在查阅工作底稿后,不对任何人做出关于前任注册会计师的审计是否遵循了审计准则的口头或书面评论

D. 不将查阅工作底稿获得的信息用于其他任何目的

5. 下列事项可列入与治理层沟通内容的有( )。

A. 注册会计师需要与监管机构就哪些重大事项进行沟通

B. 注册会计师应当向治理层说明,注册会计师的责任是对管理层在治理层监督下编制的财务报表发表审计意见,对财务报表的审计并不能减轻管理层和治理层的责任

C. 注册会计师应当就自身与治理层沟通的责任与治理层进行沟通,使治理层清楚地了解注册会计师负有的与治理层沟通方面的责任

D. 某个商定沟通事项超出了审计准则规定的范围,可能需要注册会计师设计和实施专门的程序才能发现

6. 通常情况下,注册会计师应当与治理层沟通的事项包括( )。

A. 注册会计师的责任

B. 计划的审计范围和时间

C. 审计工作中发现的重大问题

D. 注册会计师的独立性

三、简答题

A会计师事务所审计了甲公司2010年度财务报表,并出具了保留意见的审计报告。负责甲公司外勤审计工作的B注册会计师于2011年5月离职加入×会计师事务所,转所手续至2012年2月办理完毕。2012年1月,甲公司决定改聘×会计师事务所审计其2011年度财务报表,并与×会计师事务所签订了审计业务约定书。该约定书中约定甲公司协助×会计师事务所与A会计师事务所进行沟通,以了解相关情况。×会计师事务所委派B注册会计师担任甲公司2011年度财务报表审计的项目合伙人,于2012年4月出具了标准无保留意见审计报告。

【要求】(1)×会计师事务所通常应考虑通过查阅A会计师事务所的工作底稿获取有关期初余额的充分、适当的审计证据,此时查阅的重点具体包括哪些?

（2）针对A会计师事务所对甲公司2010年度财务报表出具了保留意见的审计报告，×会计师事务所对甲公司2011年度财务报表出具标准无保留意见审计报告的前提是什么？

（3）请说明前后任注册会计师在接受委托前沟通的核心内容包括哪些？

（4）接受委托后，后任注册会计师发现前任注册会计师审计的财务报表可能存在重大错报，但无法安排三方会谈时，后任注册会计师应如何处理？

第15章　注册会计师利用他人的工作

【考情分析】在近3年考试中,本章内容所占分值约为2分,题型均为客观题。

【复习要点】本章复习要点主要包括内部审计与注册会计师的关系、确定是否利用以及在多大程度上利用内部审计人员的工作,以及确定是否利用专家的工作等相关知识点。

【本章要点概览】

注册会计师利用他人的工作	一、利用内部审计工作	1. 内部审计与注册会计师的关系	★★
		2. 确定是否利用以及在多大程度上利用内部审计人员的工作	★★
		3. 利用内部审计人员的特定工作	★★
	二、利用专家的工作	1. 确定是否利用专家的工作	★★
		2. 与专家达成一致意见	★★
		3. 评价专家工作的恰当性	★★
		4. 审计程序的性质、时间安排和范围	★★

第1节　利用内部审计工作

【复习要点1】内部审计与注册会计师的关系（★★）

1. 内部审计和注册会计师审计的联系

注册会计师通过了解与评估内部审计工作,利用可信赖的内部审计工作相关部分的成果,可以减少不必要的重复劳动,提高审计工作效率。如果发现可能在某些领域存在重在错报的风险,则注册会计师应当特别关注这些领域。

2. 利用内部审计工作不能减轻注册会计师的责任

（1）注册会计师应当对发表的审计意见独立承担责任。

（2）内部审计的独立性和客观性无法达到注册会计师审计所要求的水平,注册会计师必须对与财务报表审计有关的所有重大事项独立做出职业判断,而不应完全依赖内部审计工作。

（3）审计过程中涉及的职业判断,如重大错报风险的评估、重要性水平的确定、样本规模的确定、对会计政策和会计估计的评估等,均应当由注册会计师负责执行。

【复习要点2】确定是否利用以及在多大程度上利用内部审计人员的工作（★★）

1. 注册会计师利用内部审计工作的目标

（1）确定是否利用以及在多大程度上利用内部审计的特定工作。

（2）如果利用内部审计人员的特定工作，确定该工作是否足以实现审计目的。

2. 在确定内部审计人员的工作是否可能足以实现审计目的时，注册会计师应当评价的因素

（1）内部审计的客观性。

（2）内部审计人员的专业胜任能力。

（3）内部审计人员在执行工作时是否可能保持应有的职业关注。

（4）内部审计人员和注册会计师之间是否可能进行有效的沟通。

3. 在确定内部审计人员的工作对注册会计师审计程序的性质、时间安排和范围产生的预期影响时，注册会计师应当考虑的因素

（1）内部审计人员已执行或拟执行的特定工作的性质和范围。

（2）针对特定类别的交易、账户余额和披露，评估的认定层次重大错报风险。

（3）在评价支持相关认定的审计证据时，内部审计人员的主观程度。

【复习要点3】利用内部审计人员的特定工作（★★）

1. 评价内部审计特定工作的目的

注册会计师应当评价内部审计人员的特定工作并实施审计程序，以确定该工作是否足以实现审计目的。

2. 评价内部审计特定工作应考虑的因素

（1）内部审计工作是否由经过充分技术培训且精通业务的人员执行。

（2）内部审计人员的工作是否得到适当的监督、复核和记录。

（3）内部审计人员是否已获取充分、适当的审计证据，使其能够得出合理的结论。

（4）内部审计人员得出的结论是否恰当，编制的报告是否与已执行工作的结果一致。

（5）内部审计人员披露的例外或异常事项是否得到恰当解决。

3. 确定对内部审计工作实施的审计程序时，注册会计师通常需要考虑的因素

（1）对相关领域的重大错报风险的评估。

（2）对内部审计的评估。

（3）对内部审计人员特定工作的评价。

4. 注册会计师对内部审计人员特定工作实施的进一步的审计程序

（1）检查内部审计人员已经检查过的项目。

（2）检查其他类似项目。

（3）观察内部审计人员正在实施的程序。

【例题·多选题】（2013年）在确定是否可以利用内部审计工作时，A注册会计师通常需要考虑的因素有（ ）。

A. 内部审计的组织地位及客观性

B. 内部审计人员的薪酬

C. 内部审计人员的职业谨慎

D. 内部审计人员的专业胜任能力

【解析】在了解内部审计并对其进行评估时，注册会计师应当考虑下列重要因素，对这些因素的不同评价决定着注册会计师是否可以利用内部审计成果以及利用的程度：①内部审计的组织地位及其对客观性的影响；②内部审计的职责范围；③内部审计人员的专业胜任能力；④内部审计人员应有的职业关注。

【答案】AD

第2节　利用专家的工作

【复习要点1】确定是否利用专家的工作（★★）

1. 注册会计师在执行下列工作时可能需要利用专家的工作

（1）了解被审计单位及其环境。

（2）识别和评估重大错报风险。

（3）针对评估的财务报表层次风险，确定并实施总体应对措施。

（4）针对评估的认定层风险设计和实施进一步审计程序，包括控制测试和实质性程序。

（5）在对财务报表形成审计意见时，评价已获取的审计证据的充分性和适当性。

2. 考虑编制财务报表时是否需要利用会计以外某一领域的专长

如果编制财务报表需要利用会计以外某一领域的专长，尽管注册会计师拥有会计、审计能力，但可能不具备审计这些财务报表的必要专长，这时注册会计师需要确定是否利用专家的工作，如果需要利用，确定何时利用以及在多大程度上利用。

【提示】专家的来源：可以是被审计单位员工、会计师事务所的员工、被审计单位从外部聘请的个人或组织、会计师事务所从外部聘请的个人或组织、会计师事务所的网络事务所的合伙人、会计师事务所的网络事务所的员工、会计师事务所的网络事务所的临时员工等。但注册会计师对发表的审计意见独立承担责任，这种责任并不因利用专家的工作而减轻。

【例题·单选题】（2015年真题）下列不属于注册会计师的专家的是（   ）。

A. 受雇于会计师事务所，帮助评估投资性房地产的资产评估师

B. 复杂会计和审计问题提供咨询的会计师事务所技术部门人员

C. 保险合同提供精算的会计师事务所精算部门成员

D. 复杂涉税交易提供税务咨询的会计师事务所税务部门成员

【解析】注册会计师的专家是指在会计或审计以外领域具有专长的个人或组织。本题选项B不属于注册会计师的专家。

【答案】B

【复习要点2】与专家达成一致意见（★★）

1. 总体要求

注册会计师和专家各自不同的角色与责任、注册会计师和专家沟通的性质、时间安排和范围等会因情况的变化而发生较大变化。所以，无论是对外部专家还是内部专家，注册会计师都有必要就这些事项与其达成一致意见，并根据需要形成书面协议。

2. 专家工作的性质、范围和目标

当与专家工作的性质、范围和目标达成一致意见后，注册会计师通常需要与专家讨论需要遵守的相关技术标准、其他职业准则或行业要求。

3. 注册会计师和专家各自的角色与责任

（1）由注册会计师还是专家对原始数据实施细节测试。

（2）同意注册会计师与被审计单位或其他人员讨论专家的工作结果或结论，必要时，包括同意注册会计师将专家的工作结果或结论的细节作为注册会计师在审计报告中发表非无保留意见的基础。

（3）将注册会计师对专家工作形成的结论告知专家。

（4）各自工作底稿的使用和保管。注册会计师和专家就各自的工作底稿的使用和保管达成的一致意见。

【复习要点3】评价专家工作的恰当性（★★）

1. 总体要求

注册会计师应当评价专家的工作是否足以实现审计目的，包括：

（1）专家的工作结果或结论的相关性和合理性，以及与其他审计证据的一致性。

（2）如果专家的工作涉及使用重要的假设和方法，这些假设和方法在具体情况下的相关性和合理性。

（3）如果专家的工作涉及使用重要的原始数据，这些原始数据的相关性、完整性和准确性。

2. 评价专家工作是否足以实现审计目的所实施的特定程序

（1）询问专家。

（2）复核专家的工作底稿和报告。

（3）实施用于证实的程序。

（4）必要时（如当专家的工作结果与其他审计证据不一致时）与具有相关专长的其他专家讨论。

（5）与管理层讨论专家的报告。

3. 评价结果为不恰当时的措施

如果确定专家的工作不足以实现审计目的，注册会计师应当采取下列措施之一。

（1）就专家拟执行的进一步工作的性质和范围，与专家达成一致意见。

（2）根据具体情况，实施追加的审计程序。

如果认为专家的工作不足以实现审计目的，且通过实施追加的审计程序，或者通过雇用、聘请其他专家仍不能解决问题，则意味着没有获取充分、适当的审计证据，有必要按照规定发表非无保留意见。

【复习要点4】审计程序的性质、时间安排和范围（★★）

1. 在确定这些相关审计程序的性质、时间安排和范围时，应当考虑的事项

（1）与专家工作相关的事项的性质。

（2）与专家工作相关的事项中存在的重大错报风险。

（3）专家的工作在审计中的重要程度。

（4）注册会计师对专家以前所做工作的了解，以及与之接触的经验。

（5）专家是否需要遵守会计师事务所的质量控制政策和程序。

2. 下列情况可能表明需要实施与一般情况相比不同的或更广泛的审计程序

（1）专家的工作与涉及主观和复杂判断的重大事项相关。

（2）注册会计师以前没有利用某专家的工作，也不了解其胜任能力、专业素质和客观性。

（3）专家实施的程序构成审计工作必要的组成部分，而非就某一事项提供建议。

（4）专家是会计师事务所外部专家，因此不受会计师事务所质量控制政策和程序的约束。

3. 考虑专家是否需要遵守会计师事务所的质量控制政策和程序

在考虑专家是否需要遵守质量控制政策和程序时，应区分内部专家和外部专家。

（1）内部专家可能是会计师事务所或网络事务所的合伙人或员工（包括临时员工），需要遵守所在事务所制定的政策和程序。

（2）外部专家不是项目组成员，不受会计师事务所按照制定的质量控制政策和程序的约束。

【例题·单选题】（2016年真题）下列有关注册会计师的专家的说法中，正确的是（   ）。

A. 无论是内部专家还是外部专家，都不包括会计、审计领域的专家

B. 无论是内部专家还是外部专家，都是项目组成员，受会计师事务所质量控制政策和程序的约束

C. 无论是内部专家还是外部专家，注册会计师都应当询问对专家客观性产生不利影响的利益和关系

D. 无论是内部专家还是外部专家，注册会计师都应当就专家工作的性质、范围和目标等事项与专家达成一致意见并形成书面协议

【解析】本题考查的是利用专家的工作。外部专家不受会计师事务所质量控制政策和程序的约束，选项B错误，在评价外部专家的客观性时，注册会计师都应当询问对外部专家客观性产生不利影响的利益和关系，而内部专家的客观性可根据情况评价，选项C错误；无论是外部专家还是内部专家，注册会计师都有必要就专家工作的性质、范围和目标等事项与其达成一致意见，并根据需要形成书面协议，但不是必须的，因此选项D错误。

【答案】A

过关演练

一、单选题

1. 只有在下列情况中，注册会计师才应当评价内部审计人员的专业胜任能力和客观性，以确定是否在审计工作中利用被审计单位内部审计工作的结果的是（   ）。

A. 内部审计人员具备足够的独立性和客观性

B. 内部审计与财务报表审计的内容、时间和范围存在直接联系时

C. 内部审计工作受到被审计单位管理层重视

D. 内部审计与财务报表审计相关，但不足以影响注册会计师的审计程序

2. 下列有关内部审计和注册会计师审计关系的说法中不正确的是（　　）。

A. 为支持所得出的结论，内部审计和注册会计师审计中的审计人员都需要获取充分、适当的审计证据，但内部审计不会采用函证和分析程序

B. 注册会计师应当考虑内部审计工作的某些方面是否有助于确定审计程序的性质、时间安排和范围，包括了解内部控制所采用的程序、评估财务报表重大错报风险所采用的程序和实质性程序

C. 如果内部审计的工作结果表明被审计单位的财务报表在某些领域存在重大错报风险，注册会计师应对这些领域给予特别关注

D. 在对内部审计机构和人员保持独立性和客观性及其工作评价后，注册会计师可能信赖内部审计工作

3. 注册会计师可以通过了解被审计单位内部审计的情况，为其执行财务报表审计业务提供有用信息。这种信息可以直接用于下列审计工作中的是（　　）。

A. 获取充分适当的审计证据

B. 设计和实施进一步审计程序

C. 识别和评估财务报表重大错报风险

D. 形成正确的审计结论

4. 下列所述情形中不会导致注册会计师利用专家工作时的审计范围受到限制的是（　　）。

A. 被审计单位拒绝向专家提供必要的资料

B. 专家由于保密的要求等原因拒绝向注册会计师提供必要的信息

C. 专家能够取得做出结论的所有必要信息

D. 对注册会计师的提问回答不充分

二、多选题

1. 无论是内部审计还是注册会计师审计，均可以使用的审计程序有（　　）。

A. 观察　　　　B. 询问　　　　C. 函证　　　　D. 分析程序

2. 在满足下列条件时，内部审计人员和注册会计师之间的沟通可能是最有效的（　　）。

A. 双方在审计期间内每隔一段适当的时间举行会谈

B. 内部审计人员可以通过相关内部审计报告向注册会计师提供建议，并允许其接触相关内部审计报告

C. 注册会计师可以评价相关内部控制并向内部审计提供改进建议，并允许其接触相关工作底稿

D. 注册会计师告知内部审计人员可能影响内部审计的所有重大事项

3. 并非所有的情况注册会计师都会利用内部审计的工作，注册会计师可能认为内部审计对其实施的审计程序没有作用，不会利用内部审计的有（　　）。

A. 内部审计活动与注册会计师审计无关

B. 注册会计师对内部审计人员的专业胜任能力、客观性和工作质量存有疑虑

C. 内部审计活动与注册会计师审计有关，但注册会计师认为进一步评估内部审计不符合成本效益原则

D. 注册会计师未对内部审计的职能进行评估

4. 以下有关内部审计说法中正确的有（　　）。

A. 内部审计人员应有的职业关注是被审计单位内部审计正常发挥作用的根本

B. 内部审计向哪个级别的治理层或管理层负责将影响其客观性

C. 从严格意义上说，企业的所有业务和所有组成部分均应纳入内部审计的范围

D. 内部审计人员的专业胜任能力影响内部审计作用的发挥

第16章　对集团财务报表审计的特殊考虑

【考情分析】在近3年考试中，本章内容所占分值为5分左右，题型一般为选择题和简答题。

【复习要点】本章为重要章节，复习要点主要包括与集团财务报表审计有关的概念、集团财务报表审计中的责任设定和注册会计师的目标、集团审计业务的承接与保持等相关知识点。

【本章要点概览】

对集团财务报表审计的特殊考虑	一、与集团财务报表审计有关的概念	与集团财务报表审计有关的概念	★
	二、集团财务报表审计中的责任设定和注册会计师的目标	集团财务报表审计中的责任设定和注册会计师的目标	★
	三、集团审计业务的承接与保持	集团审计业务的承接与保持	★★★
	四、了解集团及其环境、集团组成部分及其环境	了解集团及其环境、集团组成部分及其环境	★★★
	五、了解组成部分注册会计师	了解组成部分注册会计师	★★★
	六、重要性	重要性	★★★
	七、针对评估的风险采取的应对措施	针对评估的风险采取的应对措施	★★★
	八、合并过程	合并过程	★★★
	九、与组成部分注册会计师的沟通	与组成部分注册会计师的沟通	★★★
	十、评价审计证据的充分性和适当性	评价审计证据的充分性和适当性	★★★
	十一、与集团管理层和集团治理层的沟通	与集团管理层和集团治理层的沟通	★★★

第1节　与集团财务报表审计有关的概念

【复习要点】与集团财务报表审计有关的概念（★）

1. 集团财务报表

集团财务报表是指包括一个以上组成部分财务信息的财务报表。集团财务报表也指没有母公司但处在同一控制下的各组成部分编制的财务信息所汇总生成的财务报表。

2. 集团项目组

集团项目组是指参与集团审计的，包括集团项目合伙人在内的所有合伙人和员工。集团项目组负责制定集团总体审计策略，与组成部分注册会计师沟通，针对合并过程执行相关工作，并评价根据审计证据得出的结论，作为形成集团财务报表审计意见的基础。

3. 组成部分注册会计师

组成部分注册会计师指基于集团审计目的,按照集团项目组的要求,对组成部分财务信息执行相关工作的注册会计师。基于集团审计目的,集团项目组成员可能按照集团项目组的工作要求,对组成部分财务信息执行相关工作。在这种情况下,该成员也是组成部分注册会计师。

4. 重要组成部分

(1)重要组成部分的特征。

重要组成部分是指集团项目组识别出的具有下列特征之一的组成部分。

① 单个组成部分对集团具有财务重大性。

② 由于单个组成部分的特定性质或情况,可能存在导致集团财务报表发生重大错报的特别风险。

(2)从财务重大性判断重要组成部分。

① 集团项目组可以将选定的基准乘以某一百分比,以协助识别对集团具有财务重大性的单个组成部分。

② 根据集团的性质和具体情况,适当的基准可能包括集团资产、负债、现金流量、利润总额或营业收入。例如,集团项目组可能认为超过选定基准15%的组成部分是重要组成部分。

(3)从特别风险判断重要组成部分。

某些组成部分由于其特定性质或情况,可能存在导致集团财务报表发生重大错报的特别风险,集团项目组可能将其识别为重要组成部分。例如,某组成部分进行外汇交易,虽然其对集团并不具有财务重大性,但仍使集团面临导致重大错报的特别风险。

第2节　集团财务报表审计中的责任设定和注册会计师的目标

【复习要点】集团财务报表审计中的责任设定和注册会计师的目标（★）

1. 责任设定

(1)集团项目组对整个集团财务报表审计工作及审计意见负全部责任,且这一责任不会因为利用组成部分注册会计师的工作而减轻。

(2)集团项目组和组成部分注册会计师就各自执行的审计工作分别负责,集团项目组在执行集团财务报表审计时完全基于组成部分注册会计师的工作。

2. 目标

就组成部分注册会计师对组成部分财务信息执行工作的范围、时间安排和发现的问题，与组成部分注册会计师进行有效清晰地沟通；针对组成部分财务信息和合并过程，获取充分、适当的审计证据，以对集团财务报表是否在所有重大方面按照适用的财务报告编制基础发表审计意见。

【提示】注册会计师对集团财务报表出具的审计报告不应提及组成部分注册会计师，法律法规另有规定的除外。如果法律法规要求在审计报告中提及组成部分注册会计师，审计报告应当指明，这种提及并不减轻集团项目合伙人及其所在的会计师事务所对集团审计意见承担的责任。

第3节　集团审计业务的承接与保持

【复习要点】集团审计业务的承接与保持（★★★）

集团项目合伙人如果拟承接新业务，集团项目组可以通过下列途径了解集团、集团组成部分及其环境。

（1）集团管理层提供的信息。

（2）与集团管理层的沟通。

（3）如适用，与前任集团项目组、组成部分管理层或组成部分注册会计师的沟通。

如果集团项目合伙人认为由于集团管理层施加的限制，使集团项目组不能获取充分、适当的审计证据，由此产生的影响可能导致对集团财务报表发表无法表示意见，集团项目合伙人应当视具体情况采取下列措施。

（1）如果是新业务，拒绝接受业务委托；如果是连续审计业务，在法律法规允许的情况下，解除业务约定。

（2）如果法律法规禁止注册会计师拒绝接受业务委托，或者注册会计师不能解除业务约定，在可能的范围内对集团财务报表实施审计，并对集团财务报表发表无法表示意见。

【提示】集团项目组可以通过参与组成部分注册会计师的工作、实施追加的风险的评估程序，或对组成部分财务信息实施进一步审计程序，来消除对组成部分注册会计师专业胜任能力的非重大的考虑，或消除组成部分注册会计师未处于积极有效的监管环境中的影响。但不能消除组成注册会计师不具有独立性的影响。即使接触信息受到限制，集团项目组仍有可能获取充分、适当的审计证据，然而这种可能性随着组成部分对集团重要程度的增加而降低。

第4节　了解集团及其环境、集团组成部分及其环境

【复习要点】了解集团及其环境、集团组成部分及其环境（★★★）

1. 了解内容

在了解集团及其环境、集团组成部分及其环境时，集团项目组应当：

（1）进一步了解集团及其环境、集团组成部分及其环境，包括在评价集团层面控制；

（2）了解合并过程，包括集团管理层向组成部分下达的指令，合并过程相关的控制的设计和执行时获取的审计证据；

（3）从组成部分注册会计师获取的信息。

2. 了解程序

集团项目组应当对集团及其环境、集团组成部分及其环境获取充分的了解，以足以：

（1）确认或修正最初识别的重要组成部分；

（2）评估由于舞弊或错误导致集团财务报表发生重大错报的风险。

【例题·多选题】（2011年）在评价未更正错报的影响时，下列说法中，A注册会计师认为正确的有（　　　）。

A. 未更正错报的金额不得超过明显微小错报的临界值

B. A注册会计师应当从金额和性质两方面确定未更正错报是否重大

C. A注册会计师应当要求甲公司更正未更正错报

D. A注册会计师应当考虑与以前期间相关的未更正错报对相关类别的交易、账户余额或披露以及财务报表整体的影响

【解析】未更正错报是指注册会计师在审计过程中累积识别的且被审计单位未予更正的错报。所以不需要再要求被审计单位更正了，选项C不正确；明显微小的错报不需要累积，所以在评价未更正错报时不需要再考虑明显微小错报。

【答案】BD

第5节　了解组成部分注册会计师

【复习要点】了解组成部分注册会计师（★★★）

如果计划要求组成部分注册会计师执行组成部分财务信息的相关工作，集团项目组应当了解下列事项。

（1）组成部分注册会计师是否了解并将遵守与集团审计相关的职业道德要求，特别是独立性要求。

（2）组成部分注册会计师是否具备专业胜任能力。

（3）集团项目组参与组成部分注册会计师工作的程度是否足以获取充分、适当的审计证据。

（4）组成部分注册会计师是否处于积极的监管环境中。

专业胜任能力包括以下几个方面。

（1）组成部分注册会计师是否对适用于集团审计的审计准则和其他职业准则有充分的了解，以足以履行其在集团审计中的责任。

（2）组成部分注册会计师是否拥有对特定组成部分财务信息执行相关工作所必需的专门技能（如行业专门知识）。

（3）如果相关，组成部分注册会计师是否对适用的财务报告编制基础（集团管理层向组成部分下达的指令，通常说明适用的财务报告编制基础的特征）有充分的了解，以足以履行其在集团审计中的责任。

【例题·单选题】（2016年真题）下列情况通过参与组成部分审计工作可以消除疑虑的是（　　）。

A. 对组成部分注册会计师的独立性的重大疑虑

B. 对组成部分注册会计师专业胜任能力的重大疑虑

C. 组成部分注册会计师未处于积极有效的监督环境

D. 对组成注册会计师对监管环境的重大疑虑

【解析】本题考查组成部分注册会计师的专业胜任能力。如果组成部分注册会计师不符合与集团审计相关的独立性要求，或集团项目组对组成部分注册会计师职业道德、专业胜任能力和所处的监管环境存有重大疑虑，集团项目组应当就组成部分财务信息获取充分、适当的审计证据，而不应要求组成部分注册会计师对组成部分财务信息执行相关工作，选项A、B、D错误。

【答案】C

第6节　重要性

【复习要点】重要性（***）

在对集团财务报表审计时，集团项目组应当确定与重要性相关的下列事项。

分　类	内　容
重要性 一、集团财务报表整体的重要性	在制定集团总体审计策略时，集团项目组确定集团财务报表整体的重要性
二、适用于特定类别交易、账户余额或披露的一个或多个重要性水平	
三、组成部分重要性	（1）如果组成部分注册会计师对组成部分财务信息实施审计或审阅，集团项目应当基于集团审计目的，为这些组成部分确定组成部分重要性 （2）为将未更正和未发现错报的汇总数超过集团财务报表整体的重要性的可能性降至适当的低水平，应当将组成部分重要性设定为低于集团财务报表整体的重要性 （3）在确定组成部分重要性时，无须采用将集团财务报表整体重要性按比例分配的方式，对不同组成部分确定的重要性的汇总数，有可能高于集团财务报表整体重要性 （4）如果基于集团审计目的，由组成部分注册会计师对组成部分财务信息执行审计工作，集团项目组应当评价在组成部分层面确定的实际执行的重要性的适当性
四、明显微小错报的临界值	注册会计师需要设定临界值，不能将超过该临界值的错报视为对集团财务报表明显微小的错报。组成部分注册会计师需要将在组成部分财务信息中识别出的超过临界值的错报通报给集团项目组

【例题·多选题】（2015年真题）集团项目组应当确定的有（　　　）。

A. 集团明显微小错报临界值

B. 集团整体重要性

C. 组成部分重要性

D. 组成部分实际执行重要性

【解析】组成部分实际执行的重要性应当由集团项目组或组成部分注册会计师确定，所以选项D错误。

【答案】ABC

第7节　针对评估的风险采取的应对措施

【复习要点】针对评估的风险采取的应对措施（★★★）

1. 会计师应当针对评估的财务报表重大错报风险设计和实施恰当的应对措施

（1）对于组成部分财务信息，集团项目组应当确定由其亲自执行或由组成部分注册会计师代为执行的相关工作的类型。

（2）集团项目组还应当确定参与组成部分注册会计师工作的性质、时间安排和范围。

2. 影响集团项目组确定对组成部分财务信息拟执行工作的类型以及参与组成部分注册会计师工作程度的因素

（1）组成部分的重要程度。

（2）识别出的导致集团财务报表发生重大错报的特别风险。

（3）对集团层面控制的设计的评价，以及其是否得到执行的判断。

（4）集团项目组对组成部分注册会计师的了解。

3. 对重要和不重要组成部分需执行的工作

组成部分的性质		工作类型
重要组成部分	具有财务重大性	使用该组成部分的重要性，对组成部分财务信息实施审计（财务信息审计）
	存在特别风险	（1）使用组成部分重要性，对组成部分财务信息实施审计（财务信息审计） （2）针对于可能导致集团财务报表发生重大错报的特别风险相关的一个或多个账户余额、一类或多类交易或披露事项实施审计（特定项目审计） （3）针对可能导致集团财务报表发生重大错报的特别风险实施特定的审计程序（特定审计程序）
不重要组成部分		在集团层面实施分析程序（集团分析程序）

4. 已执行的工作仍不能提供充分、适当审计证据时的处理

如果集团项目组认为对重要组成部分财务信息执行的工作、对集团层面控制和合并过程执行的工作以及在集团层面实施的分析程序，还不能获取形成集团审计意见所依据的充分、适当的审计证据，集团项目组应当选择某些不重要的组成部分，并对已选择的组成部分财务信息亲自执行或由代表集团项目组的组成部分注册会计师执行下列一项或多项工作。

（1）使用组成部分重要性对组成部分财务信息实施审计。

（2）对一个或多个账户余额、一类或多类交易或披露实施审计。

（3）使用组成部分重要性对组成部分财务信息实施审阅。

（4）实施特定程序。

5. 参与组成部分注册会计师的工作

（1）集团项目组应当实施的工作。

集团项目组参与组成部分工作的性质、时间安排和范围受其对组成部分注册会计师所了解情况的影响，但至少应当包括：

① 与组成部分注册会计师或组成部分管理层讨论对集团而言重要的组成部分业务活动；

② 与组成部分注册会计师讨论由于舞弊或错误导致组成部分财务信息发生重大错报的可能性；

③ 复核组成部分注册会计师对识别出的导致集团财务报表发生重大错报的特别风险形成的审计工作底稿。

（2）集团项目组参与组成部分注册会计师工作的方式。

① 与组成部分管理层或组成部分注册会计师会谈，获取对组成部分及其环境的

了解。

② 复核组成部分注册会计师的总体审计策略和具体审计计划。

③ 实施风险评估程序，识别和评估组成部分层面的重大错报风险。集团项目组可以单独或与组成部分注册会计师共同实施这类程序。

④ 设计和实施进一步审计程序，集团项目组可以单独或与组成部分注册会计师共同设计和实施这类程序。

⑤ 参加组成部分注册会计师与组成部分管理层的总结会议和其他重要会议。

⑥ 复核组成部分注册会计师的审计工作底稿的其他相关部分。

第8节　合并过程

【复习要点】合并过程（★★★）

（1）如果对合并过程执行工作的性质、时间安排和范围基于预期集团层面控制有效运行，或者仅实施实质性程序不能提供认定层次的充分、适当的审计证据，集团项目组应当亲自测试或要求组成部分注册会计师代为测试集团层面控制运行的有效性。

（2）集团项目组应当针对合并过程设计和实施进一步审计程序，应当包括评价所有组成部分是否均已包括在集团财务报表中。

（3）集团项目组应当评价合并调整和重分类事项的适当性、完整性和准确性，并评价是否存在舞弊风险因素或可能存在管理层偏向的迹象。

（4）如果组成部分财务信息没有按照集团财务报表采用的会计政策编制，集团项目组应当评价组成部分财务信息是否已得到适当调整，以满足编制和列报集团财务报表的要求。

（5）集团项目组应当确定，组成部分注册会计师上报的财务信息是否就是包括在集团财务报表中的财务信息。

（6）如果集团财务报表包括的组成部分财务报表的报告期末不同于集团财务报表，集团项目组应当评价是否已按照适用的财务报告编制基础对这些财务报表做出恰当调整。

【提示】集团项目组对合并调整和重分类事项的适当性、完整性和准确性的以下内容进行评价。

（1）评价重大调整是否恰当反映了相关事项和交易。

（2）确定重大调整是否得到集团管理层和组成部分管理层（如适用）的正确计算、处理和授权。

（3）确定重大调整是否有适当的证据支持并得到充分的记录。

（4）检查集团内部交易、未实现内部交易损益以及集团内部往来余额是否核对一致并抵销。

第9节　与组成部分注册会计师的沟通

1. 集团项目组向组成部分注册会计师的通报

集团项目组应当及时向组成部分注册会计师通报工作要求。通报的内容应当明确组成部分注册会计师应执行的工作和集团项目组对其工作的利用，以及组成部分注册会计师与集团项目组沟通的形式和内容。通报的内容还应当包括：

（1）在组成部分注册会计师知悉集团项目组将利用其工作的前提下，要求组成部分注册会计师确认其将配合集团项目组的工作；

（2）与集团审计相关的职业道德要求，特别是独立性要求；

（3）在对组成部分财务信息实施审计或审阅的情况下，组成部分的重要性和针对特定类别的交易、账户余额或披露采用的一个或多个重要性水平（如适用）以及临界值，超过临界值的错报不能视为对集团财务报表明显微小的错报；

（4）识别出的与组成部分注册会计师工作相关的、由于舞弊或错误导致集团财务报表发生重大错报的特别风险。集团项目组应当要求组成部分注册会计师及时沟通所有识别出的、在组成部分内的其他由于舞弊或错误可能导致集团财务报表发生重大错报的特别风险，以及组成部分注册会计师针对这些特别风险采取的应对措施；

（5）集团管理层编制的关联方清单和集团项目组知悉的任何其他关联方。集团项目组应当要求组成部分注册会计师及时沟通集团管理层或集团项目组以前未识别出的关联方。集团项目组应当确定是否需要将新识别的关联方告知其他组成部分注册会计师。

2. 组成部分注册会计师向集团项目组沟通的事项

组成部分注册会计师向集团项目组沟通的事项包括：

（1）组成部分注册会计师是否已遵守与集团审计相关的职业道德要求，包括对独立性和专业胜任能力的要求；

（2）组成部分注册会计师是否已遵守集团项目组的要求；

（3）指出作为组成部分注册会计师出具报告对象的组成部分财务信息；

（4）因违反法律法规而可能导致集团财务报表发生重大错报的信息；

（5）组成部分财务信息中未更正错报的清单（清单不必包括低于集团项目组通报的临界值且明显微小的错报）；

（6）表明可能存在管理层偏向的迹象；

（7）描述识别出的组成部分层面值得关注的内部控制缺陷；

（8）组成部分注册会计师向组成部分治理层已通报或拟通报的其他重大事项，包括涉及组成部分管理层、在组成部分层面内部控制中承担重要职责的员工以及其他人员的舞弊或舞弊嫌疑；

（9）可能与集团审计相关或者组成部分注册会计师期望集团项目组加以关注的其他事项，包括在组成部分注册会计师要求组成部分管理层提供的书面声明中指出的例外事项；

（10）组成部分注册会计师的总体发现、得出的结论和形成的意见。

第10节 评价审计证据的充分性和适当性

【复习要点】评价审计证据的充分性和适当性（★★★）

（1）集团项目组应当评价，通过对合并过程实施的审计程序以及由集团项目组和组成部分注册会计师对组成部分财务信息执行的工作，是否已获取充分、适当的审计证据，作为形成集团审计意见的基础。

（2）如果认为未能获取充分、适当的审计证据作为形成集团审计意见的基础，集团项目组可以要求组成部分注册会计师对组成部分财务信息实施追加的程序。如果不可行，集团项目组可以直接对组成部分财务信息实施程序。

（3）集团项目合伙人应当评价未更正错报和未能获取充分、适当的审计证据的情况对集团审计意见的影响。

（4）集团项目合伙人对错报的汇总影响的评价，能够使其确定集团财务报表整体是否存在重大错报。

第11节 与集团管理层和集团治理层的沟通

【复习要点】与集团管理层和集团治理层的沟通（★★★）

1．与集团管理层的沟通

（1）在确定识别出的内部控制缺陷需要通报的内容时，集团项目组应当考虑：

① 集团项目组识别出的集团层面内部控制缺陷；

② 集团项目组识别出的组成部分层面内部控制缺陷；

③ 组成部分注册会计师提请集团项目组关注的内部控制缺陷。

（2）如果集团项目组识别出舞弊或组成部分注册会计师提请集团项目组关注舞弊，或者有关信息表明可能存在舞弊，集团项目组应当及时向适当层级的集团管理层通报，以便管理层告知主要负责防止和发现舞弊事项的人员。

2. 与集团治理层的沟通

（1）沟通的总体要求。

① 与集团治理层的沟通可以在集团审计过程中的不同时点进行。

② 集团项目组向集团治理层通报的事项，可能包括组成部分注册会计师提请集团项目组关注，并且集团项目组根据职业判断认为与集团治理层责任相关的重大事项。

（2）集团项目组与集团治理层沟通的事项。

① 对组成部分财务信息拟执行工作的类型的概述。

② 在组成部分注册会计师对重要组成部分财务信息拟执行的工作中，集团项目组计划参与其工作的性质的概述。

③ 对组成部分注册会计师的工作做出的评价，引起集团项目组对其工作质量产生疑虑的情形。

④ 集团审计受到的限制，如集团项目组接触某些信息受到的限制。

⑤ 涉及集团管理层、组成部分管理层、在集团层面控制中承担重要职责的员工以及其他人员（在舞弊行为导致集团财务报表出现重大错报的情况下）的舞弊或舞弊嫌疑。

【例题·简答题】（2011年）ABC会计师事务所负责审计D集团公司2010年度财务报表，并委派A注册会计师担任审计项目合伙人。D集团公司属于家电制造行业，共有4家全资子公司，各子公司的相关资料摘录如下表所示。

公司名称	主营业务	资产总额在集团中所占的份额	营业收入在集团中所占的份额	利润总额在集团中所占的份额	说　明
E公司	彩　电	80%	50%	78%	（1）
F公司	冰　箱	5%	5%	6%	（2）
G公司	洗衣机	5%	40%	5%	（3）
H公司	集团产品的出口销售	5%	5%	4%	（4）
说明: （1）E公司的业务和财务状况稳定。 （2）F公司从事的业务刚开始两年，规模较小，财务状况较为稳定。 （3）为拓展市场，G公司向部分主要客户提供特殊退货安排。 （4）H公司从事了若干远期外汇合同交易，以管理2010年度外汇汇率持续波动的风险。					

【要求】

（1）假定在确定某子公司对集团而言是否具有财务重大性时，A注册会计师采用资产总额、营业收入和利润总额为基准，代A注册会计师确定哪些子公司为集团审计中重要组成部分，哪些子公司为非重要组成部分，并简要说明理由。

（2）针对确定的重要组成部分，简要说明A注册会计师执行工作的类型。

（3）针对确定的非重要组成部分，简要说明A注册会计师执行工作的类型。

【答案及解析】（1）重要组成部分包括E公司、G公司、H公司。

① 集团项目组可能将超过基准（资产总额、营业收入或利润）的15%的组成部分

作为重要组成部分，故E公司和G公司属于重要组成部分；

② 虽然H公司基准未超过15%，但其交易性质特殊（远期外汇合同交易），因此属于重要组成部分。

（2）对重要组成部分执行的工作类型：

① 使用组成部分重要性对组成部分财务信息实施审计；

② 针对于可能导致集团财务报表发生重大错报的特别风险相关的一个或多个账户余额、一类或多类交易或披露事项实施审计；

③ 针对可能导致集团财务报表发生重大错报的特别风险实施特定的审计程序。

（3）对于不重要组成部分执行的工作类型：在集团层面实施分析程序。

过关演练

一、单选题

1. 下列关于"与集团财务报表审计有关的概念"的说法中，不正确的是（　　）。

A. 集团，是指由所有组成部分构成的整体，并且所有组成部分的财务信息包括在集团财务报表中

B. 组成部分，是指某一实体或某项业务活动，其财务信息由集团或组成部分管理层编制并应包括在集团财务报表中

C. 如果单个组成部分对集团具有财务重大性，则属于重要组成部分

D. 由于单个组成部分的特定性质或情况，存在着特别重大的经营风险，这样的组成部分属于重要组成部分

2. 下列有关注册会计师在考虑对审计工作的参与程度是否足以担任集团项目组时的说法中不正确的是（　　）。

A. 对于一些特别重要的组成部分，集团项目组往往也需要亲自进行审计

B. 如果组成部分注册会计师所审计的组成部分财务信息存在重大错报，而集团项目组难以保证组成部分注册会计师能够发现组成部分财务信息的重大错报，也就很难将被审计单位集团财务报表的审计风险降至一个可接受的低水平

C. 如果集团项目组对重要的组成部分审计，不足以获取充分、适当的审计证据将审计风险降至可接受的低水平，就不应当接受委托担任集团项目组

D. 如果其自身对审计工作的参与程度有限，不足以作为集团项目组对被审计单位的整体财务报表进行审计，此时注册会计师应当拒绝接受委托

3. 下列关于"集团财务报表审计中的责任设定"的说法中，不正确的是（　　）。

A. 集团项目组对整个集团财务报表审计工作及审计意见负全部责任，但这一责任会因利用组成部分注册会计师的工作而减轻

B. 注册会计师对集团财务报表出具的审计报告不应提及组成部分注册会计师，除

非法律法规另有规定

C. 集团项目合伙人按照职业准则和适用的法律法规的规定，应当确信执行集团审计业务的人员（包括组成部分注册会计师）从整体上具备适当的胜任能力和必要素质

D. 尽管组成部分注册会计师基于集团审计目的对组成部分财务信息执行相关工作，并对所有发现的问题、得出的结论或形成的意见负责，集团项目合伙人及其所在的会计师事务所仍对集团审计意见负有责任

二、多选题

1. 以下说法正确的有（　　　）。

A. 集团项目合伙人仅可以评价集团项目组识别出的未更正错报

B. 集团项目合伙人应当评价未能获取充分、适当的审计证据的情况对集团审计意见的影响

C. 集团项目合伙人应当对由组成部分注册会计师告知的错报进行评价

D. 在执行审计时，将是否已获取充分、适当的审计证据作为形成集团审计意见的基础

2. 集团项目组成员和组成部分注册会计师对集团财务报表重大错报风险（包括舞弊风险）的讨论可以提供下列（　　　）机会。

A. 分享对组成部分及其环境的了解，包括对集团层面控制的了解

B. 交流有关组成部分或集团的经营风险的信息

C. 识别集团管理层或组成部分管理层可能倾向或有意操纵利润导致虚假财务报告而采取的惯常手段

D. 讨论识别出的组成部分的舞弊，或显示组成部分存在舞弊的信息

3. 集团项目组在确定参与组成部分注册会计师工作的性质、时间安排和范围时，应当考虑的因素有（　　　）。

A. 集团项目组对组成部分重要性的评价

B. 识别出的重大错报风险

C. 集团项目组与组成部分注册会计师所采用质量控制政策、审计程序等的一致性

D. 以往审计过程中与组成部分注册会计师合作的经历

4. 下列关于与组成部分注册会计师的沟通的说法中，正确的有（　　　）。

A. 集团项目组清晰、及时地通报工作要求，是集团项目组和组成部分注册会计师之间形成有效的双向沟通关系的基础

B. 集团项目组在完成大部分审计工作后应当向组成部分注册会计师通报工作要求

C. 通报的内容应当明确组成部分注册会计师应执行的工作和集团项目组对其工作的利用

D. 通报的内容应当明确组成部分注册会计师与集团项目组沟通的形式和内容

5. 集团项目组向集团治理层通报的事项，可能包括（　　　）。

A. 组成部分注册会计师提请集团项目组关注，并且集团项目组根据职业判断认为与集团治理层责任相关的重大事项

B. 对组成部分财务信息拟执行工作的类型的概述

C. 在组成部分注册会计师对重要组成部分财务信息拟执行的工作中，集团项目组计划参与其工作的性质的概述

D. 对组成部分注册会计师的工作做出的评价，引起集团项目组对其工作质量产生疑虑的情形

三、简答题

相关资料摘录如下表所示。

公司名称	主营业务	资产总额在集团中所占的份额	营业收入在集团中所占的份额	利润总额在集团中所占的份额	说　明
E公司	彩电	80%	50%	78%	(1)
F公司	冰箱	5%	5%	6%	(2)
G公司	洗衣机	5%	40%	5%	(3)
H公司	集团产品的出口销售	5%	5%	4%	(4)

注：(1)E公司的业务和财务状况稳定。
(2)F公司从事的业务刚刚开始两年，规模较小，财务状况较为稳定。
(3)为拓展市场，G公司向部分主要客户提供特殊退货安排。
(4)H公司从事了若干远期外汇交易，以管理2010年度外汇汇率持续波动的风险。

【要求】（1）假定在确定某子公司对集团而言是否具有财务重大性时，A注册会计师采用资产总额、营业收入和利润总额为基准，代A注册会计师确定哪些子公司为集团审计中重要组成部分，哪些子公司为非重要组成部分，并简单说明理由。

（2）针对确定的重要组成部分，简单说明A注册会计师执行工作的类型。

（3）针对确定的非重要组成部分，简单说明A注册会计师执行工作的类型。

第17章　其他特殊项目的审计

【考情分析】在近3年考试中，本章内容所占分值约为6分，题型多以客观题为主，但在简答题中也有涉及。

【复习要点】本章为重要章节，复习要点主要包括审计会计估计、关联方的审计、考虑持续经营假设等相关知识点。

【本章要点概览】

其他特殊项目的审计	一、审计会计估计	1. 风险评估程序和相关活动	★★★
		2. 识别和评估重大错报风险	★★★
		3. 应对评估的重大错报风险	★★★
		4. 实施进一步实质性程序以应对特别风险	★★★
		5. 其他相关审计程序	★★★
	二、关联方的审计	1. 风险评估程序和相关工作	★★
		2. 识别和评估重大错报风险	★★★
		3. 针对重大错报风险的应对措施	★★★
		4. 其他相关审计程序	★★★
	三、考虑持续经营假设	1. 管理层和注册会计师的责任	★★
		2. 导致对持续经营假设产生重大怀疑的具体情形	★★★
		3. 超出管理层评估期间的事项或情况	★★★
		4. 识别出事项或情况时实施追加的审计程序	★★★
		5. 对审计报告的影响	★★★
	四、首次接受委托时对期初余额的审计	1. 期初余额的含义和审计目标	★★
		2. 审计程序	★★★
		3. 审计结论和审计报告	★★★

第1节　审计会计估计

【复习要点1】风险评估程序和相关活动（★★★）

注册会计师主要通过询问管理层，来了解管理层如何识别需要做出会计估计的情形。会计估计的完整性，通常是注册会计师考虑的重要因素。

在识别和评估重大错报风险时了解的内容如下。

（1）适用的财务报告编制基础的要求。

（2）管理层如何识别是否需要做出会计估计。

（3）管理层如何做出会计估计。

管理层做出会计估计的方法和依据包括：

（1）用以做出会计估计的方法，包括模型（如适用）。

（2）相关控制。

（3）管理层是否利用专家的工作。

（4）会计估计所依据的假设。

（5）用以做出会计估计的方法是否已经发生或应当发生不同于上期的变化，以及变化的原因。

（6）管理层是否评估以及如何评估估计不确定性的影响。

【提示】如果评价与会计估计相关的估计不确定性的程度非常高，以致难做出合理的会计估计，这种会计估计使用的财务报告编制基础可能要求披露会计估计和相关的高度估计不确定性。如果认为会计估计导致特别风险，注册会计师需要了解与会计估计相关的控制，包括控制活动。

【复习要点2】识别和评估重大错报风险（★★★）

在评估重大错报风险时，注册会计师考虑的因素如下。

（1）会计估计的实际或预期的重要程度。

（2）会计估计的记录金额（即管理层的点估计）与注册会计师预期应记录金额差异。

（3）管理层在做出会计估计时是否利用专家工作。

（4）对上期会计估计进行复核的结果。

【复习要点3】应对评估的重大错报风险（★★★）

在应对评估的重大错报风险时，注册会计师应当考虑会计估计的性质，并实施下列一项或多项程序。

① 确定截至审计报告日发生的事项是否提供有关会计估计的审计证据。

② 测试管理层如何做出会计估计以及会计估计所依据的数据。

③ 测试与管理层如何做出会计估计相关的控制的运行有效性，并实施恰当的实质性程序。

④ 做出注册会计师的点估计或区间估计，以评价管理层的点估计。

注册会计师应当针对下列两种情况分别予以处理。

（1）如果使用有别于管理层的假设或方法，注册会计师应当充分了解管理层的假设或方法，以确定注册会计师在做出点估计或区间估计时已考虑了相关变量，并评价与管理层的点估计存在的任何重大差异。

（2）如果认为使用区间估计是恰当的，注册会计师应当基于可获得的审计证据来缩小区间估计，直至该区间估计范围内的所有结果均可被视为合理。

【例题·多选题】（2015年真题）在应对会计估计导致的重大错报风险时，应对措施包括（　　）。

A. 确定截至审计报告日发生的事项是否提供有关会计估计的审计证据

B. 测试管理层如何做出会计估计以及会计估计所依据的数据

C. 测试与管理层如何做出会计估计相关的控制的运行有效性，并实施恰当的实质性程序

D. 做出注册会计师的点估计或区间估计，以评价管理层的点估计

【解析】在应对评估的重大错报风险时，注册会计师应当考虑会计估计的性质，并实施下列一项或多项程序：（1）确定截至审计报告日发生的事项是否提供有关会计估计的审计证据；（2）测试管理层如何做出会计估计以及会计估计所依据的数据；（3）测试与管理层如何做出会计估计相关的控制的运行有效性，并实施恰当的实质性程序；（4）做出注册会计师的点估计或区间估计，以评价管理层的点估计。

【答案】ABCD

【复习要点4】实施进一步实质性程序以应对特别风险（★★★）

1. 估计不确定性

对导致特别风险的会计估计，注册会计师应当实施以下审计程序。

（1）评价管理层如何考虑替代性的假设或结果，以及拒绝采纳的原因，或者在管理层没有考虑替代性的假设或结果的情况下，评价管理层在做出会计估计时如何处理估计不确定性。

（2）评价管理层使用的重大假设是否合理。

（3）当管理层实施特定措施的意图和能力与其使用的重大假设的合理性或对适用的财务报告编制基础的恰当应用相关时，评价这些意图和能力。

2. 做出区间估计

（1）通过评价管理层如何处理估计不确定性的影响不能获取充分、适当的审计证据。

（2）有必要进一步分析与会计估计相关的估计不确定性的程度，例如，注册会计师注意到类似环境下类似会计估计的结果存在较大差别。

（3）不大可能通过如复核截至审计报告日发生的事项等审计程序获得其他审计证据。

（4）可能有迹象表明管理层在做出会计估计时存在管理层偏向。

3. 确认和计量的标准

对导致特别风险的会计估计，注册会计师应当获取充分、适当的审计证据，以确定下列方面是否符合适用的财务报告编制基础的规定。

（1）管理层对会计估计在财务报表中予以确认或不予确认的决策。

（2）做出会计估计所选择的计量基础。

【复习要点5】其他相关审计程序（★★★）

1. 关注与会计估计相关的披露

注册会计师应当获取充分、适当的审计证据，以确定与会计估计相关的财务报表披露是否符合适用的财务报告编制基础的规定。对导致特别风险的会计估计，注册会计师还应评价在适用的财务报告编制基础上，财务报表对估计不确定性的披露的充分性。

2. 识别可能存在管理层偏向的迹象

注册会计师应当复核管理层在做出会计估计时的判断和决策，以识别是否可能存在管理层偏向的迹象。注册会计师应当将识别出的可能存在管理层偏向的迹象形成审计工做底稿，这有助于注册会计师确定风险评估结果和相关应对措施是否仍然恰当，以及评价财务报表整体是否不存在重大错报。

3. 获取书面声明

注册会计师应当向管理层和治理层（如适用）获取书面声明，以确定其是否认为在做出会计估计时使用的重大假设是合理的。

第2节　关联方的审计

【复习要点1】风险评估程序和相关工作（★★）

1. 了解关联方关系及其交易

（1）项目组内部讨论。

（2）询问管理层。

①关联方的名称和特征，包括关联方自上期以来发生的变化。

②被审计单位和关联方之间关系的性质。

③被审计单位在本期是否与关联方发生交易，如发生交易的类型、定价政策和目的是什么。

（3）与关联方关系及其交易相关的控制。

2. 在检查记录或文件时对关联方信息保持警觉

（1）检查记录或文件。

（2）询问管理层，如果识别出超出正常经营过程的重大交易，注册会计师应当向管理层询问这些交易的性质以及是否涉及关联方。

【复习要点2】识别和评估重大错报风险（★★★）

1. 总体要求

（1）注册会计师应当按照相关审计准则的规定，识别和评估关联方关系及其交易导致的重大错报风险，并确定这些风险是否为特别风险。

（2）注册会计师应当将识别出的、超出被审计单位正常经营过程的重大关联方交易导致的风险确定为特别风险。

2. 考虑施加支配性影响的情形

（1）关联方否决管理层或治理层做出的重大经营决策。

（2）重大交易需经关联方的最终批准。

（3）对关联方提出的业务建议，管理层和治理层未曾或很少进行讨论。

（4）对涉及关联方（或与关联方关系密切的家庭成员）的交易，极少进行独立复核和批准。

3. 考虑其他特别风险可能表明存在由于舞弊导致的交易

（1）异常频繁变更高级管理人员或专业顾问，可能表明被审计单位为关联方谋取利益而从事不道德或虚假的交易。

（2）利用中间机构从事难以判断是否具有正当商业理由的重大交易，可能表明关联方出于欺诈目的，通过控制这些中间机构从交易中获利。

（3）有证据显示关联方过度干涉或关注会计政策的选择或重大会计估计的做出，可能表明存在虚假财务报告。

【复习要点3】针对重大错报风险的应对措施（★★★）

（1）如识别出可能表明存在管理层以前未识别出或未向注册会计师披露的关联方关系或交易的安排信息，注册会计师应当确定相关情况是否能够证实关联方关系或关联方交易的存在。

（2）针对评估的与关联方关系及其交易相关的重大错报风险的应对措施如下。

① 立即将相关信息向项目组其他成员通报。

② 在适用的财务报告编制基础对关联方做出规定的情况下，要求管理层识别与新识别出的关联方之间发生的所有交易，以便注册会计师做出进一步评价，并询问与关联方关系及其交易相关的控制为何未能识别或披露该关联方关系或交易。

③ 对新识别出的关联方或重大关联方交易实施恰当的实质性程序。

④ 重新考虑可能存在管理层以前未识别出或未向注册会计师披露的其他关联方或重大关联方交易的风险，如有必要，实施追加的审计程序。

⑤ 如果管理层不披露关联方关系或交易看似是有意的，因而显示可能存在由于舞弊导致的重大错报风险，评价这一情况对审计的影响。注册会计师因此还可能考虑是否有必要重新评价管理层对询问的答复以及管理层声明的可靠性。

（3）对于识别出的超出正常经营过程的重大关联方交易，注册会计师应当：

① 检查相关合同或协议，并评价交易的商业理由是否表明被审计单位从事交易的目的可能是为了对财务信息做出虚假报告或为了隐瞒侵占资产的行为；交易条款是否与管理层的解释一致；关联方交易是否已按照适用的财务报告编制基础得到恰当会计处理和披露。

② 获取交易已经恰当授权和批准的审计证据。授权和批准本身不足以就是否不存在由于舞弊或错误导致的重大错报风险得出结论，原因在于如果被审计单位与关联方串通舞弊或关联方对被审计单位具有支配性影响，被审计单位与授权和批准相关的控制可能是无效的。

（4）如果管理层在财务报表中做出认定，声明关联方交易是按照等同于公平交易中通行的条款执行的，注册会计师应当检查关联方交易披露的充分性，同时就关联方交易为公平交易的披露进行评价。

被审计单位管理层只有在提供确凿证据的情况下，才能披露关联方交易是公平交易。如果无法获取充分、适当的审计证据，合理确信管理层关于关联方交易是公平交易的披露，注册会计师可以要求管理层撤销此披露。如果管理层不同意撤销，注册会计师应当考虑其对审计报告的影响。

【复习要点4】其他相关审计程序（★★★）

1. 获取书面声明

如果适用的财务报告编制基础对关联方做出规定，注册会计师应当向管理层和治理层（如适用）获取下列书面声明。

（1）已经向注册会计师披露了全部已知的关联方名称和特征、关联方关系及其交易。

（2）已经按照适用的财务报告编制基础的规定，对关联方关系及其交易进行了恰当的会计处理和披露。

在下列情况下，注册会计师向治理层获取书面声明可能是适当的。

（1）治理层批准某项特定关联方交易，该项交易可能对财务报表产生重大影响或涉及管理层。

（2）治理层就某些关联方交易的细节向注册会计师做出口头声明。

（3）治理层在关联方或关联方交易中享有财务或者其他利益。

（4）管理层对特殊关联方交易不涉及某些未予披露的"背后协议"的声明。

2. 与治理层沟通

除非治理层全部成员参与管理被审计单位，注册会计师应当与治理层沟通审计工做中发现的与关联方相关的重大事项。包括：

（1）管理层有意或无意未向注册会计师披露关联方关系或重大关联方交易。沟通这一情况可以提醒治理层关注以前未识别的重要关联方和关联方交易。

（2）识别出的未经适当授权和批准的、可能产生舞弊嫌疑的重大关联方交易。

（3）注册会计师与管理层在按照适用的财务报告编制基础的规定披露重大关联方交易方面存在分歧。

（4）违反适用的法律法规有关禁止或限制特定类型关联方交易的规定。

（5）在识别被审计单位最终控制方时遇到的困难。

第3节　考虑持续经营假设

【复习要点1】管理层和注册会计师的责任（★★）

1. 管理层的责任

其他财务报告编制基础可能没有明确要求管理层对持续经营能力做出评估。但因为持续经营假设是编制财务报表的基本原则，即使其他财务报告编制基础没有对此做出明确规定，管理层也需要在编制财务报表时评估持续经营能力。

2. 注册会计师的责任

就管理层在编制和列报财务报表时运用持续经营假设的适当性获取充分、适当的审计证据，并且就持续经营能力是否存在重大不确定性得出结论。

（1）尽管编制财务报表时采用的财务报告编制基础没有明确要求管理层对持续经营能力做出专门评估，注册会计师的这种责任仍然存在。

（2）如存在可能导致被审计单位不再持续经营的未来事项或情况，由于审计的固有限制，注册会计师不能对这些未来事项或情况做出预测。

（3）注册会计师未在审计报告中提及持续经营的不确定性，不能被视为对被审计单位持续经营能力的保证。

【复习要点2】导致对持续经营假设产生重大怀疑的具体情形（★★★）

1. 财务方面

（1）净资产为负数或营运资金出现负数。

（2）定期借款即将到期，但预期不能展期或偿还，或过度依赖短期借款为长期资产筹资。

（3）存在债权人撤销财务支持的迹象。

（4）历史财务报表或预测性财务报表表明经营活动产生的现金流量净额为负数。

（5）关键财务比率不佳。

（6）发生重大经营亏损或用以产生现金流量的资产的价值出现大幅下跌。

（7）拖欠或停止发放股利。

（8）在到期日无法偿还债务。

（9）无法履行借款合同的条款。

（10）与供应商由赊购变为货到付款。

（11）无法获得开发必要的新产品或进行其他必要的投资所需的资金。

2. 经营方面

（1）管理层计划清算被审计单位或终止经营。

（2）关键管理人员离职且无人替代。

（3）失去主要市场、关键客户、特许权、执照或主要供应商。

（4）出现用工困难问题。

(5)重要供应短缺。

(6)出现非常成功的竞争者。

3. 其他方面

(1)违反有关资本或其他法定要求。

(2)未决诉讼或监管程序，可能导致其无法支付索赔金额。

(3)法律法规或政府政策的变化预期会产生不利影响。

(4)对发生的灾害未购买保险或保额不足。

【复习要点3】超出管理层评估期间的事项或情况（★★★）

(1)可能存在已知的事项或情况，是超出管理层评估期间发生的，可能导致注册会计师对运用持续经营假设的适当性产生怀疑。

(2)发生的时点越远，不确定程度就越高。因此，只有持续经营事项的迹象达到重大时，注册会计师才需要考虑采取进一步措施。

(3)如果识别出这些事项或情况，注册会计师可能需要提请管理层评价这些事项或情况对于其评估被审计单位持续经营能力的潜在重要性。

此时，注册会计师应通过实施追加的审计程序，获取充分、适当的审计证据，以确定是否存在重大不确定性。

(4)除询问管理层外，注册会计师没有责任实施其他任何审计程序，以识别超出评估期间并可能导致对持续经营能力产生重大疑虑的事项或情况。

【复习要点4】识别出事项或情况时实施追加的审计程序（★★★）

(1)如果管理层尚未对被审计单位持续经营能力做出评估，提请其进行评估。

(2)评价管理层与持续经营能力评估相关的未来应对计划，这些计划的结果是否可能改善目前的状况，以及管理层的计划对于具体情况是否可行。

【提示】评价管理层未来应对计划可能包括向管理层询问该计划。管理层的应对计划可能包括管理层变卖资产、对外借款、重组债务、削减或延缓开支或者获得新的资本。

(3)如果被审计单位已编制现金流量预测，且对预测的分析是评价管理层未来应对计划时所考虑的事项或情况的未来结果的重要因素，评价用于编制预测的基础数据的可靠性，并确定预测所基于的假设是否具有充分的支持。

(4)考虑自管理层做出评估后是否存在其他可获得的事实或信息。

（5）要求管理层和治理层（如适用）提供有关未来应对计划及其可行性的书面声明。

【提示】注册会计师可以要求管理层和治理层（如适用）做出如下声明："在财务报表日起的12个月内，管理层和治理层（如适用）没有申请破产保护的计划。"

【复习要点5】对审计报告的影响（★★★）

不同情形	意见类型
运用持续经营假设适当，但存在重大不确定性，财务报表已经做出了充分披露	带强调事项段的无保留意见
运用持续经营假设适当，但存在重大不确定性，财务报表未做出充分披露	保留意见或否定意见
运用持续经营假设适当，但同时存在多项对财务报表整体具有重要影响的重大不确定性	无法表示意见
财务报表按照持续经营假设编制，但运用持续经营假设不适当，无论财务报表是否做出充分披露	否定意见
运用持续经营假设不适当，采用的替代基础是可接受的编制基础，且财务报表做出充分披露	带强调事项段的无保留意见
管理层或治理层在财务报表日后严重拖延对财务报表的批准，拖延可能涉及与持续经营评估相关的事项或情况	实施追加的审计程序，并考虑对审计结论的影响

第4节　首次接受委托时对期初余额的审计

【复习要点1】期初余额的含义和审计目标（★★）

1. 期初余额的含义

（1）期初余额是指期初存在的账户余额。

（2）期初余额以上期期末余额为基础，反映了以前期间的交易和事项以及上期采用的会计政策的结果。

（3）期初余额与注册会计师首次审计业务相联系。

通常无须专门对期初余额发表审计意见，但由于期初余额以上期期末余额为基础，因此要对期初余额实施适当的审计程序。

【提示】一般期初余额是上期账户结转至本期账户的余额，在数额上与相应账户的上期期末余额相等。但由于受上期期后事项、会计政策变更、前期会计差错更正等因素影响，上期期末余额转至本期时，有时需要经过调整或重新表达。

2. 审计目标

获取充分、适当的审计证据以确定：

（1）期初余额是否含有对本期财务报表产生重大影响的错报。

（2）确定期初余额反映的恰当的会计政策是否在本期财务报表中得到一贯运用，或会计政策的变更是否已按照适用的财务报告编制基础做出恰当的会计处理和充分的列报与披露。

【复习要点2】审计程序（★★★）

为达到上述期初余额的审计目标，注册会计师应当阅读被审计单位最近期间的财务报表和相关披露，以及前任注册会计师出具的审计报告（如有），获取与期初余额相关的信息。

1. 确定上期期末余额是否已正确结转至本期，或在适当的情况下已做出重新表述

（1）上期期末余额已正确结转至本期。

（2）上期期末余额通常应直接结转至本期。某些情形下，上期期末余额不应直接结转至本期，而应当做出重新表述。

2. 确定期初余额是否反映对恰当会计政策的运用

（1）如果认定被审计单位所选用的会计政策恰当，应确认该会计政策是否在每一会计期间和前后各期得到一贯执行，有无变更。

（2）如果发现会计政策发生变更，应审核其变更理由是否充分，是否按规定予以变更，或者由于具体情况发生变化，会计政策变更能够提供更可靠、更相关的会计信息，并关注被审计单位是否已经按照适用的财务报告编制基础的要求，对会计政策变更做出适当的会计处理和充分披露。

（3）如果被审计单位上期适用的会计政策不恰当或与本期不一致，注册会计师在实施期初余额审计时应提请被审计单位进行调整或予以披露。

3. 实施一项或多项审计程序

（1）如果上期财务报表已经审计，注册会计师需要考虑以下3个方面的事项以获取对期初余额的审计证据。

① 查阅前任注册会计师的工作底稿。

② 考虑前任注册会计师的独立性和专业胜任能力。

③ 与前任注册会计师沟通时的考虑。

（2）评价本期实施的审计程序是否提供了有关期初余额的审计证据。

（3）实施其他专门的审计程序，以获取有关期初余额的审计证据。

① 对流动资产和流动负债的审计程序。

② 对非流动资产和非流动负债的审计程序：通常检查形成期初余额的会计记录

和其他信息；在某些情况下，向第三方函证期初余额或实施追加的审计程序。

【例题·单选题】（2016年真题）下列有关期初余额审计的说法中，正确的是（ ）。

A. 如果上期财务报表已经前任注册会计师审计，或未经审计，注册会计师可以在审计报告中增加其他事项段说明相关情况

B. 如果不能针对期初余额获取充分、适当的审计证据，注册会计师应当发表保留意见

C. 如果按照适用的财务报告编制基础确定的与期初余额相关的会计政策未能在本期得到一贯运用，注册会计师应当发表保留意见或否定意见

D. 如果期初余额存在对本期财务报表产生重大影响的错报，且错报的影响未能得到正确的会计处理和恰当的列报，注册会计师应当发表保留意见

【解析】本题考查的是对期初余额的审计。如果上期财务报表已经前任注册会计师审计，当决定提及时，才应当在审计报告中增加其他事项段说明相关情况；如果未经审计，注册会计师应当在审计报告中增加其他事项段说明相关情况，选项A错误。如果不能针对期初余额获取充分、适当的审计证据，注册会计师应当发表保留意见或无法表示意见，选项B错误。如果期初余额存在对本期财务报表产生重大影响的错报，且错报的影响未能得到正确的会计处理和恰当的列报，注册会计师应当发表保留意见或否定意见，选项D错误。

【答案】C

【复习要点3】审计结论和审计报告（★★★）

（1）如果不能针对期初余额获取充分、适当的审计证据，注册会计师需要在审计报告中发表下列类型之一的非无保留意见。

① 发表适合具体情况的保留意见或无法表示意见。

② 除非法律法规禁止，对经营成果和现金流量（如相关）发表保留意见或无法表示意见，而对财务状况发表无保留意见。

（2）如果期初余额存在对本期财务报表产生重大影响的错报，注册会计师应当告知管理层；如果上期财务报表由前任注册会计师审计，注册会计师还应当考虑提请管理层告知前任注册会计师；如果错报的影响未能得到正确的会计处理和恰当的列报，注册会计师应当对财务报表发表保留意见或否定意见。

（3）如果认为按照适用的财务报告编制基础与期初余额相关的会计政策未能在本期得到一贯运用，或者会计政策的变更未能得到恰当的会计处理或适当的列报与披

露,注册会计师应当对财务报表发表保留意见或否定意见。

(4)若前任注册会计师对上期财务报表发表了非无保留意见,导致出具非标准审计报告的事项对本期财务报表仍然相关和重大,注册会计师应当对本期财务报表发表非无保留意见。

【例题·单选题】(2014年)注册会计师首次接受委托对被审计单位财务报表进行审计时,下列说法中正确的是( )。

A. 应当实施必要的审计程序,获取充分、适当的审计证据,对本期财务报表中的对应数据发表审计意见

B. 可以不与前任注册会计师沟通

C. 如果期初余额存在明显微小的错报,无须对此提出审计调整或披露建议

D. 如果前任注册会计师对上期财务报表发表了无保留意见,即使上期运用的会计政策不恰当,也无须提请被审计单位调整上期财务报表

【解析】选项C正确,注册会计师可能将低于某一金额的错报界定为明显微小的错报,对这类错报不需要累积,因为注册会计师认为这些错报的汇总数明显不会对财务报表产生重大影响;选项A错误,注册会计师是对本期财务报表进行审计,不需要专门对对应数据发表审计意见;选项B错误,在接受委托前,必须与前任进行沟通;选项D错误,如果被审计单位上期运用的会计政策不恰当或与本期不一致,注册会计师在实施期初余额审计时应提请被审计单位进行调整或予以披露。

【答案】C

过关演练

一、单选题

1. 注册会计师如果认为被审计单位在可预见的将来无法持续经营,继续运用持续经营假设编制财务报表不合理,但被审计单位对此做了充分披露,注册会计师应当出具的审计报告类型为( )。

A. 带强调事项段的无保留意见   B. 保留意见

C. 否定意见   D. 保留意见或无法表示意见

2. 下列关于持续经营审计的说法中,正确的是( )。

A. 管理层对持续经营能力的合理评估期间应是自审计报告日起的12个月

B. 管理层拒绝对持续经营能力做出评估或评估期间未能涵盖自财务报表日起12个月,注册会计师应当发表保留意见或无法表示意见

C. 如果被审计单位将不能持续经营,选用其他编制基础编制财务报表,注册会

计师应当出具无法表示意见的审计报告

D. 如果评估期间少于审计报告日起的12个月，注册会计师应当提请管理层将评估期间延伸至12个月

3. 下列有关持续经营假设的表述中，不正确的是（　　）。

A. 持续经营假设是会计确认和计量的四项基本假定之一

B. 持续经营假设是指被审计单位在编制财务报表时，假设其经营活动在可预见的未来会继续下去，不拟也不必终止经营或破产清算，可以在正常的经营过程中变现资产、清偿债务

C. 在持续经营假设不再成立的情况下，对于固定资产应当以清算价格计价

D. 通用目的财务报表都是在持续经营假设基础上编制的

4. 编制甲公司的审计计划时，注册会计师A应当关注甲公司在财务方面存在的可能导致对其持续经营能力产生疑虑的事项或情况是（　　）。

A. 对发生的灾害未购买保险

B. 与供应商由赊购变为货到付款

C. 失去主要市场、特许权或主要供应商

D. 关键管理人员离职且无人替代

5. 如果被审计单位未能按照适用的财务报告编制基础的要求，在财务报表中对关联方和关联方交易进行充分披露，注册会计师应根据其对财务报表的影响程度，出具的审计报告意见类型是（　　）。

A. 标准无保留意见

B. 保留或者无法表示意见

C. 保留或者否定意见

D. 带强调事项段的无保留意见

6. 如果前任注册会计师对上期财务报表出具了非标准审计报告，且该事项对本期财务报表仍然相关和重大，而被审计单位继续坚持不在本期财务报表附注中予以披露，那么注册会计师应当对本期财务报表出具（　　）。

A. 保留意见审计报告

B. 非无保留意见审计报告

C. 无法表示意见审计报告

D. 否定意见审计报告

二、多选题

1. A注册会计师负责审计甲公司2010年度财务报表。在审计会计估计时，A注册

会计师遇到下列事项,请代为做出正确的专业判断。

在应对与会计估计相关的重大错报风险时,下列各项程序中,A注册会计师认为适当的有(   )。

A. 确定截至审计报告日发生的事项是否提供有关的会计估计的审计证据

B. 测试甲公司管理层如何做出会计估计以及会计估计所依据的数据

C. 测试与甲公司管理层如何做出会计估计相关的控制的运行有效性,并实施恰当的实质性程序

D. 做出点估计或区间估计,以评价甲公司管理层的点估计

2. A注册会计师负责审计甲公司2010年度财务报表。在审计会计估计时,A注册会计师遇到下列事项,请代为做出正确的专业判断。

在识别和评估与会计估计相关的重大错报风险时,下列各项中,A注册会计师认为应当了解的有(   )。

A. 与会计估计相关的财务报告编制基础的规定

B. 甲公司管理层如何识别需要做出会计估计的交易、事项和情况

C. 甲公司管理层如何做出会计估计

D. 会计估计所依据的数据

3. 管理层对持续经营能力的评估涉及在特定时点对事项或情况的未来结果做出判断,这些事项或情况的未来结果具有固有不确定性。下列与管理层的判断相关的因素包括(   )。

A. 某一事项或情况或其结果出现的时点距离管理层做出评估的时点越远,与事项或情况的结果相关的不确定性程度将显著增加

B. 被审计单位的规模或复杂程度、经营活动的性质和状况以及被审计单位受外部因素影响的程度,将影响对事项或情况的结果做出的判断

C. 对未来的所有判断都以做出判断时可获得的信息为基础

D. 对未来的所有判断都以做出判断后一定期间可获得的信息为基础

4. 被审计单位在经营方面存在的可能导致对持续经营假设产生重大疑虑的事项或情况主要包括(   )。

A. 财务经理甲离职,已经重新聘请一位财务经理乙上任

B. 出现用工困难

C. 失去主要市场、特许经营权或主要供应商

D. 遭遇自然灾害

5. 如果识别出被审计单位管理层以前未识别出或未向注册会计师披露的关联方

关系或重大关联方交易，注册会计师应当（　　）。

A. 立即将相关信息向项目组其他成员通报

B. 在适用的财务报告编制基础对关联方做出规定的情况下，要求管理层识别与新识别出的关联方之间发生的所有交易，以便注册会计师做出进一步评价，并询问与关联方关系及其交易相关的控制为何未能识别或披露该关联方关系或交易

C. 对新识别出的关联方或重大关联方交易实施恰当的实质性程序

D. 重新考虑可能存在管理层以前未识别出或未向注册会计师披露的其他关联方或重大关联方交易的风险，如有必要，实施追加的审计程序

6. 以下属于该企业的关联方的有（　　）。

A. 该企业的主要投资者个人及与其关系密切的家庭成员

B. 与该企业受同一母公司控制的其他企业

C. 该企业的联营企业的其他投资方

D. 该企业或其母公司的关键管理人员及与其关系密切的家庭成员

三、简答题

CBD会计师事务所的C和D注册会计师于2013年2月10日开始对E公司2012年度财务报表实施审计，2月18日出具审计报告，2月25日将审计报告与已审财务报表一并对外公布。在审计过程中，C和D注册会计师发现了以下情况。

（1）E公司一项大额银行借款将于2013年3月31日到期，但按公司2月10日的财务状况来看，无法按期偿还。按照E公司2011年取得借款时与借款银行签订的协议，该笔借款以E公司唯一的一座办公大楼和全部三座生产厂房中的两座作抵押。2月18日，E公司与银行达成延期两年还款的协议，但此协议须到3月31日才能签署。银行要求在即将签署的延期还款协议中写明：在未来两年中，银行拥有随时收回借款的权利。

（2）2011年5月9日，G公司起诉E公司生产技术侵权，前任注册会计师根据情况出具了带强调事项段的无保留意见审计报告。但因法院无法取得证据，至2013年2月18日仍未结案。C和D注册会计师通过向E公司的律师查询，获知G公司已于2013年2月20日撤回诉讼。

【要求】（1）针对情况（2），请回答注册会计师是否需要向E公司提出审计建议？是否在审计报告中反映？

（2）对情况（1）进行审计分析，指出注册会计师应向E公司提出何种建议？简要说明理由，并且在E公司接受建议与不接受建议的情况下，代为确定应分别发表何种类型的审计意见。

第18章 完成审计工作

【考情分析】在近3年考试中，本章内容所占分值约为5分，各种题型都可能涉及，建议考生要牢固掌握本章内容。

【复习要点】本章为重要章节，复习要点主要包括税法的目标、税收法定原则、税法要素等相关知识要点。

【本章要点概览】

完成审计工作	一、完成审计工作概述	1. 评价审计过程中发现的错报	★★
		2. 复核审计工作底稿和财务报表	★★
	二、期后事项	1. 期后事项的种类	★★
		2. 财务报表日至审计报告日之间发生的事项	★★
		3. 注册会计师在审计报告日至财务报表报出日前知悉的事实	★★
		4. 注册会计师在财务报表报出后知悉的事实	★★
	三、书面声明	1. 书面声明的含义与特征	★★
		2. 针对管理层责任的书面声明	★★
		3. 书面声明的日期、涵盖的期间及形式	★★
		4. 对书面声明可靠性的疑虑以及管理层不提供要求的书面声明	★★

第1节 完成审计工作概述

【复习要点1】评价审计过程中发现的错报（★★）

1. 错报的沟通和更正

（1）错报的沟通

及时与适当层级的管理层沟通错报事项是重要的，因为这能使管理层评价这些事项是否为错报，并采取必要行动，如有异议则告知注册会计师。

（2）错报的更正

管理层更正所有错报（包括注册会计师通报的错报），能够保持会计账簿和记录的准确性，降低由于与本期相关的、非重大的且尚未更正的错报的累积影响而导致未来期间财务报表出现重大错报的风险。

2. 评价未更正错报的影响

（1）未更正错报是指注册会计师在审计过程中累积的且被审计单位未予更正的错报。

（2）如果注册会计师对重要性或重要性水平进行的重新评价导致需要确定较低的金额，则应重新考虑实际执行的重要性和进一步审计程序的性质、时间安排和范围的适当性，以获取充分、适当的审计证据，作为发表审计意见的基础。

（3）注册会计师需要考虑每一单项错报，以评价其对相关类别的交易、账户余额或披露的影响，包括评价该项错报是否超过特定类别的交易、账户余额或披露的重要性水平（如适用）。如果注册会计师认为某一单项错报是重大的，则该项错报不太可能被其他错报抵销。例如，如果收入存在重大高估，即使这项错报对收益的影响完全可被相同金额的费用高估所抵销，注册会计师仍认为财务报表整体存在重大错报。对于同一账户余额或同一类别的交易内部的错报，这种抵销可能是适当的。

（4）确定一项分类错报是否重大，需要进行定性评估。

3. 书面声明

注册会计师应当要求管理层和治理层（如适用）提供书面声明，说明其是否认为未更正错报单独或汇总起来对财务报表整体的影响不重大。

未更正错报项目的概要应当包含在书面声明中或附在其后。

【复习要点2】复核审计工作底稿和财务报表（**）

	项目组内部复核	项目质量控制复核
人员	（1）应当由项目组内经验较多的人员复核经验较少的人员的工作 （2）必要时可以由项目合伙人执行复核	有一定执业经验的合伙人，或专门负责质量控制复核的注册会计师
范围	所有的审计工作底稿至少要经过一级复核	项目组做出的重大判断以及在编制审计报告时得出的结论，并考虑拟出具审计报告的恰当性
时间	审计项目复核贯穿审计全过程，随着审计工作的开展，复核人员在审计计划阶段、执行阶段和完成阶段及时复核相应的工作底稿	在出具审计报告前完成

【提示】项目复核人复核的内容包如下。

①对关键领域所做的判断，尤其是执行业务过程中识别出的疑难问题或争议事项。

②特别风险。

③项目合伙人认为重要的其他领域。项目合伙人无须复核所有审计工作底稿。

【例题·多选题】在评价未更正错报的影响时，下列说法中，注册会计师认为正确的有（   ）。

A. 未更正错报的金额不得超过明显微小错报的临界值

B. 注册会计师应当从金额和性质两方面确定未更正错报是否重大

C. 注册会计师应当要求被审计单位更正未更正错报

D. 注册会计师应当考虑与以前期间相关的未更正错报对相关类别的交易、账户余额或披露以及财务报表整体的影响

【解析】未更正错报，是指注册会计师在审计过程中累积的且被审计单位未予更正的错报。所以其金额的大小有可能超过明显微小错报的临界值，即没有选项A的规定；注册会计师应当首先评价重要性水平对未更正错报的影响，进而确定进一步审计程序，所以选项C错误。

【答案】BD

第2节　期后事项

【复习要点1】期后事项的种类（★★）

1. 期后事项的定义

期后事项是指财务报表日至审计报告日之间发生的事项，以及注册会计师在审计报告日后知悉的事实。

（1）财务报表日后调整事项。

①财务报表日后诉讼案件结案，法院判决证实了企业在财务报表日已经存在现时义务，需要调整原先确认的与该诉讼案件相关的预计负债，或确认一项新负债。

②财务报表日后取得确凿证据，表明某项资产在财务报表日发生了减值或者需要调整该项资产原先确认的减值金额。

③财务报表日后进一步确定了财务报表日前购入资产的成本或售出资产的收入。

④财务报表日后发现了财务报表舞弊或差错。

（2）财务报表日后非调整事项。

①财务报表日后发生重大诉讼、仲裁、承诺。

②财务报表日后资产价格、税收政策、外汇汇率发生重大变化。

③财务报表日后因自然灾害导致资产发生重大损失。

④财务报表日后发行股票和债券以及其他巨额举债。

⑤财务报表日后资本公积转增资本。

⑥财务报表日后发生巨额亏损。

⑦财务报表日后发生企业合并或处置子公司。

⑧财务报表日后企业利润分配方案中拟分配的以及经审议批准宣告发放的股利或利润。

2. 期后事项的3个时段

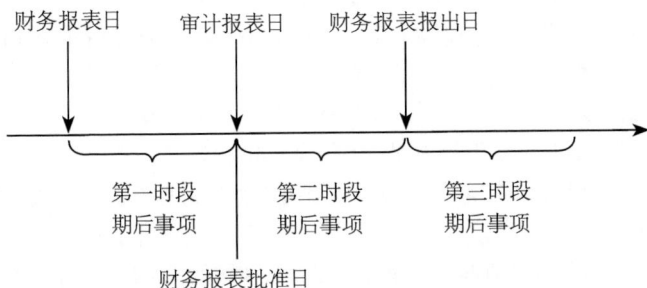

【提示】

（1）财务报表日和财务报表报出日。

财务报表日是指财务报表涵盖的最近期间的截止日期；财务报表报出日是指审计报告和已审计财务报表提供给第三方的日期。

（2）财务报表可能受到财务报表日后发生的事项的影响。适用的财务报告编制基础通常专门提及期后事项，将其区分为以下两类。

① 对财务报表日已经存在的情况提供证据的事项，即对财务报表日已经存在的情况提供了新的或进一步证据的事项，这类事项影响财务报表金额，需提请被审计单位管理层调整财务报表及与之相关的披露信息，称为"财务报表日后调整事项"。

② 对财务报表日后发生的情况提供证据的事项，即表明财务报表日后发生的情况的事项。这类事项虽不影响财务报表金额，但可能影响对财务报表的正确理解，需提请被审计单位管理层在财务报表附注中做适当披露，称为"财务报表日后非调整事项"。

【复习要点2】财务报表日至审计报告日之间发生的事项（＊＊）

1. 主动识别第一时段期后事项

（1）注册会计师应当设计和实施审计程序，获取充分、适当的审计证据，以确定所有在财务报表日至审计报告日之间发生的、需要在财务报表中调整或披露的事项均已得到识别。

（2）注册会计师并不需要对之前已实施审计程序并已得出满意结论的事项执行追加的审计程序。

2. 用以识别期后事项的审计程序

在确定审计程序的性质和范围时, 注册会计师应当考虑风险评估的结果。用以识别第一时段期后事项的审计程序通常包括:

(1) 了解管理层为确保识别期后事项而建立的程序。

(2) 询问管理层和治理层, 确定是否已发生可能影响财务报表的期后事项。

(3) 查阅被审计单位的所有者、管理层和治理层在财务报表日后举行会议的纪要, 在不能获取会议纪要的情况下, 询问此类会议讨论的事项。

(4) 查阅被审计单位最近的中期财务报表 (如有)。

(5) 查阅被审计单位在财务报表日后最近期间内的预算、现金流量预测和其他相关的管理报告。

(6) 就诉讼和索赔事项询问被审计单位的法律顾问, 或扩大之前口头或书面查询的范围。

(7) 考虑是否有必要获取涵盖特定期后事项的书面声明以支持其他审计证据, 从而获取充分、适当的审计证据。

【复习要点3】注册会计师在审计报告日后至财务报表报出日前知悉的事实 (★★)

1. 被动识别第二时段期后事项

在审计报告日后, 注册会计师没有义务针对财务报表实施任何审计程序。

在这一阶段, 财务报表并未报出, 管理层有责任将发现的可能影响财务报表的事实告知注册会计师。注册会计师还可能从媒体报道、举报信或者证券监管部门告知等途径获悉影响财务报表的期后事项。

2. 知悉第二时段期后事项时的考虑

如知悉了某事实, 且若在审计报告日知悉可能导致修改审计报告, 应与管理层和治理层讨论该事项, 确定财务报表是否需要修改; 如果需要修改, 询问管理层将如何在财务报表中处理该事项。

(1) 管理层修改财务报表时的处理。

注册会计师应当根据具体情况对有关修改实施必要的审计程序; 同时, 除非一些特殊情况适用, 注册会计师应当将用以识别期后事项的上述审计程序延伸至新的审计报告日, 并针对修改后的财务报表出具新的审计报告。

(2) 管理层不修改财务报表且审计报告未提交时的处理。

发表非无保留意见, 然后再提交审计报告。

(3) 管理层不修改财务报表且审计报告已提交时的处理。

通知管理层和治理层在财务报表做出必要修改前不要向第三方报出。

如果财务报表仍被报出，应采取适当措施，以防止财务报表使用者信赖该审计报告。例如，针对上市公司，注册会计师可以利用证券传媒等刊登必要的声明，防止使用者信赖审计报告。

【复习要点4】注册会计师在财务报表报出后知悉的事实（★★）

1. 没有义务识别第三时段的期后事项

没有义务针对财务报表实施任何审计程序，但不排除通过媒体等途径获悉重大影响的期后事项。

2. 知悉第三时段期后事项时的考虑

（1）采取行动的条件。

只有同时满足下面两个条件，才需要采取行动。

① 该事项在审计报告日已存在。

② 如在审计报告日前获知该事实，可能影响审计报告。

（2）如在审计报告日知悉可能导致修改审计报告，应当：

① 与管理层和治理层讨论该事项；

② 确定财务报表是否需要修改；

③ 如需要修改，询问管理层如何处理。

（3）管理层修改财务报表时应当采取的必要措施。

管理层修改财务报表时应当采取的必要措施如下。

① 根据具体情况对有关修改实施必要的审计程序。

② 复核管理层采取的措施能否确保所有收到原报表和审计报告的人士了解这一情况。

③ 延伸实施审计程序，并针对修改后的财务报表出具新的审计报告。

除非特殊情形，将用以识别期后事项的上述审计程序延伸至新的审计报告日，并针对修改后的财务报表出具新的审计报告。

④ 在特殊情况下，修改审计报告或提供新的审计报告。

在新的或经修改的审计报告中增加强调事项段或其他事项段，提醒财务报表使用者关注财务报表附注中有关修改原财务报表的详细原因和注册会计师提供的原审计报告。

【例题·单选题】下列有关期后事项审计的说法中，错误的是（　　　　）。

A. 在财务报表报出后，如果被审计单位管理层修改了财务报表，且注册会计师提供了新的审计报告或修改了原审计报告，注册会计师应当在新的或经修改的审计报告中增加强调事项段或其他事项段予以说明

B. 注册会计师应当设计和实施审计程序，以确定所有在财务报表日至审计报告日之间发生的事项均已得到识别

C. 在设计用以识别期后事项的审计程序时，注册会计师应当考虑风险评估的结果，但无须考虑对之前已实施审计程序并已得出满意结论的事项执行追加的审计程序

D. 如果组成部分注册会计师对某组成部分实施审阅，集团项目组可以不要求该组成部分注册会计师实施审计程序以识别可能需要在集团财务报表中调整或披露的期后事项

【解析】如果组成部分注册会计师执行组成部分财务信息审计以外的工作，集团项目组应要求组成部分注册会计师告知其注意到的、可能需要在集团财务报表中调整或披露的期后事项。

【答案】D

第3节　书面声明

【复习要点1】书面声明的含义与特征（★★）

1. 书面声明的含义

（1）书面声明是指管理层向注册会计师提供的书面陈述，用以确认某些事项或支持其他审计证据。

（2）书面声明不包括财务报表及其认定，以及支持性账簿和相关记录。

2. 书面声明的特征

（1）书面声明是注册会计师在财务报表审计中需要获取的必要信息，是审计证据的重要来源。

（2）在很多情况下，要求管理层提供书面声明而非口头声明，可以促使管理层更加认真地考虑声明所涉及的事项，从而提高声明的质量。

（3）尽管书面声明提供必要的审计证据，但其本身并不为所涉及的任何事项提供充分、适当的审计证据。

（4）管理层已提供可靠书面声明的事实，并不影响注册会计师就管理层责任履行情况或具体认定获取的其他审计证据的性质和范围。

【复习要点2】针对管理层责任的书面声明（★★）

（1）针对提供的信息和交易的完整性，注册会计师应当要求管理层就下列事项提供书面声明。

① 按照审计业务约定条款,已向注册会计师提供所有相关信息,并允许注册会计师不受限制地接触所有相关信息以及被审计单位内部人员和其他相关人员。

② 所有交易均已记录并反映在财务报表中。

(2)当存在下列情况时,注册会计师要求管理层再次确认管理层自身责任。

① 代表被审计单位签订审计业务约定条款的人员不再承担相关责任。

② 审计业务约定条款是在以前年度签订的。

③ 有迹象表明管理层误解了其责任。

④ 情况的改变需要管理层再次确认其责任。

(3)如果未从管理层获取其确认已履行责任的书面声明,注册会计师在审计过程中获取的有关管理层已履行这些责任的其他审计证据是不充分的。

【复习要点3】书面声明的日期、涵盖的期间及形式（★★）

1. 日期

书面声明的日期应当尽量接近对财务报表出具审计报告的日期,但不得在审计报告日后。

2. 涵盖的期间

书面声明应当涵盖审计报告针对的所有财务报表和期间。

3. 形式

书面声明应当以声明书的形式致送注册会计师。

【提示】在审计实务中,可能会出现在审计报告中提及的所有期间内,现任管理层均尚未就任的情形,现任管理层可能由此声称无法就审计报告中提及的所有期间提供部分或全部书面声明。然而,这一事实并不能减轻现任管理层对财务报表整体的责任。相应地,注册会计师仍然需要向现任管理层获取涵盖整个相关期间的书面声明。

【复习要点4】对书面声明可靠性的疑虑以及管理层不提供要求的书面声明（★★）

1. 对书面声明可靠性的疑虑

(1)如对管理层的胜任能力、诚信、道德价值观或勤勉尽责存在疑虑,或对管理层在这些方面的承诺或贯彻执行存在疑虑,注册会计师应当确定这些疑虑对书面或口头声明和审计证据总体的可靠性可能产生的影响。注册会计师可能会认为,管理层在财务报表中做出不实陈述的风险很大,以至于审计工作无法进行。在这种情况下,除非治理层采取适当的纠正措施,否则注册会计师可能需要考虑解除业务约定（如果法律法规允许）。很多时候,治理层采取的纠正措施可能并不足以使注册会计师发表无保留意见。

（2）书面声明与其他审计证据不一致的解决措施如下。

① 如果书面声明与其他审计证据不一致，注册会计师应当实施审计程序以设法解决这些问题。

② 注册会计师可能需要考虑风险评估结果是否仍然适当。如果认为不适当，注册会计师需要修正风险评估结果，并确定进一步审计程序的性质、时间安排和范围，以应对评估的风险。

③ 如果问题仍未解决，注册会计师应当重新考虑对管理层的胜任能力、诚信、道德价值观或勤勉尽责的评估，或者重新考虑对管理层在这些方面的承诺或贯彻执行的评估，并确定书面声明与其他审计证据的不一致对书面或口头声明和审计证据总体的可靠性可能产生的影响。

④ 如果认为书面声明不可靠，注册会计师应当采取适当措施，包括确定其对审计意见可能产生的影响。

2. 管理层不提供要求的书面声明

（1）如果管理层不提供要求的一项或多项书面声明，注册会计师应当：

1）与管理层讨论该事项；

2）重新评价管理层的诚信，并评价该事项对书面或口头声明和审计证据总体的可靠性可能产生的影响；

3）采取适当措施，包括确定该事项对审计意见可能产生的影响。

（2）如果存在下列情形之一，注册会计师应当对财务报表发表无法表示意见。

1）注册会计师对管理层的诚信产生重大疑虑，以至于认为其做出的书面声明不可靠。

2）管理层不提供下列书面声明。

① 针对财务报表的编制，管理层确认其根据审计业务约定条款，履行了按照适用的财务报告编制基础编制财务报表并使其实现公允反映（如适用）的责任。

② 针对提供的信息和交易的完整性，管理层就下列事项提供书面声明。

a. 按照审计业务约定条款，已向注册会计师提供所有相关信息，管理层允许注册会计师不受限制地接触相关信息，以及被审计单位内部人员和其他人员。

b. 所有交易均已记录并反映在财务报表中。

【例题·单选题】（2016年真题）下列有关书面声明的说法中，错误的是（　　　）。

A. 为支持与财务报表或某项具体认定相关的其他审计证据，注册会计师可以要求管理层提供财务报表或特定的书面声明

B. 即使管理层已提供可靠的书面声明，也不影响注册会计师就管理层责任履行情况或具体认定获取的其他审计证据的性质和范围

C. 如果在审计证据中提及的所有期间内，现任管理层均尚未就任，注册会计师也需向现任管理层获取涵盖整个相关期间的书面证明

D. 如果管理层不向注册会计师提供所有交易均已记录并反映在财务报表中的书面声明，注册会计师应对财务报表发表保留意见或无法表示意见

【解析】本题考查的是书面声明。被审计单位必须提供所有交易均被记录并反映的书面声明。如果管理层拒绝签署审计准则规定的书面声明，则需要注册会计师出具无法表示意见的审计报告，而不应出具保留意见审计报告。

【答案】D

过关演练

一、单选题

1. 下列有关书面声明的日期和涵盖期间的说法中，A注册会计师认为错误的是（　　）。

A. 就某些交易获取的单独书面声明可以晚于审计报告日

B. 书面声明应当涵盖审计报告针对的所有财务报表和期间

C. 书面声明的日期应当尽量接近对财务报表出具审计报告的日期

D. 书面声明的日期可以与审计报告日一致

2. 在审计结束或临近结束时，注册会计师运用分析程序的目的是（　　）。

A. 确定更加合理的重要性水平

B. 确定审计调整后的财务报表整体是否与其对被审计单位的了解一致

C. 确定可接受的检查风险水平

D. 确定是否将重大错报风险降低到可接受的低水平

3. 下列有关被审计单位报表中的列示，注册会计师认为正确的是（　　）。

A. 应收账款的贷方余额应当在资产负债表中的预付款项项目下列示

B. 未实现融资收益应当在资产负债表中单独列示

C. 存货跌价准备应当在资产负债表中存货项目下列示

D. 其他业务收入应当在利润表中单独列示

4. 关于管理层的书面声明，下列有关说法中正确的是（　　）。

A. 书面声明是指管理层向注册会计师提供的书面陈述，用以确认某些事项或支持其他审计证据。书面声明通常也可以包括财务报表及其认定，以及支持性账簿和相关记录

B. 书面声明可以提供必要的审计证据，特别是针对管理层的判断或意图等事项，

所以其本身可以为所涉及的财务报表的特定认定提供充分、适当的审计证据

C. 如果未从管理层获取其确认已履行的责任，注册会计师也可以通过在审计过程中获取其他有关管理层已履行这些责任的充分、适当的审计证据

D. 在管理层签署书面声明前，注册会计师不能发表审计意见，也不能签署审计报告

5. 审计工作底稿的复核中，下列人员不能作为复核人的是（　　　）。

A. 主任会计师、所长或指定代理人

B. 低层次的业务助理人员

C. 部门经理或签字注册会计师

D. 项目经理或项目合伙人

6. 注册会计师确定累积识别出的错报时，不应将其包含在内的是（　　　）。

A. 已经识别出的毋庸置疑的错报

B. 通过实质性分析程序推断出的估计错报

C. 可容忍错报

D. 管理层对会计估计的判断不合理导致与注册会计师做出的判断产生差异

二、多选题

1. 下列各项中，注册会计师应当获取书面声明的有（　　　）。

A. 管理层确认其根据审计业务约定条款，履行了按照适用的财务报告编制基础编制财务报表并使其实现公允反映（如适用）的责任

B. 管理层按照审计业务约定条款，已向注册会计师提供所有相关信息，并允许注册会计师不受限制地接触所有相关信息以及被审计单位内部人员和其他相关人员

C. 管理层确认所有交易均已记录并反映在财务报表中

D. 管理层将按照审计业务约定书中规定的审计报告用途使用审计报告

2. 审计差异按是否需要调整账户记录可分为（　　　）。

A. 故意错误　　　　　　　　　B. 重分类错误

C. 核算错误　　　　　　　　　D. 无意错误

3. 注册会计师在审计计划阶段已确定了审计风险的可接受水平，随着可能错报总和的增加，财务报表可能被严重错报的风险也会增加，下列有关注册会计师在完成审计工作时的说法正确的有（　　　）。

A. 如果注册会计师认为审计风险不能接受，则应追加实施额外的实质性程序，以便将检查风险降低到一个可接受水平

B. 如果注册会计师得出结论，审计风险处在一个可接受的水平，则还需要实施审

计程序获取审计证据，以便提出审计结果所支持的意见

C. 如果审计风险不能接受，注册会计师没有额外的实质性程序可以实施，被审计单位也不愿进行必要的调整，则注册会计师应慎重考虑审计风险对审计报告的影响

D. 如果注册会计师认为审计风险不能接受，则应说服被审计单位做出必要调整，以便将评估的重大错报风险降低到一个可接受的水平

4. 除了针对财务报表的编制，注册会计师应当要求管理层提供基本书面声明以确认其履行的责任外，注册会计师可能认为有必要获取有关财务报表的其他书面声明。其他书面声明可能包括针对下列事项做出声明的有（　　　）。

A. 是否按照适用的财务报告编制基础对"可能影响资产和负债账面价值或分类的计划或意图"（如相关）进行了确认、计量、列报或披露

B. 会计政策的选择和运用是否适当

C. 是否按照适用的财务报告编制基础对"负债（包括实际负债和或有负债）"（如相关）进行了确认、计量、列报或披露

D. 是否按照适用的财务报告编制基础对"资产的所有权或控制权，资产的留置权或其他物权，用于担保的抵押资产"（如相关）进行了确认、计量、列报或披露

5. 项目组内部的复核人员应当考虑的内容有（　　　）。

A. 审计工作是否已按照法律法规、相关职业道德要求和审计准则的规定执行

B. 相关事项是否已进行适当咨询，由此形成的结论是否得到记录和执行

C. 是否需要修改已执行审计工作的性质、时间安排和范围

D. 获取的审计证据是否充分、适当，足以支持审计结论

6. 推断错报通常包括（　　　）。

A. 通过测试样本估计出的总体的错报减去在测试中发现的已经识别的具体错报

B. 毋庸置疑的错报

C. 通过实质性分析程序推断出的估计错报

D. 由于注册会计师认为管理层对会计估计做出不合理的判断或不恰当地选择和运用会计政策而导致的差异

三、简答题

注册会计师对A公司2012年度财务报表执行审计业务的过程中，在外勤审计工作结束前，遇到以下几项与销售相关的业务。

（1）2012年12月1日，A公司向甲公司销售一批商品，开出的增值税专用发票上注明的销售价款为100万元，增值税税额为17万元。该批商品成本为80万元；商品未发出，款项已经收到。协议规定，A公司应于2013年4月30日将所售商品购回，回购价为110万

元（不含增值税），A公司的账务处理如下。

借：银行存款 117
　　贷：主营业务收入 100
　　　　应交税费——应交增值税（销项税额） 17
借：主营业务成本 80
　　贷：库存商品 80

（2）2013年2月3日，A公司收到退回的一批产品。该产品系2012年11月销售给乙公司，乙公司因产品质量原因根据销售合同条款退货。A公司将退回的产品冲减2013年2月的销售收入、销售成本及相关的增值税销项税额。该批产品的价格为400万元，成本为250万元，销售款项尚未收取。增值税税率为17%。

（3）注册会计师在审计A公司2011年度财务报表时，通过实施销售截止测试发现，A公司2012年1月主营业务收入明细账和主营业务成本明细账上记载的一批甲产品的销售业务，在2011年12月已收妥款项，并符合销售收入确认条件，但在当月未做任何会计处理，而在2012年1月做了如下会计处理：借记"银行存款"1 170万元，贷记"主营业务收入"1 000万元、"应交税费——应交增值税（销项税额）"170万元；同时结转相应的主营业务成本，借记"主营业务成本"870万元，贷记"存货——甲产品" 870万元。在对2011年度财务报表审计时，注册会计师建议将上述会计处理作为审计调整分录，调整A公司2011年度财务报表。A公司调整了2011年度财务报表，但未调整2012年度相关账户和财务报表。

（4）2012年12月1日，A公司采用分期收款方式向丙公司销售C产品一台，销售价格为6 000万元，合同约定发出C产品当日收取价款2 520万元（该批价款包括分期收款销售应收的全部增值税），余款分3次于每年12月1日等额收取，第一次收款时间为2012年12月1日（第一次收款时间为全部纳税义务发生时间）。C产品的成本为5 000万元。产品已于同日发出，并开具增值税专用发票，该产品现销方式下的公允价格是5 509.5万元。银行同期贷款利率为6%（假设实际利率也是6%）。A公司于2012年确认主营业务收入6 000万元，确认主营业务成本5 000万元。

（5）2012年12月16日，A公司采用以旧换新方式，销售给丁公司产品两件，单价为2 574万元（含税价），单位销售成本为1 000万元；同时收回两件同类旧商品，每件回收价为100万元（不考虑增值税）；实际收到银行存款4 948万元。被审计单位的会计处理如下。

借：银行存款 4 948

库存商品	200
贷：主营业务收入	4 400
应交税费——应交增值税（销项税额）	748
借：主营业务成本	2 000
贷：库存商品	2 000

【**要求**】如果不考虑重要性水平，判断是否应当提出调整建议，如果需要，请列出调整分录。

第19章　审计报告

【考情分析】在近3年的考试中，本章内容所占分值约为4分，各种题型均有涉及，尤其是综合题。

【复习要点】本章为非常重要的章节，复习要点主要包括审计意见的形成和审计报告的类型、审计报告的基本内容、非标准审计报告等相关知识点。

【本章要点概览】

审计报告	一、审计报告概述	审计报告的含义及特征	★
	二、审计意见的形成和审计报告的类型	1. 得出审计结论时考虑的领域	★★
		2. 审计报告的类型	★★
	三、审计报告的基本内容	审计报告的要素	★★
	四、在审计报告中沟通关键审计事项	1. 确定关键审计事项的决策框架	★★★
		2. 在审计报告中沟通关键审计事项	★★★
	五、非无保留意见审计报告	非无保留审计意见的审计报告	★★★
	六、在审计报告增加强调事项段和其他事项段	1. 强调事项段	★★★
		2. 其他事项段	★★★
	七、比较信息	1. 比较信息的含义	★
		2. 审计程序	★★★
		3. 审计报告：对应数据	★★★
		4. 审计报告：比较财务报表	★★★
	八、注册会计师对其他信息的责任	1. 当似乎存在重大不一致或其他信息似乎存在重大错报时的应对	★★★
		2. 当注册会计师认为其他信息存在重大错报时的应对	★★★
		3. 当财务报表存在重大错报或注册会计师对被审计单位及其环境的了解需要更新时的应对	★★★

第1节　审计报告概述

【复习要点】审计报告的含义及特征（★）

1. 含义

（1）审计报告是指注册会计师根据审计准则的规定，在执行审计工作的基础上，对财务报表发表审计意见的书面文件。

（2）审计报告是注册会计师对财务报表是否在所有重大方面按照财务报告编制基础编制并实现公允反映发表审计意见的书面文件。

2. 特征

(1)注册会计师应当按照审计准则的规定执行审计工作。

(2)注册会计师在实施审计工作的基础上才能出具审计报告。

(3)注册会计师通过对财务报表发表意见履行业务约定书约定的责任。

(4)注册会计师应当以书面形式出具审计报告。

3. 作用

审计报告具有鉴证、保护和证明三方面的作用。

第2节　审计意见的形成和审计报告的类型

【复习要点1】得出审计结论时考虑的领域（★★）

结论得出前，注册会计师应考虑以下方面。

(1)是否已获取充分、适当的审计证据。

(2)未更正错报单独或汇总起来是否构成重大错报。

(3)评价财务报表是否在所有重大方面按照适用的财务报告编制基础编制。

(4)评价财务报表是否实现公允反映。

(5)评价财务报表是否恰当提及或说明适用的财务报告编制基础。

【复习要点2】审计报告的类型（★★）

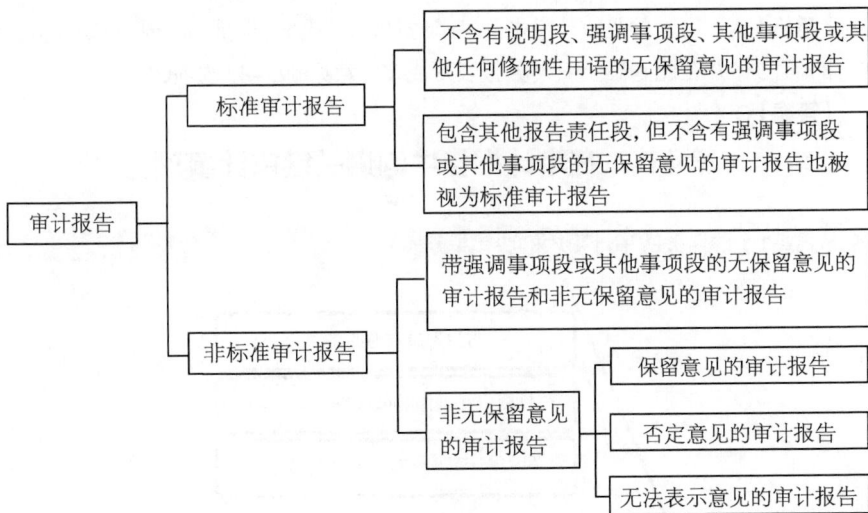

第3节　审计报告的基本内容

【复习要点】审计报告的要素（★★）

审计报告应当包括下列要素：

（1）标题；

（2）收件人；

（3）审计意见；

（4）形成审计意见的基础；

（5）管理层对财务报表的责任；

（6）注册会计师对财务报表审计的责任；

（7）按照相关法律法规的要求报告的事项（如适用）；

（8）注册会计师的签名和盖章；

（9）会计师事务所的名称、地址及盖章；

（10）报告日期。

【例题·单选题】（2016年真题）下列有关审计报告日的说法中，错误的是（　　　）。

A．审计报告日不应早于管理层书面声明的日期

B．审计报告日可以晚于管理层签署已审计财务报表的日期

C．审计报告日应当是注册会计师获取充分、适当的审计证据，并在此基础上对财务报表形成意见的日期

D．在特殊情况下，注册会计师可以出具双重日期的审计报告

【解析】本题考查的是审计报告日。审计报告日不应早于注册会计师获取充分、适当的审计证据，并在此基础上对财务报表形成意见的日期，选项C错误。

【答案】C

第4节　在审计报告中沟通关键审计事项

【复习要点1】确定关键审计事项的决策框架（★★★）

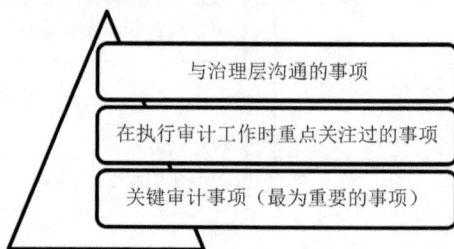

与治理层沟通的事项

在执行审计工作时重点关注过的事项

关键审计事项（最为重要的事项）

在确定某一与治理层沟通过的事项的相对重要程度以及该事项是否构成关键审计事项时,下列事项也可能是相关的。

(1)该事项对预期使用者理解财务报表整体的重要程度,尤其是对财务报表的重要性。

(1)与该事项相关的会计政策的性质或者与同行业其他实体相比,管理层在选择适当的会计政策时涉及的复杂程度或主观程度。

(3)从定性和定量方面考虑,与该事项相关的由于舞弊或错误导致的已更正错报和累积未更正错报(如有)的性质和重要程度。

(4)为应对该事项所需要付出的审计努力的性质和程度。

(5)在实施审计程序、评价实施审计程序的结果、获取相关和可靠的审计证据以作为发表审计意见的基础时,注册会计师遇到的困难的性质和严重程度。

(6)识别出的与该事项相关的控制缺陷的严重程度。

(7)该事项是否涉及数项可区分但又相互关联的审计考虑。

【复习要点2】在审计报告中沟通关键审计事项(★★★)

一、在审计报告中单设关键审计事项部分

为达到突出关键审计事项的目的,注册会计师应当在审计报告中单设部分,以"关键审计事项"为标题。并在该部分使用恰当的子标题逐项描述关键审计事项。关键审计事项部分的引言应当同时说明下列事项:

(1)关键审计事项是注册会计师根据职业判断,认为对本期财务报表审计最为重要的事项;

(2)关键审计事项的应对以对财务报表整体进行审计并形成审计意见为背景,注册会计师对财务报表整体形成审计意见,而不对关键审计事项单独发表意见。

二、描述单一关键审计事项

为帮助财务报表使用者了解注册会计师确定的关键审计事项,注册会计师应当在审计报告中逐项描述每一关键审计事项,同时说明下列方面。

(1)该事项被认定为审计中最为重要的事项之一,因而被确定为关键审计事项的原因。

(2)该事项在审计中是如何应对的。注册会计师可以描述下列要素:

① 审计应对措施或审计方法中,与该事项最为相关或对评估的重大错报风险最有针对性的方面;

② 对已实施审计程序的简要概述;

③ 实施审计程序的结果;

④ 对该事项作出的主要看法。

第5节　非无保留意见审计报告

【复习要点】非无保留审计意见的审计报告（★★★）

1. 导致发表非无保留意见的事项

当满足下列情形之一时,注册会计师应当在审计报告中发表非无保留意见。

（1）根据获取的审计证据,得出财务报表整体存在重大错报的结论。

（2）无法获取充分、适当的审计证据,不能得出财务报表整体不存在重大错报的结论。

注册会计师对导致发表非无保留意见的事项的性质和这些事项对财务报表产生或可能产生影响的广泛性作出的判断,以及注册会计师的判断对审计意见类型的影响如下表所示。

导致发表非无保留意见的事项的性质	这些事行对财务报表产生或可能产生影响的广泛性	
	重大但不具有广泛性	重大且具有广泛性
财务报表存在重大错报	保留意见	否定意见
无法获取充分、适当的审计证据	保留意见	无法表示意见

下列情形可能导致注册会计师无法获取充分、适当的审计证据（也称为审计范围受到限制）。

（1）超出被审计单位控制的情形。

① 被审计单位的会计记录已被毁坏。

② 重要组成部分的会计记录已被政府有关机构无限期地查封。

（2）与注册会计师工作的性质或时间安排相关的情形。

① 被审计单位需要使用权益法对联营企业进行核算,注册会计师无法获取有关联营企业财务信息的充分、适当的审计证据以评价是否恰当运用了权益法。

② 注册会计师接受审计委托的时间安排,使注册会计师无法实施存货监盘。

③ 注册会计师确定仅实施实质性程序是不充分的,且被审计单位的控制是无效的。

（3）管理层施加限制的情形。

① 管理层阻止注册会计师实施存货监盘。

② 管理层阻止注册会计师对特定账户余额实施函证。

2. 确定非无保留意见的类型

意见类型	判断意见类型的依据
保留意见	（1）在获取充分、适当的审计证据后，注册会计师认为错报单独或汇总起来对财务报表影响重大，但不具有广泛性 （2）注册会计师无法获取充分、适当的审计证据以作为形成审计意见的基础，但认为未发现的错报（如存在）对财务报表可能产生的影响重大，但不具有广泛性
否定意见	在获取充分、适当的审计证据后，如果认为错报单独或汇总起来对财务报表的影响重大且具有广泛性
无法表示意见	如果无法获取充分、适当的审计证据以作为形成审计意见的基础，但认为未发现的错报（如存在）对财务报表可能产生的影响重大且具有广泛性

第6节 在审计报告增加强调事项段和其他事项段

【复习要点1】强调事项段（★★★）

1. 增加强调事项段的前提

若认为有必要提醒财务报表使用者关注已在财务报表中列报或披露，而且根据职业判断认为对财务报表使用者理解财务报表至关重要的事项，注册会计师在已获取充分、适当的审计证据证明该事项在财务报表中不存在重大错报的条件下，应在审计报告中增加强调事项段。

2. 可能需要增加强调事项段的情形举例

（1）异常诉讼或监管行动的未来结果存在不确定性。

（2）提前应用（在允许的情况下）对财务报表有广泛影响的新会计准则。

（3）存在已经或持续对被审计单位财务状况产生重大影响的特大灾难。

【复习要点2】其他事项段（★★★）

1. 其他事项段的位置

（1）当增加其他事项段旨在提醒使用者关注与其理解与财务报表审计相关的事项时，该段落需要紧接在审计意见段和强调事项段之后。

（2）当增加其他事项段旨在提醒使用者关注与审计报告中提及的其他报告责任相关的事项时，该段落可以置于"按照相关法律法规的要求报告的事项"的部分内。

（3）当其他事项段与注册会计师的责任或使用者理解审计报告相关时，可以单独作为一部分，置于"对财务报表出具的审计报告"和"按照相关法律法规的要求报告的事项"之后。

2. 需要在审计报告中增加其他事项段的情形

（1）与使用者理解审计工作相关的情形。

（2）与使用者理解注册会计师的责任或审计报告相关的情形。

（3）对两套以上财务报表出具审计报告的情形。

（4）限制审计报告分发和使用的情形。

如果拟在审计报告中增加强调事项段或其他事项段，注册会计师应当就该事项和拟使用的措辞与治理层沟通。

【例题·单选题】（2012年）下列事项中，不会导致注册会计师在审计报告中增加其他事项段的是（　　）。

A. 注册会计师决定在审计报告中提及前任注册会计师对对应数据出具的审计报告

B. 当财务报表列报对应数据时，上期财务报表未经审计

C. 对审计报告使用和分发的限制

D. 含有已审计财务报表的文件中的其他信息与财务报表存在重大不一致，并且需要对财务报表做出修改，但管理层拒绝修改

【解析】选项D正确。注册会计师需要在审计报告中增加其他事项段的情形包括：

（1）与使用者理解审计工作相关的情形；

（2）与使用者理解注册会计师的责任或审计报告相关的情形；

（3）对两套以上财务报表出具审计报告的情形；

（4）限制审计报告分发和使用的情形。

【答案】D

第7节　比较信息

【复习要点1】比较信息的含义（★）

比较信息是指包含于财务报表中的、符合适用的财务报告编制基础的、与一个或多个以前期间相关的金额和披露。

比较信息包括对应数据和比较财务报表。

1. 对应数据

属于比较信息，是指作为本期财务报表组成部分的上期金额和相关披露，这些金

额和披露只能和与本期相关的金额和披露（称为"本期数据"）联系起来阅读。

对应数据列报的详细程度主要取决于其与本期数据的相关程度。

2. 比较财务报表

属于比较信息，是指为了与本期财务报表相比较而包含的上期金额和相关披露。

比较财务报表包含信息的详细程度与本期财务报表包含的信息的详细程度相似。

如果上期金额和相关披露已经审计，则将在审计意见中提及。

不属于本期财务报表部分。

【复习要点2】审计程序（★★★）

1. 一般审计程序

注册会计师应确定财务报表中是否包括适用的财务报告编制基础要求的比较信息，以及比较信息是否得到恰当分类。

（1）比较信息是否与上期财务报表列报的金额和相关披露一致，如果必要，比较信息是否已经重述。

（2）在比较信息中反映的会计政策是否与本期采用的会计政策一致，如果会计政策已发生变更，这些变更是否得到恰当处理并得到充分列报与披露。

2. 注意到比较信息可能存在重大错报时的审计要求

（1）在实施本期审计时，如果发现比较信息可能存在重大错报，注册会计师应当根据实际情况追加必要的审计程序，以获得更充分、适当的审计证据来确定是否存在重大错报。

（2）如果上期财务报表已经审计，注意到影响上期财务报表的重大错报的审计程序。

① 如果上期财务报表未经更正，也未重新出具审计报告，且比较数据未经恰当重述和充分披露，注册会计师应当对本期财务报表出具非无保留意见的审计报告，说明比较数据对本期财务报表的影响。

② 如果上期财务报表已经更正，并已重新出具审计报告，注册会计师应当获取充分、适当的审计证据，以确定比较信息与更正的财务报表是否一致。

【复习要点3】审计报告：对应数据（★★★）

1. 总体要求

当财务报表中列报对应数据时，由于审计意见是针对包括对应数据的本期财务报表整体的，审计意见通常不提及对应数据。

2. 上期导致非无保留意见的事项仍未解决

（1）如果未解决事项对本期数据的影响或可能的影响是重大的，注册会计师应当在导致非无保留意见事项段中同时提及本期数据和对应数据。

（2）如果未解决事项对本期数据的影响或可能的影响不重大，注册会计师应当说明，由于未解决事项对本期数据和对应数据之间可比性的影响或可能的影响，因此发表了非无保留意见。

3. 上期财务报表存在重大错报

（1）如果注册会计师已经获取上期财务报表存在重大错报的审计证据，以前对该财务报表发表了无保留意见，且对应数据未经适当重述或恰当披露，注册会计师应当就包括在财务报表中的对应数据，在审计报告中对本期财务报表发表保留意见或否定意见。

（2）若存在错报的上期财务报表尚未更正，并且没有重新出具审计报告，但对应数据已在本期财务报表中得到适当重述或恰当披露。注册会计师可以在审计报告中增加强调事项段，以描述这一情况，并提及详细描述该事项的相关披露在财务报表中的位置。

4. 上期财务报表已由前任注册会计师审计

如果上期财务报表已由前任注册会计师审计，注册会计师在审计报告中可以提及前任注册会计师对对应数据出具的审计报告。

5. 上期财务报表未经审计

注册会计师应当在审计报告的其他事项段中说明对应数据未经审计。但这种说明并不减轻注册会计师获取充分、适当的审计证据，以确定期初余额不含有对本期财务报表产生重大影响的错报的责任。

【复习要点4】审计报告：比较财务报表（★★★）

1. 总体要求

当列报比较财务报表时，审计意见应当提及列报财务报表所属的各期，以及发表的审计意见涵盖的各期。

2. 对上期财务报表发表的意见与以前发表的意见不同

当因本期审计而对上期财务报表发表审计意见时，如果对上期财务报表发表的意见与以前发表的意见不同，注册会计师应当在其他事项段中披露导致不同意见的实质性原因。

3. 认为存在影响上期财务报表的重大错报，且前任出具了无保留意见

（1）如果上期财务报表已经更正，且前任注册会计师同意对更正后的上期财务报表出具新的审计报告，注册会计师应当仅对本期财务报表出具审计报告。

（2）前任注册会计师可能无法或不愿对上期财务报表重新出具审计报告。注册会计师可以在审计报告中增加其他事项段，指出前任注册会计师对更正前的上期财务报表出具了报告。

4. 上期财务报表已由前任注册会计师审计

如果上期财务报表已由前任注册会计师审计，除非前任注册会计师对上期财务报表出具的审计报告与财务报表一同对外提供，注册会计师除对本期财务报表发表意见外，还应当增加其他事项段。

5. 上期财务报表未经审计

如果上期财务报表未经审计，注册会计师应当在其他事项段中说明比较财务报表未经审计。但这种说明并不减轻注册会计师获取充分、适当的审计证据，以确定期初余额不含有对本期财务报表产生重大影响的错报的责任。

【例题·多选题】下列可以在审计报告的其他事项段中提及对应数据的情形有（　　）。

A. 导致对上期财务报表发表非无保留意见的事项在本期尚未解决，仍对本期财务报表产生重大影响

B. 上期财务报表已由前任注册会计师审计

C. 上期财务报表存在重大错报，若对应数据已在本期财务报表中得到适当重述或恰当披露

D. 上期财务报表未经审计

【解析】选项A，应视影响程度发表保留或否定意见的审计报告；选项C，注册会计师可以在审计报告中增加强调事项段，以描述这一情况，并提及详细描述该事项的相关披露在财务报表中的位置。

【答案】BD

第8节 注册会计师对其他信息的责任

【复习要点1】当似乎存在重大不一致或其他信息似乎存在重大错报时的应对（***）

如果注册会计师识别出似乎存在重大不一致，或者知悉其他信息似乎存在重大错报，注册会计师应当与管理层讨论该事项，必要时，实施其他程序核实。

（1）其他信息是否存在重大错报。

（2）财务报表是否存在重大错报。

（3）注册会计师对被审计单位及其环境的了解是否需要更新。

【复习要点2】当注册会计师认为其他信息存在重大错报时的应对（***）

如果注册会计师认为其他信息存在重大错报，应当要求管理层更正其他信息：

（1）如果管理层同意做出更正，注册会计师应当确定更正已经完成；

（2）如果管理层拒绝做出更正，注册会计师应当就该事项与治理层进行沟通，并要求做出更正。

如果注册会计师认为审计报告日前获取的其他信息存在重大错报，且在与治理层沟通后其他信息仍未得到更正，注册会计师应当采取恰当措施，具体措施如下。

（1）考虑对审计报告的影响，并就注册会计师计划如何在审计报告中处理重大错报与治理层进行沟通。注册会计师可在审计报告中指明其他信息存在重大错报。

（2）在相关法律法规允许的情况下，解除业务约定。

注册会计师认为审计报告日后获取的其他信息存在重大错报，应当采取以下措施。

（1）如果其他信息得以更正，注册会计师应当根据具体情形实施必要的程序，包括确定更正已经完成，也可能包括复核管理层为与收到其他信息（如果之前已经公告）的人士沟通并告知其修改而采取的步骤。

（2）如果与治理层沟通后其他信息未得到更正，注册会计师应当考虑其法律权利和义务，并采取恰当的措施，以提醒审计报告使用者恰当关注未更正的重大错报。

【复习要点3】当财务报表存在重大错报或注册会计师对被审计单位及其环境的了解需要更新时的应对（***）

如果注册会计师认为财务报表存在重大错报，或者注册会计师对被审计单位及其环境的了解需要更新，注册会计师应当作出恰当应对，包括修改注册会计师对风险的评估、评估错报、考虑注册会计师关于期后事项的责任。

过关演练

一、单选题

1. 下列事项中，不会导致注册会计师在审计报告中增加其他事项段的是（　　）。

A. 注册会计师决定在审计报告中提及前任注册会计师对对应数据出具的审计报告

B. 当财务报表列报对应数据时，上期财务报表未经审计

C. 对审计报告使用和分发的限制

D. 含有已审计财务报表的文件中的其他信息与财务报表存在重大不一致，并且需要对财务报表做出修改，但管理层拒绝修改

2. 下列文字摘自某注册会计师所签发的审计报告，恰当的表述是（　　）。

A. 我们的责任是在执行审计工作的基础上对财务报表发表审计意见

B. 我们接受委托对贵公司2012年度资产负债表、利润表及现金流量表进行了审计

C. 我们的审计是按照《中国注册会计师法》进行的

D. 经过审查，我们认为贵公司财务报表正确地反映了贵公司财务状况和经营成果

3. A与B注册会计师于2013年2月8日进驻甲公司审计其2012年度财务报表。3月10日注册会计师与甲公司进行沟通，3月15日甲公司正式签署2012年度财务报表，3月20日对外公布其财务报表，通常情况下审计报告日是（　　）。

A. 2013年2月8日　　　　　　　　B. 2013年3月10日

C. 2013年3月15日　　　　　　　　D. 2013年3月20日

4. 如果注册会计师无法就关联方和关联方交易获取充分、适当的审计证据，应视同审计范围受到限制，并根据其对财务报表的影响程度，出具（　　）。

A. 无保留意见或否定意见　　　　B. 否定意见或无法表示意见

C. 保留意见或否定意见　　　　　D. 保留意见或无法表示意见

5. 下列属于由被审计单位管理层造成的审计范围受到限制的情况是（　　）。

A. 管理层不允许注册会计师观察存货盘点

B. 被审计单位重要的部分会计资料被洪水冲走，无法进行检查

C. 截至资产负债表日处于外海的远洋捕捞船队的捕鱼量无法监盘

D. 外国子公司的存货无法监盘

二、多选题

1. 在评价财务报表是否在所有重大方面按照适用的财务报告编制基础的规定

编制时,注册会计师应当考虑的内容有( )。

A. 选择和运用的会计政策是否符合适用的财务报告编制基础，并适合于被审计单位的具体情况

B. 管理层做出的会计估计是否合理

C. 财务报表反映的信息是否具有相关性、可靠性、可比性和可理解性

D. 财务报表是否做出充分披露，使财务报表使用者能够理解重大交易和事项对财务报表所传递的信息的影响

2. 下列情况中,注册会计师可能对K公司的财务报表出具无法表示意见的审计报告的有( )。

A. K公司管理层拒绝向注册会计师出具管理层声明书

B. 在存在疑虑的情况下，注册会计师不能就K公司持续经营假设的合理性获取必要的审计证据

C. 审计范围受到限制

D. K公司财务报表整体上没有按照企业会计准则进行编制

3. 如果在审计报告日后,注册会计师通过阅读其他信息,发现与已审计财务报表中的信息相矛盾,检查认为需要修改其他信息,则下列描述中正确的有( )。

A. 如果管理层修改了其他信息，注册会计师应当根据具体情况实施必要的审计程序，评价管理层采取的措施能否确保所有收到原财务报表和审计报告、其他信息的人士均被告知所做的修改

B. 如果管理层修改了其他信息，注册会计师没有必要采取其他措施

C. 如果管理层拒绝修改其他信息，注册会计师应当将对其他信息的疑虑告知管理层，并采取适当的进一步措施，包括征询法律意见

D. 如果管理层拒绝修改其他信息，除非治理层的所有成员参与管理被审计单位，注册会计师应当将对其他信息的疑虑告知治理层，并采取适当的进一步措施，包括征询法律意见

4. 如果对财务报表发表非无保留意见,注册会计师的下列做法中正确的有( )。

A. 如果财务报表中存在与叙述性披露相关的重大错报，在导致非无保留意见的事项段中解释该错报错在何处

B. 如果财务报表中存在与具体金额（包括定量披露）相关的重大错报，在导致非无保留意见的事项段中说明并量化该错报的财务影响

C. 直接在审计意见段之前增加一个段落，并使用恰当的标题，说明导致发表非无保留意见的事项

D. 如果发表了否定意见或无法表示意见, 就无须对于注意到的、将导致发表非无保留意见的其他事项及其影响加以说明

5. 注册会计师应针对下列事项出具带强调事项段审计报告的有 (　　　)。

A. 重大诉讼的未来结果存在不确定性

B. 存在已经或持续对被审计单位财务状况产生重大影响的特大灾难

C. 由于董事会未能达成一致, 难以确定未来的经营方向和战略

D. 提前应用对财务报表有广泛影响的新会计准则

三、简答题

XYZ会计师事务所的注册会计师A和B, 于2013年3月10日完成了对W股份有限公司 (上市公司) 2012年度财务报表的审计工作, 下面是草拟的一份审计报告。

财务审计报告

W股份有限公司董事长:

我们审计了后附的W股份有限公司 (以下简称W公司) 财务报表, 包括资产负债表、利润表、股东权益变动表和现金流量表以及财务报表附注。

一、管理层对财务报表的责任

编制和公允列报财务报表是W公司管理层的责任。这种责任包括: 按照企业会计准则的规定编制财务报表, 并使其实现公允反映。

二、 注册会计师的责任

我们的责任是在执行审计工作的基础上对财务报表发表审计意见。我们按照中国注册会计师独立审计准则的规定执行了审计工作。中国注册会计师独立审计准则要求我们遵守中国注册会计师职业道德守则, 计划和实施审计工作以对财务报表是否不存在重大错报获取合理保证。

审计工作涉及实施审计程序, 以获取有关财务报表金额和披露的审计证据。选择的审计程序取决于注册会计师的判断, 包括对由于舞弊或错误导致的财务报表重大错报风险的评估。在进行风险评估时, 我们考虑与财务报表编制和公允列报相关的内部控制, 以设计恰当的审计程序, 但目的并非对内部控制的有效性发表意见。审计工作还包括评价管理层选用会计政策的恰当性和做出会计估计的合理性, 以及评价财务报表的总体列报。

三、审计意见

我们确认, W公司财务报表在所有重大方面已经按照企业会计准则的规定编

制,真实地表达了W公司2012年12月31日的财务状况以及2012年度的经营成果和现金流量。

中国××市 　　　　　　　　　　　中国注册会计师: B (盖章)

　　　　　　　　　　　　　　　　　　　　二○一三年三月十日

根据编写财务报表审计报告的要求,指出上列审计报告中的不恰当之处。

第20章 企业内部控制审计

【考情分析】本章知识点除了客观题之外，简答题也需要重点关注，预计本章内容在考试中所占分值为5分左右。

【复习要点】本章的主要内容包括内部控制审计的概念，计划审计工作，自上而下的方法，控制测试的有效性，企业层面控制的测试，业务流程、应用系统或交易层面的控制的测试，信息系统控制的测试，内部控制缺陷评价以及出具审计报告九部分。主要考查内容可能会涉及计划审计工作时应当考虑的事项、自上而下的方法以及企业层面的控制等。本章为今年的新增章节，因此可能会以单选题、多选题以及简答题的形式出现。

【本章要点概览】

企业内部控制审计	一、内部控制审计的概念	1. 内部控制的含义及目标	★
		2. 内部控制审计的范围	★
		3. 内部控制审计基准日	★
	二、计划审计工作	1. 计划审计工作时应当考虑的事项	★★★
		2. 总体审计策略和具体审计计划	★★★
	三、自上而下的方法	1. 识别、了解和测试企业层面控制	★★★
		2. 识别重要账户、列报及其相关认定	★★★
		3. 了解潜在错报的来源并识别相应的控制	★★★
		4. 选择拟测试的控制	★★★
	四、控制测试的有效性	1. 内部控制的有效性	★★★
		2. 与控制相关的风险	★★★
		3. 控制测试的范围	★★★
	五、企业层面控制的测试	1. 针对管理层和治理层凌驾于控制之上的风险而设计的控制	★★★
		2. 被审计单位的风险评估过程	★★★
		3. 对内部信息传递和期末财务报告流程的控制	★★★
		4. 对控制有效性的内部监督（即监督其他控制的控制）和内部控制评价	★★★
		5. 监督经营成果的控制	★★★
	六、业务流程、应用系统或交易层面的控制的测试	1. 控制目标和相关认定	★★★
		2. 识别和了解相关控制	★★★
		3. 记录相关控制	★★★
	七、信息系统控制的测试	信息技术内部控制测试	★★★
	八、内部控制缺陷评价	1. 控制缺陷的分类	★★★
		2. 评价控制缺陷的严重程度	★★★
	九、出具审计报告	1. 审计报告类型	★★★
		2. 强调事项、非财务报告内部控制重大缺陷	★★★

第1节 内部控制审计的概念

【复习要点1】内部控制的含义及目标（★）

1. 含义

内部控制是由企业董事会、监事会、经理层和全体员工实施的、旨在实现控制目标的过程。

内部控制审计，是指会计师事务所接受委托，对特定基准日内部控制设计与运行的有效性进行审计。

财务报告内部控制，是指公司的董事会、监事会、经理层及全体员工实施的旨在合理保证财务报告及相关信息真实、完整而设计和运行的内部控制，以及用于保护资产安全的内部控制中与财务报告可靠性目标相关的控制。

2. 目标

内部控制的目标是合理保证企业经营管理合法合规、资产安全、财务报告及相关信息真实完整，提高经营效率和效果，促进企业实现发展战略。

【复习要点2】内部控制审计的范围（★）

一、内部控制审计意见涵盖的范围

（1）针对财务报告内部控制，注册会计师对其有效性发表审计意见；

（2）针对非财务报告内部控制，注册会计师针对内部控制审计过程中注意到的非财务报告内部的重大缺陷，在内部控制审计报告中增加"非财务报表内部控制重大缺陷描述段"予以披露。

二、财务报告内部控制内容

企业层面的内部控制	（1）与控制环境相关的控制（如对诚信和道德价值沟通和落实、对胜任能力的重视、治理层的参与程度、管理层的理念和经营风格、组织结构、职权与责任的分配、人力资源政策与实务） （2）针对管理层和治理层凌驾于内部控制之上的风险而设计的内部控制（例如针对重大非常规交易的控制、针对关联方交易的控制、减弱伪造或不恰当操作财务结果的动机和压力的控制） （3）被审计单位的风险评估过程（如何识别经营风险、估计其重要性、评估其发生的可能性、采取措施应对和管理风险及其结果） （4）对内部信息传递和期末财务报告流程的控制（例如与会计政策选择和运用的程序、调整分录和合并分录的编制和批准、编制财务报表的） （5）对控制有效性的内部监督（即监督其他控制的控制）和内部控制评价 （6）集中化的处理和控制、监控经营成果的控制，以及重大经营控制和风险管理实务的政策

续表

业务流程、应用系统或交易层面的内部控制	（1）业绩评价。即对实际与预算、预测与前期、经营数据和财务数据、内部数据和外部数据作出的评价 （2）信息处理。（应用控制和信息技术一般控制：前者如对计算准确性检查，对账户和试算平衡表审核，对例外报告的人工跟进；后者如程序变动控制，限制接触程序或数据的控制） （3）实物控制（如保护资产的实物安全、对接触计算机程序和数据文档设置授权、定期盘点并将盘点记录与控制记录相核对） （4）职责分离（即将交易授权、记录交易以及资产保管等职责分配给不同的员工）

【复习要点3】内部控制审计基准日（★）

（1）注册会计师基于基准日内部控制的有效性发表意见，而不是对财务报表涵盖的整个期间的内部控制的有效性发表意见。

（2）对特定基准日内部控制的有效性发表意见，并不意味着注册会计师只测试特定基准日这一天的内部控制，而是需要考查足够长一段时间内部控制设计和运行的情况。

第2节　计划审计工作

【复习要点1】计划审计工作时应当考虑的事项（★★★）

（1）与企业相关的风险；

（2）相关法律法规和行业概况；

（3）企业组织结构、经营特点和资本结构等相关重要事项；

（4）企业内部控制最近发生变化的程度；

（5）与企业沟通过的内部控制缺陷；

（6）重要性、风险等与确定内部控制重大缺陷相关的因素；

（7）对内部控制有效性的初步判断；

（8）可获取的、与内部控制有效性相关的证据的类型和范围。

【复习要点2】总体审计策略和具体审计计划（★★★）

一、总体审计策略

总体审计策略用以总结计划阶段的成果，确定审计的范围、时间和方向，并指导具体审计计划的制定。

注册会计师应当在总体审计策略中体现下列内容。

（1）确定审计业务的特征，以界定审计范围。

（2）明确审计业务的报告目标，以计划审计的时间安排和所需沟通的性质。

（3）根据职业判断，考虑用以指导项目组工作方向的重要因素。

（4）考虑初步业务活动的结果，并考虑对被审计单位执行其他业务时获得的经验是否与内部控制审计业务相关。

（5）确定执行业务所需资源的性质、时间安排和范围。

二、具体审计计划

具体审计计划比总体审计策略更加详细，内容包括项目组成员拟实施的审计程序的性质、时间安排和范围。计划这些审计程序，会随着具体审计计划的制定逐步深入，并贯穿于审计的整个过程。注册会计师应当在具体审计计划中体现下列内容：

（1）了解和识别内部控制的程序的性质、时间安排和范围；

（2）测试控制设计有效性的程序的性质、时间安排和范围；

（3）测试控制运行有效性的程序的性质、时间安排和范围。

第3节　自上而下的方法

【复习要点1】识别、了解和测试企业层面控制（★★★）

一、企业层面控制的内容

（1）与控制环境（即内部环境）相关的控制；

（2）针对管理层和治理层凌驾于控制之上的风险而设计的控制；

（3）被审计单位的风险评估过程；

（4）对内部信息传递和期末财务报告流程的控制；

（5）对控制有效性的内部监督（即监督其他控制的控制）和内部控制评价。

二、企业层面控制对其他控制及其测试的影响

注册会计师应当从下列方面考虑这些差异对其他控制及其测试的影响：

（1）某些企业层面控制，例如某些与控制环境相关的控制，对重大错报是否能够被及时防止或发现的可能性有重要影响，虽然这种影响是间接的，但这些控制可能影响注册会计师拟测试的其他控制及其对其他控制所执行程序的性质、时间安排和范围。

（2）某些企业层面控制能够监督其他控制的有效性。

（3）某些企业层面控制本身能精确到足以及时防止或发现一个或多个相关认定中存在的重大错报。

由于企业层面控制的上述作用,注册会计师应当识别、了解和测试对内部控制有效性结论有重要影响的企业层面控制。注册会计师对企业层面控制的评价,可能增加或减少本应对其他控制所进行的测试

【复习要点2】识别重要账户、列报及其相关认定(★★★)

1. 含义

若某账户或列报可能存在一个错报,该错报单独或连同其他错报将导致财务报表发生重大错报,则该账户或列报为重要账户或列报。

2. 评价标准

定量评价	(1)超过财务报表整体重要性的账户,无论是在内部控制审计还是财务报表审计中,通常情况下被认定为重要客户 (2)一个账户或列报,即使从性质方面考虑与之相关的风险较小,其金额超过财务报表整体重要性越多,该账户或列报被认定为重要账户或列报的可能性就越大。但是,一个账户或列报的金额超过财务报表整体重要性,并不必然表明其属于重要账户或列报,因为注册会计师还需要考虑定性的因素。同理,定性的因素也可能导致注册会计师将低于财务报表整体重要性的账户或列报认定为重要账户或列报
定性评价	从性质上说,注册会计师可能因为某账户或列报受固有风险或舞弊风险的影响而将其确定为重要账户或列报,因为即使该账户或列报从金额上看并不重大,这些固有风险或舞弊风险很有可能导致重大错报(该错报单独或连同其他错报将导致财务报表发生重大错报)

【复习要点3】了解潜在错报的来源并识别相应的控制(★★★)

一、了解潜在错报的来源

(1)了解与相关认定有关的交易的处理流程,包括这些交易如何生成、批准、处理及记录;

(2)验证注册会计师识别出的业务流程中可能发生重大错报(包括由于舞弊导致的错报)的环节;

(3)识别被审计单位用于应对这些错报或潜在错报的控制;

(4)识别被审计单位用于及时防止或发现并纠正未经授权的、导致重大错报的资产取得、使用或处置的控制。

二、实施穿行测试

1. 含义

穿行测试是指追踪某笔交易从发生到最终被反映在财务报表中的整个处理过程。通常是实现上述目标和评价控制设计的有效性以及确定控制是否得到执行的有效

方法。

2. 实施穿行测试的特定情形

（1）存在较高固有风险的复杂领域；

（2）以前年度审计中识别出的缺陷（需要考虑缺陷的严重程度）；

（3）由于引入新的人员、新的系统、收购和采取新的会计政策而导致流程发生重大变化。

【复习要点4】选择拟测试的控制（★★★）

一、选择拟测试控制的基本要求

（1）注册会计师应当针对每一相关认定获取控制有效性的审计证据，以便对内部控制整体的有效性发表意见，但没有责任对单项控制的有效性发表意见。

（2）注册会计师应当对被审计单位的控制是否足以应对评估的每个相关认定的错报风险形成结论。因此，注册会计师应当选择对形成这一评价结论具有重要影响的控制进行测试。

（3）在确定是否测试某项控制时，注册会计师应当考虑该项控制单独或连同其他控制，是否足以应对评估的某项相关认定的错报风险，而不论该项控制的分类和名称如何。

二、选择拟测试的控制的考虑因素

在选择关键控制时，注册会计师要考虑：

（1）哪些控制是不可缺少的？

（2）哪些控制直接针对相关认定？

（3）哪些控制可以应对错误或舞弊导致的重大错报风险？

（4）控制的运行是否足够准确。

第4节　测试控制的有效性

【复习要点1】内部控制的有效性（★★★）

内部控制设计的有效性	如果某项控制由拥有有效执行控制所需的授权和专业胜任能力的人员按规定的程序和要求执行，能够实现控制目标，从而有效地防止或发现并纠正可能导致财务报表发生重大错报的错误或舞弊，则表明该项控制的设计有效

续表

内部控制运行的有效性	如果某项控制正在按照设计运行、执行人员拥有有效执行控制所需的授权和专业胜任能力,能够实现控制目标,则表明该项控制的运行有效

【名师点拨】注册会计师获取的有关控制运行有效性的审计证据包括:

(1)控制在所审计期间的相关时点是如何运行的;

(2)控制是否得到一贯执行;

(3)控制由谁或以何种方式执行。

【复习要点2】与控制相关的风险(★★★)

1. 与控制相关的风险的内涵

与控制相关的风险包括一项控制可能无效的风险,以及如果该控制无效,可能导致重大缺陷的风险。与控制相关的风险越高,注册会计师需要获取的审计证据就越多。

2. 与某项控制相关的风险的影响因素

(1)该项控制拟防止或发现并纠正的错报的性质和重要程度;

(2)相关账户、列报及其认定的固有风险;

(3)交易的数量和性质是否发生变化,进而可能对该项控制设计或运行的有效性产生不利影响;

(4)相关账户或列报是否曾经出现错报;

(5)企业层面控制(特别是监督其他控制的控制)的有效性;

(6)该项控制的性质及其执行频率;

(7)该项控制对其他控制(如控制环境或信息技术一般控制)有效性的依赖程度;

(8)执行该项控制或监督该项控制执行的人员的专业胜任能力,以及其中的关键人员是否发生变化;

(9)该项控制是人工控制还是自动化控制;

(10)该项控制的复杂程度,以及在运行过程中依赖判断的程度。

【名师点拨】在连续审计中,影响与控制相关的风险的因素除上述因素外,还包括:

(1)以前审计所执行的审计程序的性质、时间安排和范围;

(2)以前审计控制测试的结果;

(3)自上次审计以来控制或流程是否发生变化。

【复习要点3】控制测试的范围(★★★)

一、测试人工控制的最小样本规模

在测试人工控制时,如果采用检查或重新执行程序,注册会计师测试的最小样本规模区间如下。

控制运行频率	控制运行的总次数	测试的最小样本规模区间
每年1次	1	1
每季1次	4	2
每月1次	12	2～5
每周1次	52	5～15
每天1次	250	20～40
每天多次	大于250次	25～60

二、测试自动化应用控制的最小样本规模

对于一项自动化应用控制,一旦确定被审计单位正在执行该控制,注册会计师通常无须扩大控制测试的范围,但需要考虑执行下列测试以确定该控制持续有效运行:

(1)测试与该应用控制有关的一般控制的运行有效性;

(2)确定系统是否发生变动,如果发生变动,是否存在适当的系统变动控制;

(3)确定对交易的处理是否使用授权批准的软件版本。

除非系统(包括系统使用的表格、文档或其他永久性数据)发生变动,注册会计师通常不需要增加自动化控制的测试范围。

三、发现偏差时的处理

(1)由于有效的内部控制不能为实现控制目标提供绝对保证,单项控制并非一定要毫无偏差地运行,才被认为有效。

(2)如果发现控制偏差,注册会计师应当考虑偏差的原因及性质,并考虑采用扩大样本量等适当的应对措施以判断该偏差是否对总体不具有代表性。

第5节　企业层面控制的测试

【复习要点1】针对管理层和治理层凌驾于控制之上的风险而设计的控制(★★★)

一般而言,针对凌驾风险采用的控制可以包括但不限于以下几方面。

(1)针对重大的异常交易(尤其是那些导致会计分录延迟或异常的交易)的控制。

(2)针对关联方交易的控制

(3)与管理层的重大估计相关的控制。

(4)能够减弱管理层伪造或不恰当操纵财务结果的动机及压力的控制。

(5)建立内部举报投诉制度。

【复习要点2】被审计单位的风险评估过程（★★★）

1. 含义

风险评估过程包括识别与财务报告相关的经营风险，以及针对这些风险所采取的措施。

2. 考虑因素

（1）被审计单位是否根据设定的控制目标，有计划地全面、系统、持续地收集内外部相关信息，并结合实际情况，及时进行风险评估。

（2）被审计单位是否在目标设定的基础上，密切关注内外部主要风险因素，通过日常或定期的评估程序与方法对各种主要风险加以识别，并将各类风险进行分类整理，形成企业的风险清单。

（3）被审计单位是否在风险识别的基础上，采用定性和定量相结合的方法，按照风险发生的可能性及其影响程度等，对识别的风险进行分析和排序，确定关注重点和优先控制的风险。

（4）被审计单位是否根据内部控制目标，结合风险评估结果和风险应对策略，综合运用控制措施，将风险控制在可承受范围之内。

【复习要点3】对内部信息传递和期末财务报告流程的控制（★★★）

期末财务报告流程包括：

（1）将交易总额登入总分类账的程序；

（2）与会计政策的选择和运用相关的程序；

（3）总分类账中会计分录的编制、批准等处理程序；

（4）对财务报表进行调整的程序；

（5）编制财务报表的程序。

注册会计师应当从下列方面评价期末财务报告流程：

（1）被审计单位财务报表的编制流程，包括输入、处理及输出；

（2）期末财务报告流程中运用信息技术的程度；

（3）管理层中参与期末财务报告流程的人员；

（4）纳入财务报表编制范围的组成部分；

（5）调整分录及合并分录的类型；

（6）管理层和治理层对期末财务报告流程进行监督的性质及范围。

【复习要点4】控制有效性的内部监督（即监督其他控制的控制）和内部控制评价（★★★）

1. 两个层次

企业层面或业务流程层面。

2. 控制监督的方式

对于企业或业务流程层面的监督可以通过持续的监督和管理活动、审计委员会或内部审计部门的活动，以及自我评价的方式等来实现。

3. 控制监督的内容

对控制的监督可能包括：对运营报告的复核和核对、与外部人士的沟通、其他未参与控制执行人员的监控活动，以及信息系统所记录的数据与实物资产的核对等。

4. 对控制监督特别考虑的因素

（1）管理层是否定期地将会计系统中记录的数额与实物资产进行核对。

（2）管理层是否为保证内部审计活动的有效性而建立了相应的控制。

（3）管理层是否建立了相关的控制以保证自我评价或定期的系统评价的有效性。

（4）管理层是否建立了相关的控制以保证监督性控制能够在一个集中的地点有效进行，如共享服务中心等。

【复习要点5】监督经营成果的控制（★★★）

监督经营成果的控制可以视为所有监督性内部控制的一种，一般而言，管理层对于各个单位或业务部门经营情况的监控是企业层面的主要内部控制之一。

注册会计师在了解和测试与监督经营成果相关的企业层面的内部控制时可以考虑的因素包括（但不限于）：

（1）管理层是否定期将经营成果与预算进行对比分析及复核，以分析财务资料是否存在异常情况；

（2）是否定期编制主要经营指标并对这些指标进行审阅及分析，以分析财务资料是否存在异常情况；

（3）是否定期更新经营预测，并且与期末的实际经营结果进行对比分析。

此外，监督经营果的控制还可能包括在控制环境以及风险评估流程方面的监控，具体包括（但不限于）：

（1）对客户投诉报告的复核及分析，以查找被审计单位的各个下属单位或业务部门是否存在违规、不合法或管理不善的情况；

（2）对违反被审计单位政策或守则行为的处理的复核；

（3）对与员工报酬或晋升相关的员工业绩评价流程的复核，以确定企业内部公平

及平衡的奖惩制度的执行;

(4)对企业记录的财务报表编制流程中存在的主要风险的复核,以考虑企业内部及外部存在的可能导致财务报表错报的重大风险是否已经被清楚地反映。

第6节　业务流程、应用系统或交易层面的控制的测试

【复习要点1】控制目标和相关认定（★★★）

(1)完整性:所有的有效交易都已记录	必须有程序确保没有漏记实际发生的交易
(2)存在/发生:每项已记录的交易均真实发生	必须要程序确保会计记录中没有虚构的或重复入账的项目
(3)准确性:准确计量交易	必须要程序确保交易以准确的金额入账
(4)截止:恰当确定交易生成的会计期间	必须有程序确保交易在适当的会计期间内入账（例如,月、季度、年等）
(5)分类	必须有程序确保将交易记入正确的总分类账,必要时,记入相应的明细账
(6)正确汇总和过账	必须有程序确保所有作为账簿记录中的借贷方余额都正确的归集（加总）,确保加总后的金额正确记入总账的明细分类账

【复习要点2】识别和了解相关控制（★★★）

一、预防性控制

预防性控制通常用于正常业务流程的每一项交易,以防止错报的发生。该控制可能是人工的,也可能是自动化的。

对控制的描述	拟防止的错报
计算机程序自动生成收获报告	防止出现购货漏记账的情况
在更新采购档案之前必须先有收货报告	防止记录未收到货物的采购交易
销货发票上的价格根据价格清单上的信息确定	防止销货计价错误
计算机将各凭证上的账户号码与会计科目对比,然后进行一系列的逻辑测试	防止出现分类错报

二、检查性控制

检查性控制通常并不适用于业务流程中的所有交易,而适用于一般业务流程以外的已经处理或部分处理的某类交易,可能一年只运行几次,如每月将应收账款明细账与总账比较;也可能每周运行,甚至一天运行几次。该控制可以由人工执行也可以由信息系统自动执行。

对控制的描述	控制预期查出的错报
定期编制银行存款调节余额表,跟踪调查调节项目	在对其他项目进行审查的同时,查找银收企未收项目、银付企未付项目或虚构入账的不真实的银行收支项目,未及时入账或为正确汇总分类的银行收支项目
计算机每天比较运出货物的数量和开票数量。如果发现差异,产生报告,由开票主观复核和追查	查找没有开票和记录的出库货物,以及与真实发货无关的发票
每季度复核应收账款贷方余额并找出原因	查找没有记录的发票和销售与现金收入中的分类错误

【复习要点3】记录相关控制(★★★)

在被审计单位已设置的控制中,如果有可以对应"哪个环节需设置控制"问题的,注册会计师应将其记录于工作底稿,同时记录由谁执行该控制。注册会计师可以通过备忘录、笔记或复印被审计单位相关资料而逐步使信息趋于完整。

第7节 信息系统控制的测试

【复习要点】信息技术内部控制测试(★★★)

一、信息系统一般控制

信息系统一般控制是指为了保证信息系统的安全,对整个信息系统以及外部各种环境要素实施的、对所有的应用或控制模块具有普遍影响的控制措施。

环节		主要内容
程序开发	目标	确保系统的开发、配置和实施能够实现管理层的应用控制目标
	要素	(1)对开发和实施活动的管理 (2)项目启动、分析和设计 (3)对程序开发实施过程的控制软件包的选择 (4)测试和质量确保 (5)数据迁移 (6)程序实施 (7)记录和培训 (8)职责分离
程序变更	目标	程序变更领域的目标是确保对程序和相关基础组件的变更是经过申请、授权、执行、测试和实施的,以达到管理层的应用控制目标
	要素	(1)对维护活动的管理 (2)对变更请求的规范、授权与跟踪 (3)测试和质量保证 (4)程序实施 (5)记录和培训 (6)职责分离

续表

环节		主要内容
程序和数据访问	目标	确保分配的访问程序和数据的权限是经过用户身份认证并经过授权的
	子组件	安全活动管理、安全管理、数据安全、操作系统安全、网络安全和实物安全
计算机运行	目标	确保生产系统根据管理层的控制目标完整准确地运行,确保运行问题被完整准确地识别并解决,以维护财务数据的完整性
	子组件	计算机运行活动的总体管理、批调度和批处理、实时处理、备份和问题管理以及灾难恢复

二、信息技术应用控制测试

与手工控制一样,自动系统控制同样关注信息处理目标的四个要素:完整性、准确性、经过授权和访问限制。

目标	要点
完整性	(1)顺序标号,可以保证系统每笔日记账都是唯一的,并且系统不会接受相同编号,或者在编号范围外的凭证。此时,需要系统提供一个没有编号凭证的报告,如果存在例外,需要相关人员进行调查跟进 (2)编辑检查,以确保无重复交易录入,例如发票付款的时候,检查发票编号
准确性	(1)编辑检查,包括限制检查、合理性检查、存在性检查和格式检查等 (2)将客户、供应商、发票和采购订单等信息与现有数据进行比较
授权	(1)交易流程中必须存在恰当的授权 (2)将客户、供应商、发票和采购订单等信息与现有数据进行比较
访问限制	(1)对于某些特殊的会计记录的访问,必须经过数据所有者的正式授权。管理层必须定期检查系统的访问权限来确保只有经过授权的用户才能够拥有访问权限,并且符合职责分离原则。如果存在例外,必须进行调查 (2)访问控制必须满足适当的职责分离,例如,交易的审批和处理必须由不同的人员执行 (3)对每个系统的访问控制都要单独考虑。密码必须要定期更换,并且在规定次数内不能重复;定期生成多次登录失败导致用户账号锁定的报告,管理层必须跟踪这些登录失败的具体原因

三、信息技术应用控制与信息技术一般控制之间的关系

应用控制是设计在计算机应用系统中的、有助于达到信息处理目标的控制。如果录入数据的某一要素未通过编辑检查,那么系统可能拒绝录入该数据或系统可能将该录入数据拖入系统生成的例外报告之中,留待后续跟进和处理。

如果带有关键的编辑检查功能的应用系统所依赖的计算机环境存在信息技术一般控制的缺陷,注册会计师可能就不能信赖上述编辑检查功能按设计发挥作用。此外,与安全和访问权限相关的控制缺陷可能导致数据录入不恰当地绕过合理性检查,而该合理性检查在其他方面将使系统无法处理金额超过最大容差范围的支付操作。

第8节　内部控制缺陷评价

【复习要点1】控制缺陷的分类（★★★）

划分标准		类型
成因	设计缺陷	指缺少为实现控制目标所必需的控制，或现有控制设计不适当、即使正常运行也难以实现预期的控制目标
	运行缺陷	指现存设计适当的控制没有按设计意图运行，或执行人员没有获得必要授权或缺乏胜任能力，无法有效地实施内部控制
严重程度	重大缺陷	是内部控制中存在的、可能导致不能及时防止或发现并纠正财务报表出现重大错报的一项控制缺陷或多项控制缺陷的组合
	重要缺陷	内部控制中存在的、其严重程度不如重大缺陷但足以引起负责监督被审计单位财务报告的人员（如审计委员会或类似机构）关注的一项控制缺陷或多项控制缺陷的组合
	一般缺陷	指除重大缺陷、重要缺陷之外的其他控制缺陷

【复习要点2】评价控制缺陷的严重程度（★★★）

控制缺陷的严重程度取决于：

（1）控制不能防止或发现并纠正账户或列报发生错报的可能性的大小；

（2）因一项或多项控制缺陷导致的潜在错报的金额大小。

在评价一项控制缺陷或多项控制缺陷的组合是否可能导致账户或列报发生错报时，注册会计师应当考虑以下风险因素：

（1）所涉及的账户、列报及其相关认定的性质；

（2）相关资产或负债易于发生损失或舞弊的可能性；

（3）确定相关金额时所需判断的主观程度、复杂程度和范围；

（4）该项控制与其他控制的相互作用或关系；

（5）控制缺陷之间的相互作用；

（6）控制缺陷在未来可能产生的影响。

在评价因一项或多项控制缺陷导致的潜在错报的金额大小时，注册会计师应当考虑下列因素：

（1）受控制缺陷影响的财务报表金额或交易总额；

（2）在本期或预计的未来期间受控制缺陷影响的账户余额或各类交易涉及的交易量。

第9节　出具审计报告

【复习要点1】审计报告类型（★★★）

一、无保留意见内部控制审计报告

如果符合下列所有条件,注册会计师应当对内部控制出具无保留意见的内部控制审计报告:

(1)在基准日,被审计单位按照适用的内部控制标准的要求,在所有重大方面保持了有效的内部控制;

(2)注册会计师已经按照《企业内部控制审计指引》的要求计划和实施审计工作,在审计过程中未受到限制。

内部控制审计报告包括下列要素。

(1)标题。

(2)收件人。

(3)引言段。

(4)企业对内部控制的责任段。

(5)注册会计师的责任段。

(6)内部控制固有局限性的说明段。

(7)财务报告内部控制审计意见段。

(8)注册会计师的签名和盖章。

(9)会计师事务所的名称、地址及盖章。

(10)报告日期。

二、非无保留意见的内部控制审计报告

1. 内部控制存在重大缺陷时的处理

如果认为内部控制存在一项或多项重大缺陷,除非审计范围受到限制,注册会计师应当对内部控制发表否定意见。

如果重大缺陷尚未包含在企业内部控制评价报告中,注册会计师应当在内部控制审计报告中说明重大缺陷已经识别、但没有包含在企业内部控制评价报告中。

如果企业内部控制评价报告中包含了重大缺陷,但注册会计师认为这些重大缺陷未在所有重大方面得到公允反映,注册会计师应当在内部控制审计报告中说明这一结论,并公允表达有关重大缺陷的必要信息。此外,注册会计师还应当就这些情况以书面形式与治理层沟通。

如果拟对内部控制的有效性发表否定意见,在财务报表审计中,注册会计师不应依赖存在重大缺陷的控制,然而,需要实施实质性程序确定与该控制相关的账户是否存在重大错报。如果实施实质性程序的结果表明该账户不存在重大错报,注册会计师可以对财务报表发表无保留意见。

如果对财务报表发表的审计意见未受影响，注册会计师应当在内部控制审计报告的导致否定意见的事项段中增加以下类似说明："在XX公司XX年财务报表审计中，我们已经考虑了上述重大缺陷对审计程序的性质、时间安排和范围的影响。本报告并未对我们在XX年X月X日对X公司XX年财务报表出具的审计报告产生影响。"

如果对财务报表发表的审计意见受到影响，注册会计师应当在内部控制审计报告的导致否定意见的事项段中增加以下类似说明："在XX公司XX年财务报表审计中，我们已经考虑了上述重大缺陷对审计程序的性质、时间安排和范围的影响。"

2. 审计范围受到限制时的处理。

如果法律法规的相关豁免规定允许被审计单位不将某些实体纳入内部控制的评价范围，注册会计师可以不将这些实体纳入内部控制审计的范围。这种情况不构成审计范围受到限制，但注册会计师应当在内部控制审计报告中增加强调事项段或者在注册会计师的责任段中，就这些实体未被纳入评价范围和内部控制审计范围这一情况，作出与被审计单位类似的恰当陈述。

在因审计范围受到限制而无法表示意见时，注册会计师应当就未能完成整个内部控制审计工作的情况，以书面形式与管理层和治理层进行沟通。

【复习要点2】强调事项、非财务报告内部控制重大缺陷（★★★）

（一）强调事项

如果认为内部控制虽然不存在重大缺陷，但仍有一项或多项重大事项需要提请内部控制审计报告使用者注意，注册会计师应当在内部控制审计报告中增加强调事项段予以说明。

如果存在下列情况，注册会计师应当考虑在内部控制审计报告中增加强调事项段。

（1）如果确定企业内部控制评价报告对要素的列报不完整或不恰当。

（2）如果注册会计师知悉在基准日并不存在、但在期后期间发生的事项，且这类期后事项对内部控制有重大影响。

（二）非财务报告内部控制重大缺陷

若某项非财务报告内部控制缺陷为重大缺陷的，注册会计师应当以书面形式与企业董事会和经理层沟通，提醒企业加以改进；同时在内部控制审计报告中增加非财务报告内部控制重大缺陷描述段，对重大缺陷的性质及其对实现相关控制目标的影响程度进行披露，提示内部控制审计报告使用者注意相关风险，但无需对其发表审计意见。

过关演练

一、单选题

1. 注册会计师认为财务报告内部控制虽不存在重大缺陷, 但仍有一项或者多项重大事项需要提请内部控制审计报告使用者注意的, 应当在内部控制审计报告中增加 ( ) 予以说明。

A. 强调事项段　　　　　　　　B. 责任说明段

C. 审计意见段　　　　　　　　D. 其他事项段

2. 注册会计师认为财务报告内部控制存在一项或多项重大缺陷的, 除非审计范围受到限制, 应当对财务报告内部控制发表 ( ) 意见。

A. 无保留　　　　　　　　　　B. 保留

C. 否定　　　　　　　　　　　D. 无法表示

3. 注册会计师应当以 ( ) 为基础, 选择拟测试的控制, 确定测试所需收集的证据。

A. 职业判断　　　　　　　　　B. 以往审计经验

C. 风险评估　　　　　　　　　D. 重要性和审计风险水平

4. 执行内部控制审计时, 内部控制的特定领域存在 ( ) 的风险越高, 给予该领域的审计关注就越多。

A. 重大错报风险　　　　　　　B. 重大缺陷

C. 多报　　　　　　　　　　　D. 少报

5. 注册会计师知悉对企业内部控制自我评价基准日内部控制有效性有重大负面影响的期后事项的, 应当对财务报告内部控制发表 ( ) 意见。

A. 无保留　　　　　　　　　　B. 保留

C. 否定　　　　　　　　　　　D. 无法表示

6. 根据《企业内部控制审计指引》, 注册会计师可以接受委托对特定日期与会计报表相关的内部控制进行审计, 其发表审计意见的对象是 ( )。

A. 内部控制的合理性　　　　　B. 内部控制的一贯性

C. 内部控制的有效性　　　　　D. 内部控制的完整性

二、多选题

1. 表明内部控制可能存在重大缺陷的迹象, 主要包括 ( )。

A. 企业更正已经公布的财务报表

B. 注册会计师发现董事、监事和高级管理人员舞弊

C. 注册会计师发现当期财务报表存在重大错报，而内部控制在运行过程中未能发现该错报

D. 企业审计委员会和内部审计机构对内部控制的监督无效

2. 在整合审计中，注册会计师应当对内部控制设计与运行的有效性进行测试，可以（　　）。

A. 获取充分、适当的证据，支持其在内部控制审计中对内部控制有效性发表的意见

B. 获取充分、适当的证据，支持其在财务报表审计中对控制风险的评估结果

C. 合理确定重要性水平

D. 合理确定审计风险水平

3. 同时符合以下哪些条件时，注册会计师应当对财务报告内部控制出具无保留意见的内部控制审计报告（　　）。

A. 企业按照《企业内部控制基本规范》、《企业内部控制应用指引》、《企业内部控制评价指引》以及企业自身内部控制制度的要求，在所有重大方面保持了有效的内部控制

B. 注册会计师已经按照《企业内部控制审计指引》的要求计划和实施审计工作，在审计过程中未受到限制

C. 财务报表审计后未发现财务报表存在重大错报

D. 内部控制审计中未注意到非财务报告内部控制存在重大缺陷

4. 在计划审计工作时，注册会计师应当评价以下哪些事项对内部控制、财务报表以及审计工作的影响（　　）。

A. 与企业相关的风险

B. 企业组织结构、经营特点和资本结构等相关重要事项

C. 重要性、风险等与确定内部控制重大缺陷相关的因素

D. 可获取的、与内部控制有效性相关的证据的类型和范围

5. 注册会计师执行内部控制审计业务，发现审计范围受到限制时，应当作出哪些审计处理（　　）。

A. 解除业务约定或出具无法表示意见的内部控制审计报告

B. 就审计范围受到限制的情况，以书面形式与董事会进行沟通

C. 解除与该客户相关的所有业务关系

D. 注册会计师在已执行的有限程序中发现财务报告内部控制存在重大缺陷的，应当在内部控制审计报告中对重大缺陷做出详细说明

第21章　会计师事务所业务质量控制

【考情分析】在近3年考试中，本章内容所占分值为6分，题型均是简答题。

【复习要点】本章内容非常重要，复习要点主要包括质量控制制度的目标和对业务质量承担的领导责任、客户关系和具体业务的接受与保持、人力资源、业务执行、监控等相关知识点。

【本章要点概览】

会计师事务所业务质量控制	一、质量控制制度的目标和对业务质量承担的领导责任	1.质量控制制度的目标和要素	★★
		2.对业务质量承担的领导责任	★★
	二、相关职业道德要求	满足独立性要求	★★
	三、客户关系和具体业务的接受与保持	客户关系和具体业务的接受与保持	★★
	四、人力资源	人力资源	★★
	五、业务执行	业务执行	★★
	六、监控	监控	★★

第1节　质量控制制度的目标和对业务质量承担的领导责任

【复习要点1】质量控制制度的目标和要素（★★）

1.质量控制的目标

（1）会计师事务所及其人员遵守职业准则和适用的法律法规的规定。

（2）会计师事务所和项目合伙人出具适合具体情况的报告。

【提示】项目合伙人是指会计师事务所中负责某项业务及其执行，并代表会计师事务所在出具的报告上签字的合伙人。

2.质量控制的要素

（1）对业务质量承担的领导责任。

（2）相关职业道德要求。

（3）客户关系和具体业务的接受与保持。

（4）人力资源。

（5）业务执行。

（6）监控。

【复习要点2】对业务质量承担的领导责任（★★）

1. 对主任会计师的总体要求

（1）会计师事务所制定政策和程序的目的是培育以质量为导向的内部文化。

（2）会计师事务所主任会计师承担对质量控制制度的最终责任。

2. 树立质量至上的意识

（1）合理确定管理责任，以避免重商业利益轻业务质量。

（2）建立以质量为导向的业绩评价、工薪及晋升的政策和程序。

（3）投入足够的资源制定和执行质量控制政策和程序，并形成相关文件记录。

3. 委派质量控制制度运作人员

会计师事务所主任会计师承担对质量控制制度的最终责任，为保证质量控制制度的具体运作效果，主任会计师必须委派适当的人员并授予其必要的权限，以帮助主任会计师正确履行其职责。

第2节　相关职业道德要求

【复习要点】满足独立性要求（★★）

1. 总体要求

会计师事务所应当制定政策和程序，以合理保证事务所及其人员，包括雇用的专家和其他需要满足审计独立性要求的人员，遵守相关职业道德要求。

2. 具体要求

（1）项目合伙人应向会计师事务所提供与客户委托业务相关的信息，以使事务所能够评价这些信息对保持独立性的总体影响。

（2）会计师事务所人员应及时向会计师事务所报告对独立性造成不利影响的情况和关系，以便事务所采取适当行动。

（3）会计师事务所应收集相关信息，并向适当人员传达。会计师事务所应当重视及时向适当人员传达收集的相关信息,以帮助其满足独立性要求。会计师事务所应当制定政策和程序,以合理保证能够获知违反独立性要求的情况,并采取适当行动予以解决。

【提示】(1)会计师事务所应当每年至少一次向所有受独立性约束的人员获取其遵守独立性政策和程序的书面确认函。当其他会计师事务所参与执行部分业务时,会计师事务所也可以考虑向其获取有关独立性的书面确认函。书面确认函既可以是纸质的,也可以是电子形式的。

(2)对所有上市实体财务报表审计业务,按照相关职业道德要求和法律法规的规定在规定期限届满时轮换合伙人、项目质量控制复核人员,以及受轮换要求约束的其他人员。

第3节　客户关系和具体业务的接受与保持

【复习要点】客户关系和具体业务的接受与保持(★★)

1. 会计师事务所应当制定有关客户关系和具体业务接受与保持的政策和程序,以合理保证只有在下列情况下,才能接受或保持客户关系和具体业务。

(1)事务所及项目组能够胜任该项业务,并具有执行该项业务必要的素质、时间和资源。

(2)事务所及项目组能够遵守相关职业道德要求。

(3)事务所及项目组已考虑客户的诚信,没有信息表明客户缺乏诚信。

2. 会计师事务所在接受新业务前,还必须评价自身的执业能力,不得承接不能胜任和无法完成的业务。

3. 在接受新业务时,会计师事务所还应当考虑接受该业务是否会导致现实或潜在的利益冲突。如果识别出潜在的利益冲突,会计师事务所应当考虑是否接受该业务。

4. 当识别出问题而又决定接受或保持客户关系或具体业务时,会计事务所应当记录问题如何得到解决。

5. 会计师事务所在接受业务后可能获知了某项信息,而该信息若在接受业务前获知,可能导致会计师事务所拒绝该项业务。在这种情况下,会计师事务所应当按照规定制定相应的政策和程序。

第4节 人力资源

1. 总体要求

会计师事务所应当合理保证拥有足够的具有胜任能力和必要素质并承诺遵守相关职业道德要求的人员，使事务所和项目合伙人能够按照职业准则和适用的法律法规的规定执行业务，并能够出具适合情况的报告。

2. 人力资源管理要素

招聘；业绩评价；人员素质和胜任能力，包括完成所分派任务的时间是否足够；职业发展；晋升；薪酬；人员需求预测。

3. 项目合伙人的委派要求

会计师事务所应当对每项业务委派至少一名项目合伙人，并明确下列要求。

（1）将项目合伙人的身份和作用告知客户管理层和治理层的关键成员。

（2）项目合伙人具有履行职责所要求的适当的胜任能力、必要素质和权限。

（3）清楚界定项目合伙人的职责，并告知该项目合伙人。

4. 项目组其他成员的委派要求

会计师事务所应当委派具有必要素质、胜任能力和时间的员工，按照职业准则和适用的法律法规的规定执行业务，以使会计师事务所和项目合伙人能够出具适合具体情况的报告。

第5节 业务执行

一、指导、监督与复核

1. 指导、监督与复核的总体要求

会计师事务所通常使用书面或电子手册、软件工具、标准化底稿以及行业和特定业务对象的指南性材料等方式，通过质量控制政策和程序，保持业务执行质量的一

致性。

2. 指导的具体要求

（1）项目合伙人让审计项目组所有成员都了解拟执行工作的目标。

（2）项目合伙人应当通过适当的团队工作和培训，使经验较少的审计项目组成员清楚了解所分派工作的目标。

3. 监督的具体要求

（1）项目合伙人在业务进行中适时实施必要的监督，以检查各成员是否能够顺利完成业务工作。

（2）项目合伙人考虑项目组各成员的素质和胜任能力，以及是否有足够的时间执行审计工作。

（3）项目合伙人解决在执行审计业务过程中发现的重大问题，考虑其重要程度并适当修改原计划的方案。

（4）项目合伙人识别在执行审计业务过程中需要咨询的事项，或需要由经验较丰富的项目组成员考虑的事项。

4. 复核的具体要求

（1）是否已按照职业准则和适用的法律法规的规定执行。

（2）重大事项是否已提请进一步考虑。

（3）相关事项是否已进行适当咨询，由此形成的审计结论是否得到记录和执行。

（4）是否需要修改已执行审计工作的性质、时间安排和范围。

（5）已执行的审计工作是否支持形成的结论，并得以适当记录。

（6）已获取的审计证据是否充分、适当以支持报告。

（7）业务程序的目标是否已实现。

复核人员应当拥有适当的经验、专业胜任能力和责任感，因此，确定复核人员的原则是，由项目组内经验较多的人员复核经验较少的人员执行的工作，只有这样，复核才能达到目的。

二、咨询

1. 咨询的总体要求

项目组在业务执行中时常会遇到各种各样的疑难问题或者争议事项。为此，会计师事务所应当建立政策和程序以合理保证。

（1）就疑难问题或争议事项进行适当咨询。

（2）能够获取充分的资源进行适当咨询。

（3）咨询的性质和范围以及咨询形成的结论得以记录，并经过咨询者和被咨询者的认可。

（4）咨询形成的结论得到执行。

2. 咨询的具体要求

（1）形成良好咨询文化。

（2）合理确定咨询事项。

（3）适当确定被咨询者。

（4）充分提供相关事实。

（5）考虑利用外部咨询。

（6）完整记录咨询情况。

【提示】（1）咨询包括与会计师事务所内部或外部具有专门知识的人员。

（2）项目组就疑难问题或争议事项向其他专业人士咨询所形成的记录，应当经被咨询者认可。

三、意见分歧

1. 处理意见分歧的总体要求

（1）会计师事务所应当制定政策和程序，以处理和解决项目组内部、项目组与被咨询者之间以及项目合伙人与项目质量控制复核人员之间的意见分歧。

（2）形成的结论应当得以记录和执行。

2. 对出具审计报告的影响

只有意见分歧问题得到解决，项目合伙人才能出具报告。意见分歧问题得到解决前，如果项目合伙人出具报告，不仅有失注册会计师应有的谨慎，而且容易导致出具不恰当的报告，难以合理保证实现质量控制的目标。

【提示】如果项目合伙人不接受项目质量控制复核人员的建议，并且重大事项未得到满意解决，项目合伙人不应当出具报告。

四、 项目质量控制复核

1. 项目质量控制复核的定义、时间、内容、对象、人员、方法与范围

（1）定义

项目质量控制复核是指会计师事务所挑选不参与该业务的人员，在出具报告前，对项目组做出的重大判断和在准备报告时形成的结论做出客观评价的过程。

（2）时间

在出具报告前完成项目质量控制复核。

（3）内容

项目组做出的重大判断和在准备报告时形成的结论。

（4）对象

① 对所有上市实体财务报表审计实施项目质量控制复核。

② 明确标准，据此评价所有其他的历史财务信息审计和审阅、其他鉴证及相关服务业务，以确定是否应当实施项目质量控制复核。

③ 对所有符合标准的业务实施项目质量控制复核。

（5）人员

会计师事务所应当制定政策和程序，明确被委派的项目质量控制复核人员应符合的下列要求。

① 履行职责需要的技术资格，包括必要的经验和权限。

② 在不损害其客观性的前提下，提供业务咨询的程度。

（6）方法

① 与项目合伙人进行讨论。

② 复核财务报表或其他业务对象信息及报告，尤其考虑报告是否适当。

③ 选取与项目组做出重大判断及形成结论有关的工作底稿进行复核。

④ 复核有关处理和解决重大疑难问题或争议事项形成的工作底稿，复核重大事项概要等。

（7）范围

在对上市公司财务报表审计实施项目质量控制复核时，复核人员应当考虑：

① 项目组就具体业务对事务所独立性做出的评价。

② 在审计过程中识别的特别风险以及采取的应对措施。

③ 做出的判断, 尤其是关于重要性和特别风险的判断。

④ 是否已就存在的意见分歧、其他疑难问题或争议事项进行适当咨询, 以及咨询得出的结论。

⑤ 在审计中识别的已更正和未更正的错报的重要程度及处理情况。

⑥ 拟与管理层、治理层以及其他方面沟通的事项。

⑦ 所复核的审计工作底稿是否反映了针对重大判断执行的工作, 是否支持得出的审计结论。

⑧ 拟出具的审计报告的适当性。

【提示】项目质量控制复核并不减轻项目合伙人的责任, 更不能替代项目合伙人的责任。

2. 对项目质量控制复核人员的委任的考虑

（1）项目质量控制复核人员的客观性。

（2）项目质量控制复核人员的权威性。

（3）项目质量控制复核人员所能承担的总体复核工作量。

（4）对属于公众利益实体的被审计单位的特别要求。

如果被审计单位属于公众利益实体, 相关关键审计合伙人任职时间不得超过5年, 在任期结束后的两年内, 不得为该审计单位的审计业务实施质量控制复核。

3. 项目质量控制复核的记录

会计师事务所应当制定政策和程序, 要求记录项目质量控制复核情况, 包括:

（1）有关项目质量控制复核的政策所要求的程序已得到执行。

（2）项目质量控制复核在出具报告前业已完成。

（3）复核人员没有发现任何尚未解决的事项, 使其认为项目组做出的重大判断及形成的结论不适当。

【例题·多选题】下列说法中, 不正确的有（   ）。

A. 项目质量控制复核不可以代替项目合伙人的责任

B. 意见分歧问题未得到解决, 项目合伙人可以应时间要求先行出具报告

C. 注册会计师业务咨询形成的记录属于事务所的工作底稿, 无须经被咨询者认可

D. 确定复核人员的原则是, 由项目组内经验较多的人员复核经验较少的人员执行的工作

【解析】只有意见分歧得到解决，项目合伙人才可以出具报告，选项B错误；注册会计师应当完整记录咨询情况，且项目组就疑难问题或争议事项向其他专业人士咨询所形成的记录，应当经被咨询者认可，选项C错误。

【答案】BC

第6节　监控

【复习要点】监控（★★）

1. 总体要求

会计师事务所应当制定监控政策和程序，以合理保证质量控制制度中的政策和程序是相关、适当的，并正在有效运行。

2. 人员

（1）实施监控的人员应当具有专业胜任能力。

（2）会计师事务所可以委派主任会计师、副主任会计师或具有足够、适当经验和权限的其他人员履行监控责任。

3. 监控内容

（1）质量控制制度设计的适当性。

（2）质量控制制度运行的有效性。

4. 实施检查

会计师事务所应当周期性地选取已完成的审计业务进行检查，周期最长不得超过3年。在每个周期内，应对每个项目合伙人的业务至少选取一项进行检查。参加业务执行或项目质量控制复核的人员不应承担该项业务的检查工作。

5. 监控结果的处理

会计师事务所应当将实施监控程序发现的缺陷及建议采取的适当补救措施，告知相关项目合伙人及其他适当人员。

【例题1·单选题】（2012年）下列关于审计证据的说法中，错误的是（　　　）。

A. 审计证据主要是在审计过程中通过实施审计程序获取的信息

B. 审计证据不包括会计师事务所接受与保持客户时实施质量控制程序获取的信息

C. 审计证据包括支持和佐证管理层认定的信息，也包括与这些认定相矛盾的信息

D. 在某些情况下，信息的缺乏（如管理层拒绝提供注册会计师要求的声明）本身也构成审计证据

【解析】选项B错误。审计证据是指注册会计师为了得出审计结论、形成审计意见时使用的所有信息。包括会计师事务所接受与保持客户时实施质量控制程序获取的信息。

【答案】B

【例题2·简答题】（2011年）ABC会计师事务所接受委托，负责审计上市公司甲公司2010年度财务报表，并委派A注册会计师担任审计项目合伙人。在制订审计计划时，A注册会计师根据其审计甲公司的多年经验，认为甲公司2010年度财务报表不存在重大错报风险，应当直接实施进一步审计程序。在审计过程中，A注册会计师要求项目组成员之间相互复核工作底稿，并委派其所在业务部的B注册会计师负责甲公司项目质量控制复核。

项目组内部在某项重大问题上存在分歧，经主任会计师批准，A注册会计师出具了审计报告。在审计报告出具后，B注册会计师随机选取若干份工作底稿进行了复核，没有发现重大问题。

【要求】针对上述情形，指出存在哪些可能违反审计准则和质量控制准则的情况，并简要说明理由。

【答案】（1）违反审计准则。A注册会计师必须了解甲公司及其环境，实施风险评估程序后才能评估财务报表风险。

（2）违反质量控制准则。项目组内部复核的原则是：由项目组经验较多的人员复核经验较少的人员执行的工作。

（3）违反质量控制准则。项目质量控制复核人员应当由会计师事务所指派，而不能由审计项目负责人直接任命。

（4）违反质量控制准则。只有意见分歧问题得到解决后项目合伙人才能出具审计报告。

（5）违反质量控制准则。项目质量控制复核应当在出具审计报告之前完成。

（6）违反质量控制准则。应当选取与项目组做出重大判断及形成结论有关的工作底稿复核，而不是随意选择复核样本。

过关演练

一、单选题

1. 下列有关会计师事务所监控的说法中错误的是（　　）。

A. 会计师事务所可以委派主任会计师、副主任会计师或具有足够、适当经验和权限的其他人员履行监控责任

B. 向相关项目合伙人以外的人员传达已发现的缺陷，通常不指明涉及的具体业务，除非指明具体业务对这些人员适当履行职责是必要的

C. 会计师事务所应当每年至少两次将质量控制制度的监控结果，传达给项目负责人及会计师事务所内部的其他适当人员，以使会计师事务所及其相关人员能够在其职责范围内及时采取适当的行动

D. 如果实施监控程序的结果表明出具的报告可能不适当，或在执行业务过程中遗漏了应有的程序，会计师事务所应当确定采取适当的进一步行动，以遵守法律法规、职业道德规范和相关业务准则的规定。同时，会计师事务所应当考虑征询法律意见

2. 会计师事务所应当周期性地选取已完成的业务进行检查，并且周期最长不得超过（　　）年。

A. 1　　　　　　　　　　　　　B. 2

C. 3　　　　　　　　　　　　　D. 4

3. 下列有关会计师事务所业务执行的表述中，错误的是（　　）。

A. 咨询包括与会计师事务所内部或外部具有专门知识的人员，在适当专业层次上进行的讨论，以解决疑难问题或争议事项

B. 业务执行是编制和实施业务计划、形成和报告业务结果的总称

C. 合理有效的监督工作，是提高会计师事务所工作质量、完成各项任务、向客户提供符合质量要求的服务的必要保证

D. 对金融机构执行的业务仅需要进行一般的复核，并不需要进行详细的复核

4. 下列关于项目质量控制复核的说法中，错误的是（　　）。

A. 对所有上市实体财务报表审计实施项目质量控制复核

B. 会计师事务所挑选"不参与"该业务的人员，在出具报告前，对项目组做出的重大判断和准备报告时形成的结论做出客观评价的过程

C. 项目质量控制复核可以减轻项目合伙人的责任

D. 只有在按照会计师事务所处理意见分歧的程序解决重大事项后，项目合伙人才可以出具报告

5. 下列有关对业务质量承担领导责任的说法中不正确的是（　　　）。

A. 会计师事务所的主任会计师应当对质量控制制度承担最终责任

B. 会计师事务所应当制定政策和程序，培育以质量为导向的内部文化

C. 承担质量控制制度运作责任的人员，应当具有足够、适当的经验和能力，但不能拥有必要的权限

D. 会计师事务所的领导层应当树立质量至上的意识

6. 会计师事务所应当每（　　　）年至少一次向所有受独立性要求约束的人员获取其遵守独立性政策和程序的书面确认函。

A. 1　　　　　　　　　　　　　　　　B. 2

C. 3　　　　　　　　　　　　　　　　D. 4

二、多选题

1. 下列有关监控的相关表述中，正确的有（　　　）。

A. 在每个周期内，应对每个项目合伙人的业务至少选取一项进行检查

B. 会计师事务所应当周期性地选取已完成的业务进行检查，周期最长不超过2年

C. 会计师事务所应当每年至少两次将质量控制制度的监控结果，传达给项目合伙人及会计师事务所内部的其他适当人员

D. 监控结果表明出具的报告不适当时，会计师事务所应当确定采取适当的进一步行动，同时征询法律意见

2. 合伙人A已连续5年担任甲公司年度财务报表审计的签字注册会计师。根据有关规定，在审计甲公司2012年度财务报表时，正达会计师事务所（是XYZ会计师事务所集团成员）决定不再由注册会计师A担任签字注册会计师。但在成立甲公司2012年度财务报表审计项目组时，XYZ会计师事务所要求其继续担任外勤审计负责人。此时，正达事务所可以立即将相关信息告知（　　　），以便他们采取适当的行动。

A. 有关项目合伙人

B. 正达会计师事务所的其他适当人员

C. 正达会计师事务所聘用的专家

D. XYZ会计师事务所的人员

3. 项目质量控制复核是确保业务执行质量的重要措施，以下说法正确的

有（　　）。

A. 所有的上市实体报表审计业务及符合标准的其他业务以外的业务可以不执行项目质量控制复核

B. 小型会计师事务所可以聘请外部人员来实施项目质量控制复核

C. 事务所委任一名刚毕业的会计专业大学生担任项目质量控制复核人员

D. 对于项目中遇到的关键事项，项目质量控制复核人员直接对其进行决策

4. 关于项目质量控制复核人员客观性的保持，以下政策可行的有（　　）。

A. 如果可行，不由项目合伙人挑选

B. 在复核期间不以其他方式参与该业务

C. 不代替项目组进行决策

D. 确保不存在可能损害复核人员客观性的其他情形

5. 下列关于业务质量控制的说法中，不正确的有（　　）。

A. 质量控制准则是每个注册会计师都必须遵守的技术标准

B. 业务质量控制仅仅适用于会计师事务所执行的财务报表审计业务

C. 会计师事务所的主任会计师对质量控制制度承担最终领导责任

D. 会计师事务所的项目经理对质量控制制度承担最终领导责任

6. 会计师事务所在接受业务时，应当考虑客户的诚信情况。下列各项中，属于应当考虑的主要事项的有（　　）。

A. 客户的经营性质

B. 变更会计师事务所的原因

C. 工作范围是否受到不适当的限制的迹象

D. 客户主要股东、关键管理人员及治理层对内部控制环境和会计准则等的态度的信息

第22章　职业道德基本原则和概念框架

【考情分析】在近3年考试中,本章内容所占分值为6分,多以选择题形式出现,也常与第22章"独立性"合并考查,题型为简答题。

【复习要点】本章复习要点主要包括职业道德基本原则、职业道德概念框架、注册会计师对职业道德概念框架的具体运用等相关知识点。

【本章要点概览】

职业道德基本原则和概念框架	一、职业道德基本原则	基本原则的内容	★
	二、职业道德概念框架	可能对职业道德基本原则产生不利影响的因素	★★
	三、注册会计师对职业道德概念框架的具体运用	1. 应对不利影响的防范措施	★★
		2. 专业服务委托	★★
		3. 利益冲突	★★
		4. 应客户的要求提供第二次意见	★★
		5. 收费	★★
		6. 专业服务营销	★★
		7. 礼品和款待	★★
		8. 保管客户资产	★★

第1节　职业道德基本原则

【复习要点】基本原则的内容(★)

1. 诚信

诚信原则要求会员应当在所有的职业关系和商业关系中保持正直和诚实,秉公处事、实事求是。

(1)会员如果认为业务报告、申报资料或其他信息存在以下问题,则不得与这些有问题的信息发生牵连。

① 含有严重虚假或误导性的陈述。

② 含有缺乏充分依据的陈述或信息。

③ 存在遗漏或含糊其辞的信息。

(2)注册会计师如果注意到已与有问题的信息发生牵连,应当采取措施消除牵连。

(3)在鉴证业务中,如果注册会计师依据执业准则出具了恰当的非标准业务报告,不被视为违反上述要求。

2. 独立性

在执行鉴证业务时,注册会计师要从实质上和形式上保持独立性,不得因任何利害关系影响其客观性。

(1)独立性通常是对注册会计师提出的要求,而非所有会员;注册会计师执行鉴证业务时必须保持独立性。

(2)实质上的独立性是一种内心状态,要求注册会计师在提出结论时不受有损于职业判断的因素影响,能够诚实公正行事,并保持客观和职业怀疑态度。

(3)形式上的独立性,要求注册会计师避免出现重大的事实和情况,使得一个理性且掌握充分信息的第三方在权衡这些事实和情况后,很可能推定会计师事务所或项目组成员的诚信、客观或职业怀疑态度已经受到损害。

3. 客观和公正

客观和公正原则要求会员应当公正处事、实事求是,不得由于偏见、利益冲突以及他人的不当影响而损害自己的职业判断。

4. 专业胜任能力和应有的关注

(1)专业胜任能力

① 不应承接不能胜任的业务。

② 胜任能力包括获取和保持。

③ 利用专家工作。

(2)应有的关注

职业怀疑态度,要求注册会计师以质疑的思维方式评价证据的有效性。

5. 保密

要求会员应当对在职业活动中获知的涉密信息予以保密。

(1)总体要求

保密原则要求会员应当对在职业活动中获知的涉密信息予以保密,不得有以下行为:

① 未经客户授权或法律法规允许,向会计师事务所以外的第三方披露其所获知的涉密信息。

② 利用所获知的涉密信息为自己或第三方谋取利益。

(2)保密范围

注册会计师应当对其客户、拟接受的客户、受雇的工作单位、拟受雇的工作单位向其披露的涉密信息保密。

（3）会员在下列情况下可以披露涉密信息。

① 法律法规允许披露，并取得客户或工作单位的授权。

② 根据法律法规的要求，为法律诉讼、仲裁准备文件或提供证据，以及向监管机构报告所发现的违法行为。

③ 法律法规允许的情况下，在法律诉讼、仲裁中维护自己的合法权益。

④ 接受注册会计师协会或监管机构的执业质量检查，答复其询问和调查。

⑤ 法律法规、执业准则和职业道德规范规定的其他情形。

6. 良好的职业行为

避免发生任何损害职业声誉的行为：

会员应当诚实、实事求是，不应有下列行为。

① 夸大宣传提供的服务、拥有的资质和获得的经验。

② 贬低或无根据地比较其他注册会计师的工作。

【例题·单选题】（2012年）如果被审计单位是上市实体，下列事项中，注册会计师通常不应与治理层沟通的是（　　）。

A. 已与管理层讨论的审计中出现的重大事项

B. 就审计项目组成员、会计师事务所其他相关人员及会计师事务所按照相关职业道德要求保持了独立性的声明

C. 审计工作中遇到的重大困难

D. 已确定的财务报表整体的重要性

【解析】沟通的事项可能包括：（1）注册会计师拟如何应对由于舞弊或错误导致的特别风险；（2）注册会计师对与审计相关的内部控制采取的方案；（3）在审计中对重要性概念的运用，以及审计中发现的重大问题、审计工作中的困难、注册会计师的独立性，但是不包括已确定的财务报表整体的重要性。

【答案】D

第2节　职业道德概念框架

【复习要点】可能对职业道德基本原则产生不利影响的因素（★★）

职业道德基本原则产生不利影响的因素主要包括自身利益、自我评价、过度推介、密切关系和外在压力。

影响因素	具体内容
自身利益	如果经济利益或其他利益对会员的职业判断或行为产生不当影响,将会导致自身利益的影响。其具体情况如下:①鉴证业务项目组成员在鉴证客户中拥有直接经济利益;②鉴证业务项目组成员与鉴证客户存在重要且亲切的商业关系;③鉴证业务项目组成员正与鉴证客户协商受雇于该客户;④会计师事务所担心可能失去某一重要客户;⑤会计师事务所与客户鉴证业务达成或有收费的协议
自我评价	如果会员对其以前的判断或服务结果做出不恰当的评价,并且将据此形成的判断作为当前服务的组成部分,将产生由自我评价导致的不利影响。其具体情况如下:①会计师事务所既对客户提供财务系统的设计或操作服务,又对系统的运行有效性出具鉴证报告;②会计师事务所为客户编制构成鉴证业务的原始数据;③会计师事务所为鉴证客户提供直接影响鉴证对象信息的其他服务;④鉴证业务项目组成员担任或最近曾经担任客户的董事或高级管理人员;⑤鉴证业务项目组成员目前或最近曾受雇于客户,并且所处职位能够对鉴证对象施加重大影响
过度推介	如果会员过度推介客户或工作单位的某些立场或意见,将使其客观性受到损害。其具体情况如下:①会计师事务所推介审计客户的股份;②在鉴证客户与第三方发生诉讼或纠纷时,注册会计师担任该客户的辩护人
密切关系	如果会员与客户或工作单位存在长期或亲密的关系,导致过于倾向他们的利益或者认可他们的工作,从而产生不利影响。其具体情况如下: (1)项目组成员的近亲属担任客户的董事或高级管理人员 (2)项目组成员的近亲属是客户的员工,其所处职位能够对业务对象施加重大影响 (3)客户的董事、高级管理人员或所处职位能够对业务对象施加重大影响的员工,最近曾担任会计师事务所的项目合伙人 (4)注册会计师接受客户的礼品或款待 (5)会计师事务所的合伙人或高级员工与鉴证客户存在长期业务关系
外在压力	如果会员们因受到的实际压力或者感受到压力(包括对会员实施不当影响的意图)而不能客观行事,将产生由外在压力导致的不利影响,其具体情况如下: (1)会计师事务所受到客户解除业务关系的不利影响 (2)审计客户表示,如果会计师事务所不同意对某项交易的会计处理,则不再委托其承办拟议中的非鉴证业务 (3)客户威胁要起诉会计师事务所 (4)会计师事务所受到降低收费的影响而不恰当地缩小工作范围 (5)由于客户员工对所讨论的事项更具有专长,注册会计师面临服从其判断的压力 (6)会计师事务所合伙人告知注册会计师,除非同意审计客户不恰当的会计处理,否则将影响晋升

第3节　注册会计师对职业道德概念框架的具体运用

【复习要点1】应对不利影响的防范措施(★★)

1. 会计师事务所层面

(1)领导层强调遵循职业道德基本原则的重要性。

(2)领导层强调鉴证业务项目组成员应当维护公众利益。

(3)制定有关政策和程序,实施项目质量控制,监督业务质量。

(4)制定有关政策和程序,识别对职业道德基本原则的不利影响,评价不利影响的严重程度,采取防范措施消除不利影响或将其降低至可接受的水平。

(5)制定有关政策和程序,保证遵循职业道德基本原则。

(6)制定有关政策和程序,识别会计师事务所或项目组成员与客户之间的利益或关系。

(7)制定有关政策和程序,监控对某一客户收费的依赖程度。

(8)向鉴证客户提供非鉴证服务时,指派鉴证业务项目组以外的其他合伙人和项目组,并确保鉴证业务项目组和非鉴证业务项目组分别向各自的业务主管报告工作。

(9)制定有关政策和程序,防止项目组以外的人员对业务结果施加不当影响。

(10)及时向所有合伙人和专业人员传达会计师事务所的政策和程序及其变化情况,并就这些政策和程序进行适当的培训。

(11)指定高级管理人员负责监督质量控制系统是否有效运行。

(12)向合伙人和专业人员提供鉴证客户及其关联实体的名单,并要求合伙人和专业人员与之保持独立。

(13)制定有关政策和程序,鼓励员工就遵循职业道德基本原则方面的问题与领导层沟通。

(14)建立惩戒机制,保障相关政策和程序得到遵守。

2. 具体业务层面

(1)对已执行的非鉴证性业务,由未参与该业务的注册会计师进行复核,或在必要时提供建议。

(2)对已执行的鉴证业务,由鉴证业务项目组以外的注册会计师进行复核,或在必要时提供建议。

(3)向客户审计委员会、监管机构或注册会计师协会咨询。

(4)与客户治理层讨论有关的职业道德问题。

(5)向客户治理层说明提供服务的性质和收费的范围。

(6)由其他会计事务所执行或重新执行部分业务。

(7)轮换鉴证业务项目组合伙人和高级员工。

【复习要点2】专业服务委托（★★）

情　形	防范措施
接受客户关系	防范措施主要包括:(1)对客户及其主要股东、关键管理人员、治理层和负责经营活动的人员进行了解;(2)要求客户对完善公司治理结构或内部控制做出承诺
承接业务	防范措施主要包括:(1)了解客户的业务性质、经营的复杂程度,以及所在行业的情况;(2)了解专业服务的具体要求和业务对象,以及注册会计师拟执行工作的目的、性质和范围;(3)了解相关监管要求或报告要求;(4)分派足够的具有胜任能力的员工;(5)必要时利用专家的工作;(6)就执行业务的时间安排与客户达成一致意见;(7)遵守质量控制政策和程序,以合理保证仅承接能够胜任的业务

情 形	防范措施
客户变更委托	防范措施主要包括：（1）当应邀投标时，在投标书中说明，在承接业务前需要与前任注册会计师沟通，以了解是否存在不应接受委托的理由；（2）要求前任注册会计师提供已知悉的相关事实或情况，即前任注册会计师认为，后任注册会计师在做出承接业务的决定前，需要了解的事实或情况；（3）从其他渠道获取必要的信息

【复习要点3】利益冲突（★★）

产生不利影响的具体情况	防范措施
注册会计师与客户存在直接竞争关系，或与客户的主要竞争者存在合资或类似关系，可能对客观和公正原则产生不利影响 注册会计师为两个以上客户提供服务，而这些客户之间存在利益冲突或者对某一事项或交易存在争议，可能对客观和公正原则或保密原则产生不利影响	注册会计师应当根据可能产生利益冲突的具体情形，采取下列防范措施： （1）如果会计师事务所的商业利益或业务活动可能与客户存在利益冲突，注册会计师应当告知客户，并在征得其同意的情况下执行业务 （2）如果为存在利益冲突的两个以上客户服务，注册会计师应当告知所有已知相关方，并在征得他们同意的情况下执行业务 （3）如果为某一特定行业或领域中的两个以上客户提供服务，注册会计师应当告知客户，并在征得他们同意的情况下执行业务 除采取上述防范措施外，注册会计师还应当采取下列一种或多种防范措施： （1）分派不同的项目组为相关客户提供服务 （2）实施必要的保密程序，防止未经授权接触信息 （3）向项目组成员提供有关安全和保密问题的指引 （4）要求会计师事务所的合伙人和员工签订保密协议 （5）由未参与执行相关业务的高级员工定期复核防范措施的执行情况

【复习要点4】应客户的要求提供第二次意见（★★）

产生不利影响的具体情况	防范措施
如果第二次意见不是以前任注册会计师所获得的相同事实为基础，或依据的证据不充分，可能对专业胜任能力和应有的关注原则产生不利影响	防范措施主要包括： （1）征得客户同意与前任注册会计师沟通 （2）在与客户沟通中说明注册会计师发表专业意见的局限性 （3）向前任注册会计师提供第二次意见的副本 注意： 如果客户不允许与前任注册会计师沟通，注册会计师应当在考虑所有情况后决定是否适宜提供第二次意见

【复习要点5】收费（★★）

产生不利影响的具体情况	防范措施
第一，如果报价过低，可能导致不能按照适用的执业准则执行业务，将对专业胜任能力和应有的关注产生不利影响。 注意： 如果收费报价明显低于前任注册会计师或其他会计师事务所的相应报价，会计师事务所应当确保在提供专业服务时，遵守执业准则和职业道德规范的要求，使工作质量不受损害；使客户了解专业服务的范围和收费基础	防范措施主要包括让客户了解业务约定条款，特别是确定收费的基础以及在收费报价内所能提供的服务，安排恰当的时间和具有胜任能力的员工执行任务

续表

产生不利影响的具体情况	防范措施
第二，除法律法规允许外，注册会计师不得以或有收费方式提供鉴证服务，收费与否或收费多少不得以鉴证工作结果或实现特定目的为条件	防范措施主要包括： （1）预先就收费的基础与客户达成书面协议 （2）向预期的报告使用者披露注册会计师所执行的工作及收费的基础 （3）实施质量控制政策和程序 （4）由独立第三方复核注册会计师已执行的工作
第三，注册会计师收取与客户相关的介绍费或佣金，可能对客观和公正原则以及专业胜任能力和应有的关注原则产生非常严重的不利影响	没有防范措施能够消除不利影响或将其降低至可接受的水平

【例题·多选题】承接业务时，下列可能对职业道德基本原则产生不利影响的是（　　）。

A. 根据事务所的规定，向接受本业务的个人支付10%的业务中介费

B. 在推介自身和工作时，将自己的工作和其他会员的工作无根据地进行比较

C. 会计师事务所的商业利益与客户存在利益冲突，注册会计师应告知客户

D. 在审计过程中客户委托注册会计师开展信息服务，由于专业有限，注册会计师将该业务介绍给一家专业机构，并向此专业机构收取了少量的业务提供费用

【解析】本题的考点是注册会计师对职业道德概念框架的具体运用的相关内容。注册会计师不应向客户或第三方收取介绍费或佣金，也不应向客户或其他第三方支付介绍费。推介自身和工作时，不应贬低其他会员或无根据地比较其工作。注册会计师不应向第三方收取介绍费。会计师事务所的商业利益或活动可能与客户存在利益冲突，注册会计师应告知客户这一情况，并在获得客户同意此情况下执行业务。

【答案】ABD

【复习要点6】专业服务营销（★★）

注册会计师在营销专业服务时，不得有下列行为。

（1）夸大宣传提供的服务、拥有的资质或获得的经验。

（2）贬低或无根据地比较其他注册会计师的工作。

（3）暗示有能力影响有关主管部门、监管机构或类似机构。

（4）做出其他欺骗性的或可能导致误解的声明。

【提示】注册会计师不得采用强迫、欺诈、利诱或骚扰等方式招揽业务。注册会计师不得对其能力进行广告宣传以招揽业务，但可以利用媒体刊登设立、合并、分立、解散、迁址、名称变更和招聘员工等信息。

【复习要点7】礼品和款待（★★）

产生不利影响的具体情况	防范措施
注册会计师不得向客户索取、收受委托合同约定以外的酬金或其他财物，或者利用执行业务之便，谋取其他不正当的利益 如果款待超出业务活动中的正常往来，注册会计师应当拒绝接受	注册会计师应当评价接受款待产生不利影响的重要程度，并在必要时采取防范措施消除不利影响或将其降低至可接受的水平

【复习要点8】保管客户资产（★★）

产生不利影响的具体情况	防范措施
除非法律法规允许或要求，注册会计师不得提供保管客户资金或其他资产的服务。注册会计师保管客户资金或其他资产，应当履行相应的法定义务。 如果某项业务涉及保管客户资金或其他资产，注册会计师应当根据有关接受与保持客户关系和具体业务政策的要求，适当询问资产的来源，并考虑应当履行的法定义务	注册会计师如果保管客户资金或其他资产，应当符合下列要求： （1）将客户资金或其他资产与其个人或会计师事务所的资产分开 （2）仅按照预定用途使用客户资金或其他资产 （3）随时准备向相关人员报告资产状况及产生的收入、红利或利得 （4）遵守所有与保管资产和履行报告义务相关的法律法规

【例题·简答题】（2011年）上市公司甲公司系ABC会计师事务所的常年审计客户。2010年4月1日，ABC会计师事务所与甲公司续签了2010年度财务报表审计业务约定书。XYZ会计师事务所和ABC会计师事务所使用同一品牌并且共享重要的专业资源。ABC会计师事务所遇到下列与职业道德有关的事项。

（1）ABC会计师事务所委派A注册会计师担任甲公司2010年度财务报表审计项目合伙人。A注册会计师曾担任甲公司2004年度至2008年度财务报表审计项目合伙人，但未担任甲公司2009年度财务报表审计项目合伙人。

（2）2010年9月15日，甲公司收购了乙公司80％的股权，乙公司成为其控股子公司。A注册会计师自2009年1月1日起担任乙公司的独立董事，任期5年。

（3）B注册会计师系ABC会计师事务所的合伙人，与A注册会计师同处一个业务部门。2010年3月1日，B注册会计师购买了甲公司股票5 000股，每股10元，由于尚未出售该股票，ABC会计师事务所未委派B注册会计师担任甲公司审计项目组成员。

（4）丙公司系甲公司的母公司，甲公司审计项目组成员C的妻子在丙公司担任财务总监。

（5）甲公司审计项目组成员D曾在甲公司人力资源部负责员工培训工作，于2010年2月10日离开甲公司，加入ABC会计师事务所。

（6）2010年2月25日，XYZ会计师事务所接受甲公司委托，提供内部控制设计服务。

【**要求**】针对上述(1)至(6)项,逐项指出ABC会计师事务所及其人员是否违反中国注册会计师职业道德守则,并简要说明理由。

【**答案**】(1)违反。A注册会计师担任关键审计合伙人5年轮换后,再次担任该客户的关键审计合伙人需要在2年后,否则因自我评价违反职业道德守则。

(2)违反。因企业合并导致乙公司成为ABC事务所的审计客户,A注册会计师担任审计客户(乙公司)的独立董事会,因自我评价违反职业道德守则。

(3)违反。A注册会计师所在分部的其他合伙人在审计客户中拥有直接经济利益,因经济利益违反职业道德守则。

(4)违反。审计项目组成员的主要近亲属(其妻子)是审计客户的高级管理人员,其岗位职责对财务报表产生重大影响,因密切关系违反职业道德守则。

(5)不违反。审计项目组成员曾在审计客户(甲公司)负责员工的培训工作,其岗位职责对财务报表不产生重大影响,不存在密切关系违反职业道德守则。

(6)违反。ABC事务所和XYZ事务所属于网络事务所,XYZ事务所承担内部控制设计服务属于承担审计客户管理层职责,因自我评价违反职业道德守则。

过关演练

一、单选题

1. 注册会计师可能应客户要求在前任注册会计师工作的基础上提供进一步的服务。如果缺乏完整的信息,可能对( )原则产生不利影响。

A. 客观、公正　　　　　　　　B. 专业胜任能力和应有的关注

C. 良好的职业行为　　　　　　D. 诚信

2. 若注册会计师在缺乏足够的知识、技能和经验的情况下提供专业服务,就构成了( )。

A. 欺诈　　　B. 过失　　　C. 违约　　　D. 对客观和公正原则的违反

3. 2011年10月2日,乙公司拟委托ABC会计师事务所审计其2011年财务报表,在ABC会计师事务所了解乙公司相关情况时,10月5日又接到丙公司委托请求审计其2011年财务报表,ABC会计师事务所了解到乙公司和丙公司为竞争对手,则( )。

A. ABC会计师事务所应拒绝接受乙公司委托

B. ABC会计师事务所应拒绝接受丙公司委托

C. ABC会计师事务所应当告知乙公司和丙公司这一情况,如果获得乙公司和丙公司的同意,才能在此情况下执行业务

D. 不影响ABC会计师事务所对职业道德基本原则的遵循,可以直接承接

4. 下列情形中, 没有违背注册会计师职业道德的相关规定的是 (　　)。

A. 鉴证业务项目组成员与鉴证客户存在重要的密切商业关系

B. 注册会计师采用或有收费的方式向客户提供鉴证服务

C. 某项目经理已经连续5年对W公司审计, 由于对W公司较熟悉, 容易发现问题, 故今年仍安排其负责该公司的年度财务报表审计工作

D. 除非法律法规允许或要求, 注册会计师应拒绝承担保管客户资金和其他资产的责任

5. 注册会计师在营销专业服务时, 以下行为没有违反职业道德基本原则的是 (　　)。

A. 夸大宣传提供的服务、拥有的资质

B. 无根据地比较其他注册会计师的工作

C. 利用媒体刊登名称变更的信息

D. 暗示有能力影响有关主管部门或类似机构

6. 保密原则要求会员应当对在职业活动中获知的信息予以保密。下列情形对保密原则构成了不利影响的是 (　　)。

A. 职业规范允许的情况下向第三方披露由于职业活动获知的涉密信息

B. 法律法规允许的情况下向第三方披露由于职业活动获知的涉密信息

C. 利用因职业活动而获知的涉密信息为第三方谋取利益

D. 对其预期的雇佣单位的信息予以保密

二、多选题

1. 下列关于注册会计师职业道德的描述中, 不正确的有 (　　)。

A. 注册会计师在执行鉴证业务时, 不得因任何利害关系影响其客观、公正的立场

B. 前任注册会计师未经被审计单位同意提供给后任注册会计师工作底稿

C. 在终止与客户或雇佣单位的关系之后, 会员无须对在职业活动中获知的信息保密

D. 注册会计师接受客户赠送的别墅, 这种情况属于自我评价导致不利影响的情形

2. 保管客户资金或其他资产可能对职业道德基本原则产生不利影响, 尤其可能对客观和公正原则以及良好职业行为原则产生不利影响。注册会计师受托管理他人资金 (或其他资产) 时, 应当采取下列措施 (　　)。

A. 随时准备向相关人员报告资产状况及产生的任何收入、红利或利得

B. 将客户资金或其他资产与其个人或会计师事务所的资产分开

C. 遵守所有与持有资产和履行报告义务相关的法律法规

D. 仅按照预定用途使用这些资产

3. 在接受某一新客户或在承接某一客户业务前, 注册会计师应当考虑( )。

A. 对客户进行了解

B. 获取客户对改进公司治理或内部控制的承诺

C. 必要时利用专家的工作

D. 就执行业务的时间要求与客户达成一致

4. 当可能存在与客户利益冲突的情形时, 注册会计师可能( )。

A. 告知客户

B. 向项目组成员提供有关安全和保密问题的明确指引

C. 由未参与客户业务的高级职员定期复核防范措施的运用情况

D. 解除一个或多个存在冲突的业务合约

5. 注册会计师应当根据可能产生利益冲突的具体情形, 通常采取的防范措施包括( )。

A. 如果会计师事务所的商业利益或业务活动可能与客户存在利益冲突, 注册会计师应当告知客户, 并在征得其同意的情况下执行业务

B. 如果为存在利益冲突的两个以上客户服务, 注册会计师应当告知所有已知相关方, 并在征得他们同意的情况下执行业务

C. 如果为某一特定行业或领域中的两个以上客户提供服务, 注册会计师应当告知客户, 并在征得他们同意的情况下执行业务

D. 经过审计客户的同意, 分派不同的项目组为相关客户提供服务

6. 当已识别出违反职业道德基本原则的不利影响超出可接受水平, 注册会计师可能( )。

A. 采取防范措施消除不利影响

B. 采取防范措施将不利影响降至可接受的水平

C. 终止业务约定

D. 拒绝接受业务委托

三、简答题

对遵循职业道德基本原则产生不利影响可能存在多种情形或关系。

【要求】

回答对职业道德基本原则产生不利影响的因素具体可以归纳为哪几类, 并完成下表。

对职业道德基本原则产生不利影响的具体情形	产生不利影响的因素
审计项目组成员与审计客户进行雇佣协商	
会计师事务所与鉴证业务相关的或有收费安排	
在鉴证客户与第三方发生诉讼或纠纷时, 注册会计师担任该客户的辩护人	
会计师事务所编制用于生成有关记录的原始数据	
注册会计师接受客户的礼品或享受优惠待遇(价值重大)	
会计师事务所为鉴证客户提供的其他服务, 直接影响鉴证业务中的鉴证对象信息	
会计师事务所受到客户的起诉威胁	
注册会计师被会计师事务所合伙人告知, 除非同意审计客户的不恰当会计处理, 否则将不被提升	

第23章　审计业务对独立性的要求

【考情分析】在近3年考试中，本章内容所占分值为6分，题型多为简答题。

【复习要点】本章复习要点主要包括公众利益实体和关联实体、合并与收购以及对独立性产生不利影响的情形和防范措施等相关知识点。

【本章要点概览】

审计业务对独立性的要求	一、基本要求	1. 网络与网络事务所	★
		2. 公众利益实体和关联实体	★★
		3. 业务期间	★★
		4. 合并与收购	★★
	二、经济利益	对独立性产生不利影响的情形和防范措施	★★★
	三、贷款和担保以及商业关系、家庭和私人关系	1. 贷款和担保	★★★
		2.商业关系	★★★
		3.家庭和私人关系	★★★
	四、与审计客户发生人员交流	1.一般规定	★★★
		2.与审计客户发生雇佣关系	★★★
		3.临时借调员工	★★★
		4.最近曾任审计客户的董事、高级管理人员或特定员工	★★★
		5.兼任审计客户的董事或高级管理人员	★★★
	五、与审计客户长期存在业务关系	1. 一般规定	★★★
		2.属于公共利益实体的审计客户	★★★
	六、为审计客户提供非鉴证服务	1. 管理层责任的界定	★★★
		2. 编制会计记录和财务报表	★★★
		3. 评估服务和诉讼支持服务	★★★
		4. 税务服务	★★★
		5. 内部审计服务	★★★
		6. 信息技术服务	★★★
		7. 招聘服务和公司理财服务	★★★
	七、收费	1. 收费结构	★★★
		2. 逾期收费和或有收费	★★★

第1节　基本要求

【复习要点1】网络与网络事务所（★）

1. 网络及网络事务所的定义

（1）网络事务所是指属于某一网络的会计师事务所或实体。

（2）网络是指由多个实体组成，旨在通过合作实现下列一个或多个目的的联合体。

① 共享收益或分担成本。

② 共享所有权、控制权或管理权。

③ 共享统一的质量控制政策和程序。

④ 共享同一经营战略。

⑤ 使用同一品牌。

⑥ 共享重要的专业资源。

2. 总体要求

如果某一会计师事务所被视为网络事务所，应当与网络中其他会计师事务所的审计客户保持独立。

注册会计师应当根据相关事实和情况，确定联合体共享的专业资源是否重要，并判断这些会计师事务所或实体是否是网络事务所。在下列情况下，共享的资源被视为不重要：

（1）共享的资源仅限于共同的审计手册或审计方法；

（2）共享培训资源，而不交流人员、客户信息或市场信息；

（3）没有一个共有的技术部门。

【复习要点2】公众利益实体和关联实体（★★）

1. 公众利益实体

（1）公众利益实体的涵盖范围

公众利益实体包括上市公司和下列实体：

① 法律法规界定的公众利益实体；

② 法律法规规定按照上市公司审计独立性的要求接受审计的实体。

（2）对公众利益实体的判断因素

如果其他实体拥有数量众多且分布广泛的利益相关者（包括其管理层、股东、顾客、供应商、债权人、利益相关者、政府、特殊利益集团和媒体等），注册会计师应当考虑将其作为公众利益实体对待。

需要考虑的因素包括该实体业务的性质（如金融业务、保险业务）、实体的规模和员工的数量等。

2. 关联实体

（1）关联实体与审计客户

① 在注册会计师审计上市公司的情况下，审计客户包括该客户的所有"关联实体"。

② 在审计客户不是上市公司的情况下，审计客户仅包括该客户直接或间接控制的关联实体。如果认为客户存在的关系或情形涉及其他关联实体，且与评价会计师事务

所独立性相关,审计项目组在识别、评价对独立性的不利影响以及采取防范措施时,应当将其他关联实体包括在内。

(2)关联实体的类别

① 母公司。

② 被审计单位的子公司。

③ 姊妹公司。

④ 投资者。

⑤ 被投资企业。

【复习要点3】业务期间(★★)

1. 定义

业务期间是指自审计项目组开始执行审计业务之日起,至出具审计报告之日止。对于连续审计,审计业务期间的结束日应以其中一方通知解除业务关系或出具最终审计报告二者时间孰晚为准。

2. 要求

注册会计师应当在审计业务期间和财务报表涵盖的期间独立于审计客户。

3. 评价对独立性的影响因素

(1)如果在财务报表涵盖的期间,在审计项目组开始执行审计业务之前,会计师事务所向审计客户提供了非鉴证服务,并且该非鉴证服务在审计期间不允许提供,会计师事务所应当评价提供的非鉴证服务对独立性产生的不利影响,考虑是否承接审计业务。

(2)如果在财务报表涵盖的期间之后,在审计项目组开始执行审计业务之前,会计师事务所向审计客户提供了非鉴证服务,并且该非鉴证服务在审计期间不允许提供,会计师事务所应当评价提供的非鉴证服务对独立性产生的不利影响。

4. 防范措施

(1)不允许提供非鉴证服务的人员担任审计项目组成员。

(2)必要时由其他的注册会计师复核审计非鉴证工作。

(3)由其他会计事务所评价非鉴证业务的结果,或由其他会计事务所重新执行非鉴证业务,并且所执行工作的范围能够使期承担责任。

【例题·多选题】下列有关业务期间的说法中正确的是(　　　)。

A. 注册会计师应当在业务期间和财务报表涵盖的期间独立于审计客户

B. 一般情况下,业务期间自审计项目组开始执行审计业务之日起,至出具审计报告之日止

C. 如果在财务报表涵盖的期间或之后,在审计项目组开始执行审计业务之前,

会计师事务所向审计客户提供了非鉴证服务，并且该非鉴证服务在审计期间不允许提供，则不应承接此审计业务

D．对于连续性的审计业务，业务期间结束日应以其中一方通知解除业务关系或出具最终审计报告两者时间孰晚为准

【解析】选项C不正确，只要防范措施适当，仍是可以承接的。

【答案】ABD

【复习要点4】合并与收购（★★）

如果治理层要求会计师事务所继续执行审计业务，会计师事务所只有在同时满足下列条件时，才能同意这一要求。

（1）在合并或收购生效日起的6个月内，尽快终止目前存在的利益或关系。

（2）存在利益或关系的人员不得作为审计项目组成员，也不得负责项目质量控制复核。

（3）拟采取适当的过渡性措施，并就此与治理层讨论。

拟采取的适当过渡性措施主要包括：

（1）必要时由审计项目组以外的注册会计师复核审计或非鉴证工作；

（2）由其他会计师事务所再次执行项目质量控制复核；

（3）由其他会计师事务所评价非鉴证业务的结果，或由其他会计师事务所重新执行该非鉴证业务，并且所执行工作的范围能够使其承担责任。

第2节　经济利益

【复习要点】对独立性产生不利影响的情形和防范措施（★★★）

如果无法采取适当的防范措施消除不利影响或将其降至可接受的水平，注册会计师应当消除产生不利影响的情形，或者拒绝接受审计业务委托或终止审计业务约定。在执行业务过程中，如果注意到对独立性产生不利影响的新情况，会计师事务所应当运用概念框架评价不利影响的严重程度。

1．对独立性产生不利影响的情形和防范措施

不利影响的情形	防范措施
会计师事务所、审计项目组成员或其主要近亲属——在审计客户中拥有直接经济利益或重大间接经济利益	（1）将因自身利益产生非常严重的不利影响，导致没有防范措施能够将其降至可接受的水平 （2）会计师事务所、审计项目组成员或其主要近亲属不得在审计客户中拥有直接经济利益或重大间接经济利益

续表

不利影响的情形	防范措施
审计项目组某一成员的其他近亲属在审计客户中拥有直接经济利益或重大间接经济利益	不利影响的严重程度主要取决于下列因素： （1）审计项目组成员与其他近亲属之间的关系 （2）经济利益对其他近亲属的重要性 防范措施： （1）其他近亲属尽快处置全部经济利益，或处置全部直接经济利益并处置足够数量的间接经济利益，以使剩余经济利益不再重大 （2）由审计项目组以外的注册会计师复核该成员已执行的工作 （3）将该成员调离审计项目组
会计师事务所、审计项目组成员或其主要近亲属——在对审计客户施加控制的实体中拥有直接经济利益或重大间接经济利益	会计师事务所、审计项目组成员或其主要近亲属不得在该实体中拥有直接经济利益或重大间接经济利益
通过会计师事务所的退休金计划在审计客户中拥有直接经济利益或重大间接经济利益	如果审计项目组成员通过会计师事务所的退休金计划，在审计客户中拥有直接经济利益或重大间接经济利益，将因自身利益产生不利影响 注册会计师应当评价不利影响的严重程度，并在必要时采取防范措施消除不利影响或将其降低至可接受的水平
项目合伙人所在分部的其他合伙人或其主要近亲属——在该审计客户中拥有直接经济利益或重大间接经济利益	其他合伙人或其主要近亲属不得在审计客户中拥有直接经济利益或重大间接经济利益
项目合伙人和项目其他成员分属于不同的分部	执行审计业务的项目合伙人所处的分部并不一定是其所隶属的分部。当项目合伙人与审计项目组的其他成员隶属于不同的分部时，会计师事务所应当确定项目合伙人执行审计业务时所处的分部
为审计客户提供非审计服务的其他合伙人、管理人员或其主要近亲属——在审计客户中拥有直接经济利益或重大间接经济利益	为审计客户提供非审计服务的其他合伙人、管理人员或其主要近亲属不得在审计客户中拥有直接经济利益或重大间接经济利益
所在分部的其他合伙人，或向审计客户提供非审计服务的合伙人或管理人员的主要近亲属在审计客户中拥有经济利益	（1）执行审计业务的项目合伙人所处分部的其他合伙人，或者向审计客户提供非审计服务的合伙人或管理人员，如果其主要近亲属在审计客户中拥有经济利益，只要其主要近亲属作为审计客户的员工有权（例如通过退休金或股票期权计划）取得该经济利益，并且在必要时能够采取防范措施消除不利影响或将其降低至可接受的水平，则不被视为损害独立性 （2）如果其主要近亲属拥有或取得处置该经济利益的权利，例如按照股票期权方案有权行使期权，则应当尽快处置或放弃该经济利益

续表

不利影响的情形	防范措施
会计师事务所、审计项目组成员或其主要近亲属和审计客户同时在某一实体拥有经济利益	会计师事务所、审计项目组成员或其主要近亲属同时在某一实体拥有经济利益，并且审计客户也在该实体拥有经济利益，可能因自身利益产生不利影响 （1）如果经济利益并不重大，并且审计客户不能对该实体施加重大影响，则不被视为损害独立性 （2）如果经济利益重大，并且审计客户能够对该实体施加重大影响，则没有防范措施能够将不利影响降低至可接受的水平 会计师事务所不得拥有此类经济利益。拥有此类经济利益的人员，在成为审计项目组成员之前，应当处置全部经济利益，或处置足够数量的经济利益，使剩余经济利益不再重大

【提示】主要近亲是指配偶、父母或子女。

2. 独立性概念框架要求注册会计师采取下列措施

（1）识别对独立性的不利影响。

（2）评价不利影响的严重程度。

（3）必要时采取防范措施消除不利影响或将其降至可接受的水平。

【提示】如果无法采取适当的防范措施消除不利影响或将其降至可接受的水平，注册会计师应当消除产生不利影响的情形，或者拒绝接受审计业务委托或终止审计业务约定。在执行业务过程中，如果注意到对独立性产生不利影响的新情况，会计师事务所应当运用概念框架评价不利影响的严重程度。

3. 在审计客户中不允许拥有的经济利益

（1）会计师事务所、项目组成员或其主要近亲属在审计客户中拥有直接或重大间接经济利益。

（2）会计师事务所、项目组成员或其主要近亲属在某实体（该实体在审计客户中拥有控制性的权益，并且审计客户对该实体重要）中拥有直接或重大间接经济利益。

（3）项目合伙人所在分部的其他合伙人或其主要近亲属在审计客户中拥有直接或重大间接经济利益。

（4）为审计客户提供非审计服务的其他合伙人、管理人员或其主要近亲属在审计客户中拥有直接或重大间接经济利益。

【提示】如果存在经济利益很可能对独立性构成不利影响，有些情形的影响非常重大，以致没有防范措施能够将对独立性的不利影响降低至可接受的水平。

4. 经济利益对独立性的影响汇总表

受限制人员/实体	实体			
	审计客户（注1）	在审计客户中拥有控制权并且审计客户对其重要的实体	审计客户在非审计客户实体中拥有经济利益	审计客户的董事、高级管理人员或具有控制权的所有者拥有经济利益的实体
1. 会计师事务所	×	×	×（注3）	评价不利影响
2. 审计项目组成员				
（1）自身	×	×	×（注3）	评价不利影响
（2）其配偶、父母或子女	×	×	×（注3）	评价不利影响
（3）其兄弟姐妹、祖父母、外祖父母、孙子女、外孙子女	评价不利影响	√	√	√
3. 与执行审计业务的项目合伙人同处一个分部的其他合伙人				
（1）自身	×	视情况而定	√	√
（2）其配偶、父母或子女	×（注2）	视情况而定	√	√
4. 为审计客户提供非审计服务的其他合伙人、管理人员				
（1）自身			×	视情况而定 √ √
（2）其配偶、父母或子女			×（注2）	视情况而定 √ √
5. 除以上提及人员以外的其他人员				
（1）合伙人或其主要近亲属			评价不利影响	√ √ √
（2）专业人员或其主要近亲属			评价不利影响	√ √ √
（3）与审计组成员有密切关系的人员			评价不利影响	√ √ √

√：可以在该实体拥有直接经济利益或重大间接经济利益。

×：不可以在该实体拥有直接经济利益或重大间接经济利益。

注1：包括通过继承、馈赠或因合并而获得经济利益。但不包括以受托人身份而获得经济利益。如果是以受托人身份在审计客户中拥有直接经济利益或重大间接经济利益，请参考"受托管理人"的相关内容。

注2：如果是作为审计客户的员工有权（例如通过退休金或股票期权计划）取得该经济利益，并且在必要时能够采取防范措施消除不利影响或将其降低至可接受的水平，则不被视为损害独立性。但是，如果拥有或取得处置该经济利益的权利，例如按照股票期权方案有权行使购买权，则应该尽快处置或放弃该经济利益。

注3：如果经济利益重大，并且审计客户能够对该实体施加重大影响。

【例题1·多选题】以下属于客户的关联实体的有（   ）。

A. 受到客户直接或间接控制的实体

B. 能够对客户施加直接或间接控制的实体，且客户对该实体重要

C. 客户拥有直接经济利益的实体，客户不直接或间接控制的实体，也不能够对该实体施加重大影响

D. 在客户内拥有直接经济利益的实体，且该实体对客户具有重大影响，在客户内的利益对该实体重要

【解析】关联实体是指与客户存在下列任一关系的实体：能够对客户施加直接或间接控制的实体，且客户对该实体重要；在客户内拥有直接经济利益的实体，且该实体对客户具有重大影响，在客户内的利益对该实体重要；受到客户直接或间接控制的实体；客户拥有其直接经济利益的实体，并且客户能够对该实体施加重大影响，在实体内的经济利益对客户重要；与客户处于同一控制下的实体，并且该姐妹实体和客户对其控制方均重要。

【答案】ABD

【例题2·单选题】下列情况中，不影响注册会计师独立性的事项有（ ）。

A. 注册会计师1年前曾在鉴证客户任会计主管

B. 注册会计师的表弟是鉴证客户的董事

C. 注册会计师的校友在鉴证客户有较小金额的投资

D. 注册会计师担任鉴证客户常年会计顾问

【解析】对独立性产生不利影响的因素包括会计师事务所、审计项目组成员或其主要近亲属——在审计客户中拥有直接经济利益或重大间接经济利益，以及关键审计合伙人加入审计客户，担任重要职位。由此可见，选项C不对独立性产生不利影响。

【答案】C

第3节 货款和担保以及商业关系、家庭和私人关系

【复习要点1】贷款和担保（★★★）

贷款或担保的情形	评价不利影响	防范措施
1. 从银行或类似金融机构等审计客户取得贷款，或获得贷款担保	（1）审计客户不按照正常的程序、条款和条件提供贷款或担保	没有防范措施能够将其降至可接受的低水平
	（2）会计师事务所按照正常的贷款程序、条款和条件，从银行或类似金融机构等审计客户取得贷款	由网络中未参与执行审计业务并且未接受该贷款的会计师事务所复核已执行的工作
	（3）审计项目组成员或其主要近亲属按正常的程序、条款和条件从银行或类似金融机构等审计客户取得贷款，或由审计客户提供贷款或担保	不会对独立性产生不利影响

续表

贷款或担保的情形	评价不利影响	防范措施
2. 从不属于银行或类似金融机构的审计客户取得贷款，或由审计客户提供贷款担保	因自身利益产生非常严重的不利影响	没有防范措施能够将其降至可接受的低水平
3. 向审计客户提供贷款或为其提供担保	因自身利益产生非常严重的不利影响	没有防范措施能够将其降至可接受的低水平
4. 在银行或类似金融机构等审计客户开立存款或交易账户	按照正常的商业条件开立存款或交易账户	不会对独立性产生不利影响

【复习要点2】商业关系（★★★）

商业关系	评价不利影响	防范措施
1. 与审计客户或审计客户高级管理人员之间存在商业关系	自身利益或外在压力	（1）会计师事务所：不得介入此类商业关系；如果存在，应当予以终止 （2）项目组成员：调离审计项目组 （3）审计项目组成员的主要近亲属：必要时采取防范措施
2. 在某股东人数有限的实体中拥有经济利益，而审计客户或其董事、高级管理人员也在该实体拥有经济利益	在同时满足下列条件时，不会对独立性产生影响： （1）这种商业关系对于他们以及审计客户均不重要 （2）该经济利益对一个或几个投资者并不重大 （3）该经济利益不能使一个或几个投资者控制该实体	
3. 从审计客户购买商品或服务	可能因自身利益产生不利影响区分：是否按照正常的商业程序、是否属于交易性质特殊或金额重大	（1）取消交易或降低交易规模 （2）将相关审计项目组成员调离审计项目组

【提示】在判断以上经济利益对一个或几个投资者是否重大时，最直接的方法是将该经济利益与其他权益相比较，或者对实体施加压力或实际影响其运作和财务上等重要决策的能力。

【复习要点3】家庭和私人关系（★★★）

家庭和私人关系类型	评价不利影响因素	防范措施
1. 审计项目组成员的主要近亲属处在重要职位，或者在业务期间或财务报表涵盖的期间曾担任上述职务	密切关系	将该成员调离审计项目组

续表

家庭和私人关系类型	评价不利影响因素	防范措施
2. 审计项目组成员的主要近亲属在审计客户中所处职位能够对客户的财务状况、经营成果和现金流量施加重大影响	(1)主要近亲属在客户中的职位 (2)该成员在审计项目组中的角色	(1)将该成员调离审计项目组 (2)合理安排审计项目组成员的职责，使该成员的工作不涉及其职责范围
3. 审计项目组成员的其他近亲属是审计客户的董事、高级管理人员或特定员工	(1)审计项目组成员与其他近亲属的关系 (2)其他近亲属在客户中的职位 (3)该成员在审计项目组中的角色	
4. 审计项目组成员与审计客户的员工存在密切关系(非近亲属)，并且该员工处于重要职位	(1)该员工与审计项目组成员的关系 (2)该员工在客户中的职位 (3)该成员在审计项目组中的角色	
5. 事务所中审计项目组以外的合伙人或员工，与审计客户的董事、高级管理人员或特定员工之间存在家庭或私人关系	(1)该合伙人或员工与审计客户的董事、高级管理人员或特定员工之间的关系 (2)该合伙人或员工与审计项目组之间的相互影响 (3)该合伙人或员工在会计师事务所中的角色 (4)董事、高级管理人员或特定员工在审计客户中的职位	(1)合理安排该合伙人或员工的职责，以减少对审计项目组可能产生的影响 (2)由审计项目组以外的注册会计师复核已执行的相关审计工作

【例题·多选题】M会计师事务所承接了X公司2014年度财务报表审计业务，事务所派遣的审计项目组成员A的妻子是X公司的财务主管，则（　　　）。

A. M会计师事务所可以聘请项目组外其他注册会计师复核A的工作

B. M会计师事务所可以执行质量控制复核以降低对独立性的不利影响程度

C. 只有通过将A调离审计项目组才能将对独立性的不利影响降低至可接受水平

D. 如果不将A调离审计项目组，会计师事务所应当解除审计业务约定

【解析】如果审计项目组成员的主要近亲属是审计客户的董事、高级管理人员或特定员工，或者在业务期间或财务报表涵盖的期间曾担任上述职务，只有把该成员调离审计项目组，才能将对独立性的不利影响降低至可接受的水平。

【答案】CD

第4节　与审计客户发生人员交流

【复习要点1】一般规定（★★★）

产生不利影响的情形	防范措施
审计项目组前任成员或前任合伙人担任审计客户的重要职位且与事务所保持重要联系	如果审计项目组前任成员或会计师事务所前任合伙人加入审计客户，担任董事、高级管理人员或特定员工，如果同时满足下列条件，将不被视为损害独立性： (1)前任成员或前任合伙人无权从会计师事务所获取报酬或福利(除非报酬或福利是按照预先确定的固定金额支付的，并且未付金额对会计师事务所不重要) (2)前任成员或前任合伙人未继续参与，并且在外界看来未参与会计师事务所的经营活动或专业活动

续表

产生不利影响的情形	防范措施
如果审计项目组前任成员或会计师事务所前任合伙人加入审计客户,担任董事、高级管理人员或特定员工,但前任成员或前任合伙人与会计师事务所已经没有重要交往	(1)修改审计计划 (2)向审计项目组分派经验更丰富的人员 (3)由审计项目组以外的注册会计师复核前任审计项目组成员已执行的工作
前任合伙人加入的某一实体成为审计客户	应当评价对独立性不利影响的严重程度,并在必要时采取防范措施消除不利影响或将其降低至可接受的水平
审计项目组成员拟加入审计客户	(1)将该成员调离审计项目组 (2)由审计项目组以外的注册会计师复核该成员在审计项目组中做出的重大判断

【复习要点2】与审计客户发生雇佣关系 (★★★)

(1)审计项目组前任成员或前任合伙人担任审计客户的重要职位,如果该成员或合伙人仍与事务所保持重要联系,则对独立性产生非常严重的不利影响,导致没有防范措施能够将其降低至可接受的水平;如果未保持重要联系,则会计师事务所应评价不利影响,并采取防范措施。

(2)会计师事务所前任合伙人加入某一实体,而该实体随后成为会计师事务所的审计客户,会计师事务所应评价不利影响的严重程度,必要时采取防范措施。

(3)审计项目组成员拟加入审计客户,应向会计师事务所报告;会计师事务所应评价不利影响,并采取防范措施。

(4)受雇于属于公众利益实体的审计客户。

不利影响的具体情形	对独立性的影响
关键审计合伙人加入审计客户担任重要职位	除非该合伙人不再担任关键审计合伙人后,该公众利益实体发布了已审计财务报表,其涵盖期间不少于12个月,并且该合伙人不是该财务报表的审计项目组成员,否则独立性将视为受到损害
前任高级合伙人加入审计客户担任重要职位	除非离职已超过12个月,否则损害独立性
由于企业合并,会计师事务所前任关键审计合伙人担任属于公众利益实体的审计客户的董事、高级管理人员或特定员工	在同时满足以下4个条件的情况下,可不被视为独立性受到损害: (1)当前任关键审计合伙人接受该职务时,并未预料到会发生企业合并 (2)前任关键审计合伙人在会计师事务所中应得的报酬或福利都已全额支付(除非报酬或福利是按照预先确定的固定金额支付的,并且未付金额对会计师事务所不重要) (3)前任关键审计合伙人未继续参与,或在外界看来未参与会计师事务所的经营活动或专业活动 (4)已就前任关键审计合伙人在审计客户中的职位与治理层讨论

【复习要点3】临时借调员工 (★★★)

1.如果会计师事务所向审计客户借出员工,只有同时满足以下情况时,才不会因自我评价产生不利影响。

（1）只能短期向客户借出员工。

（2）借出的员工不得为审计客户提供《中国注册会计师职业道德守则》禁止提供的非鉴证服务。

（3）借出的员工不得承担审计客户的管理层职责。

2. 防范措施主要包括以下3项。

（1）对借出员工的工作进行额外复核。

（2）合理安排审计项目组成员的职责，使借出员工不对其在借调期间执行的工作进行审计。

（3）不安排借出员工作为审计项目组成员。

【复习要点4】最近曾任审计客户的董事、高级管理人员或特定员工（★★★）

1. 在财务报表涵盖的期间

如果审计项目组成员在审计财务报表涵盖的期间曾担任过审计客户的董事、高级管理人员或者特定人员，从而导致没有防范措施能够将其产生的不利影响降低至可接受的水平。因此会计师事务所不得将此类人员分配到审计项目组。

2. 在财务报表涵盖的期间之前

如果审计项目组成员加入会计师事务所之前曾担任审计客户的董事、高级管理人员或特定员工，可能因自身利益、自我评价或密切关系产生对独立性的不利影响，比如在当期需要评价此类人员以前就职于审计客户时做出的工作或决策。评价不利影响存在与否以及严重程度取决于下列因素。

（1）该成员在客户中曾担任的职务。

（2）该成员离开客户的时间长短。

（3）该成员在审计项目组中的角色。

会计师事务所应当评价不利影响的严重程度，并在必要时采取包括复核成员已经执行的工作等防范措施将其影响降低至可接受的水平。

【复习要点5】兼任审计客户的董事或高级管理人员（★★★）

若会计师事务所的合伙人或员工兼任审计客户的董事或高级管理人员，将因自我评价和自身利益产生非常严重的不利影响，导致没有防范措施能够将其降低至可接受的水平。会计师事务所的合伙人或员工不得兼任审计客户的董事或高级管理人员。

如果会计师事务所的合伙人或员工担任审计客户的公司秘书，将因自我评价和过度推介产生非常严重的不利影响，导致没有防范措施能够将其降低至可接受的水平。

会计师事务所的合伙人或员工不得兼任审计客户的公司秘书。

【提示】会计师事务所提供日常和行政事务性的服务以支持公司秘书职能，或提供与公司秘书行政事项有关的建议，只要所有相关决策均由审计客户管理层做出，通常不会对独立性产生不利影响。

第5节　与审计客户长期存在业务关系

【复习要点1】一般规定（★★★）

1. 会计师事务所评价不利影响时需要考虑的因素

（1）该人员加入审计项目组的时间长短。

（2）该人员在审计项目组中的角色。

（3）会计师事务所的组织结构。

（4）审计业务的性质。

（5）客户的团队是否发生变动。

（6）客户的会计和报告问题的性质或复杂程度是否发生变化。

2. 可以采取的防范措施

（1）将该人员轮换出审计项目组。

（2）由审计项目组以外的注册会计师复核该人员已执行的工作。

（3）定期对该业务实施独立的质量复核。

【复习要点2】属于公共利益实体的审计客户（★★★）

1. 关键审计合伙人任职时间

关键审计合伙人为审计客户提供服务不得超过5年，在轮换后，至少要经过两年的时间（暂停服务期），在极其特殊的情况下，会计师事务所可能因无法预见和控制的情形而不能按时轮换关键审计合伙人，可以延长一年。

2. 确定轮换时间

（1）在审计客户成为公众利益实体之前，如果关键审计合伙人已为该客户服务的时间不超过3年，则该合伙人还可以为该客户继续提供服务的年限为5年减去已经服务的年限。

（2）如果关键审计合伙人为该客户服务了4年或更长的时间，在该客户成为公众利益实体之后，该合伙人还可以继续服务2年。

（3）如果审计客户是首次公开发行证券的公司，关键审计合伙人在该公司上市后连续提供审计服务的期限,不得超过两个完整会计年度。

第6节　为审计客户提供非鉴证服务

【复习要点1】管理层责任的界定（***）

1. 被视为管理层职责的活动

（1）制定政策和战略方针。

（2）指导员工的行动并对其行动负责。

（3）对交易进行授权。

（4）确定采纳会计师事务所或其他第三方提出的建议。

（5）负责按照适用的会计准则编制财务报表。

（6）负责设计、实施和维护内部控制。

2. 不被视为管理层职责的活动

（1）执行一项已由管理层授权的非重要交易。

（2）跟踪法定申报资料规定的提交日期,并告知审计客户这些日期。

（3）向管理层提供意见和建议,以协助管理层履行职责。

【复习要点2】编制会计记录和财务报表（***）

1. 对独立性不产生不利影响的活动

事　项	内容要点
沟通审计相关的事项	（1）对会计准则或财务报表披露要求的运用 （2）与财务报表相关的内部控制的有效性,以及资产、负债计量方法的适当性 （3）会计调整分录的建议
提供特定技术支持	（1）解决账户调节问题 （2）分析和积累监管机构要求提供的信息 （3）将按照某种会计准则编制的财务报表,转换为按照另一种会计准则编制的财务报表
向非公众利益实体的审计客户提供日常性和机械性的工作	（1）根据来源于客户的数据提供工资服务 （2）在客户确定或批准账户分类的基础上记录交易 （3）将已记录的交易过入总分类账 （4）将客户批准的分录过入试算平衡表 （5）根据试算平衡表中的信息编制财务报表 在所有情况下,会计师事务所应当评价不利影响的严重程度,并在必要时采取防范措施消除不利影响或将其降低至可接受的水平 防范措施主要包括: （1）由审计项目组以外的人员提供此类服务 （2）如果审计项目组成员提供此类服务,则由审计项目组以外的合伙人或高级员工复核已执行的工作

事　项	内容要点
非审计项目组成员向公众利益实体的审计客户提供日常性和机械性的工作	如果会计师事务所向属于公众利益实体的审计客户的分支机构或关联实体提供编制会计记录和财务报表的服务，只要提供的服务属于日常性、机械性的工作，且提供服务的人员不是审计项目组的成员，在满足以下条件之一的情况下，不会损害其独立性： （1）接受服务的分支机构或关联实体从总体上对被审计财务报表不具有重要性 （2）服务所涉及的事项从总体上对该分支机构或关联实体的财务报表不具有重要性

2. 对独立性产生不利影响的活动

除非出现紧急或极其特殊的情况，并征得相关监管机构的同意，会计师事务所不得向属于公众利益实体的审计客户提供下列编制会计记录和财务报表的服务。

（1）工资服务。

（2）编制所审计的财务报表。

（3）编制所审计财务报表依据的财务信息。

【例题·多选题】如果提供服务的人员并非审计项目组成员，并且服务属于日常性、机械性的工作，则在下列情况中，会计师事务所可以向属于公众利益实体的审计客户的分支机构或关联实体提供会计和记账服务（不包括工资服务和编制财务报表）的有（　　）。

A. 服务所涉及的事项从总体上对该分支机构或关联实体的财务报表不具有重要性

B. 接受服务的分支机构或关联实体从总体上对被审计财务报表不具有重要性

C. 接受服务的分支机构或关联实体从总体上对会计师事务所将要发表意见的财务报表重大

D. 服务所涉及的事项从总体上对该分支机构或关联实体的财务报表重大

【解析】如果会计师事务所向属于公众利益实体的审计客户的分支机构或关联实体提供编制会计记录和财务报表的服务，只要提供的服务属于日常性、机械性的工作，且提供服务的人员不是审计项目组的成员，在满足下列条件之一的情况下，不会损害其独立性：接受服务的分支机构或关联实体从总体上对被审计财务报表不具有重要性；服务所涉及的事项从总体上对该分支机构或关联实体的财务报表不具有重要性。

【答案】AB

【复习要点3】评估服务和诉讼支持服务（★★★）

1. 评估服务

（1）对独立性不产生不利影响的评估业务。

若审计客户要求会计师事务所提供评估服务，以帮助其履行纳税申报义务或满足税务筹划目的，并且评估的结果不对财务报表产生直接影响，则通常不对独立性产生不利影响。

（2）对独立性产生不利影响的评估业务。

在审计客户不属于公众利益实体的情况下，如果评估服务对被审计财务报表具有重大影响，并且评估结果涉及高度的主观性，则没有防范措施能够将因自我评价产生的不利影响降低至可接受的水平。会计师事务所不得向审计客户提供这种评估服务。

在审计客户属于公众利益实体的情况下，如果评估结果单独或累积起来对被审计财务报表具有重大影响，则会计师事务所不得向该审计客户提供这种评估服务。

2. 诉讼支持服务

若向审计客户提供诉讼支持服务涉及对损失或其他金额的估计，并且这些损失或其他金额影响被审计财务报表，会计师事务所应当遵守关于评估服务的规定。

【复习要点4】税务服务（★★★）

事　项	内容要点
编制纳税申报表	（1）编制信息，以协助客户履行纳税申报义务，例如计算应向税务机关缴纳的税额 （2）对已发生交易的纳税申报处理方法提供建议 （3）代表审计客户向税务机关提供所要求的附加信息和分析 提示：如果管理层对纳税申报表承担责任，则不对独立性产生不利影响
计算当期所得税或递延所得税负债	防范措施主要包括： （1）由审计项目组以外的专业人员执行此类业务 （2）如果审计项目组成员执行此类业务，由审计项目组以外的合伙人或高级管理人员复核税额的计算 （3）向外部税务专业人员咨询
	在审计客户属于公众利益实体的情况下，除非出现紧急或极其特殊的情况，并征得相关监督机构的同意，会计师事务所不得计算当期所得税或递延所得税负债（或资产），以用于编制对被审计财务报表具有重大影响的会计记录
税务筹划和其他税务咨询服务	如果此类服务具有法律依据，或得到税务机关的明确认可，通常不对独立性产生不利影响
	如果税务建议的有效性取决于某些特定会计处理或财务报表列报，并且同时存在下列情况：（1）审计项目组对于相关会计处理或财务报表列报的适当性存有疑问；（2）税务建议的结果或执行后果将对被审计财务报表产生重大影响，则没有防范措施。
协助解决税务纠纷	一旦税务机关通知审计客户已经拒绝接受其对某项具体问题的主张，并且税务机关或审计客户已将该问题纳入正式的法律程序，则可能因过度推介或自我评价产生不利影响。 防范措施主要包括： （1）由审计项目组以外的专业人员提供该税务服务 （2）由其他未参与提供该项税务服务的税务专业人员，向审计项目组提供服务建议，并复核会计处理 （3）向外部税务专业人员咨询
	如果会计师事务所人员在公开审理或仲裁的税务纠纷中担任审计客户的辩护人，并且所涉金额对被审计财务报表影响重大，则没有防范措施

【复习要点5】内部审计服务（★★★）

1. 允许提供内部审计服务的情况

为避免承担管理层职责，只有在同时满足以下条件时，会计师事务所才能为审计客户提供内部审计服务。

（1）审计客户承担设计、执行和维护内部控制的责任，并指定合适的、具有胜任能力的员工（最好是高级管理人员），始终负责内部审计活动。

（2）客户治理层或管理层复核、评估并批准内部审计服务的工作范围、风险和频率。

（3）客户管理层评价内部审计服务的适当性，以及执行内部审计发现的事项。

（4）客户管理层评价并确定应当实施内部审计服务提出的建议，并对实施过程进行管理。

（5）客户管理层向治理层报告注册会计师在内部审计服务中发现的重大问题和提出的建议。

2. 涉及承担管理层职责的内部审计服务

（1）制定内部审计政策或内部审计活动的战略方针。

（2）指导该客户内部审计员工的工作并对其负责。

（3）决定应执行来源于内部审计活动的建议。

（4）代表管理层向治理层报告内部审计活动的结果。

（5）执行构成内部控制组成部分的程序。

（6）负责设计、执行和维护内部控制。

（7）提供内部审计外包服务，包括全部内部审计外包服务和重要内部审计外包服务，并且负责确定内部审计工作的范围。

3. 不得向属于公众利益实体的审计客户提供内部审计服务

在审计客户属于公众利益实体的情况下，会计师事务所不得提供与以下方面有关的内部审计服务。

（1）与财务报告相关的内部控制。

（2）财务会计系统。

（3）对被审计财务报表具有重大影响的金额或披露。

4. 利用自身提供内部审计服务的结果

若会计师事务所向审计客户提供内部审计服务，并且在财务报表审计业务中使用该服务的结果，可能导致审计项目组不能恰当评价内部审计工作，或在评价时不能保持应有的职业怀疑态度，这将因自我评价产生不利影响。不利影响的严重程度主要取决于以下因素。

（1）相关财务报表金额的重要性。

（2）与这些财务报表金额相关的认定层次的错报风险。

（3）对内部审计服务的依赖程度。

【提示】会计师事务所应当评价不利影响的严重程度，并在必要时采取防范措施消除不利影响或将其降低至可接受的水平。采取的防范措施主要包括由审计项目组以外的专业人员提供该内部审计服务等。

【复习要点6】信息技术服务（★★★）

1. 允许提供有关信息技术系统服务

（1）如果会计师事务所人员不承担管理层职责，则提供下列信息技术系统服务不被视为对独立性产生不利影响。

① 设计或操作与财务报告内部控制无关的信息技术系统。

② 设计或操作信息技术系统，其生成的信息不构成会计记录或财务报表的重要组成部分。

③ 操作由第三方开发的会计或财务信息报告软件。

④ 对由其他服务提供商或审计客户自行设计并操作的系统进行评价和提出建议。

（2）在信息技术系统构成财务报告内部控制的重要组成部分或信息技术系统生成的信息对会计记录或被审计财务报表影响重大的情形下，会计师事务所通过采取适当的防范措施确保同时满足一定的条件后，才能向不属于公众利益实体的已审计客户提供有关信息技术系统的设计或操作服务。

2. 不允许提供有关信息技术系统服务

在以下情况下，会计师事务所不得向属于公众利益实体的审计客户提供或设计与操作信息技术系统相关的服务。

（1）信息技术系统构成财务报告内部控制的重要组成部分。

（2）信息技术系统生成的信息对会计记录或被审计财务报表影响重大。

【复习要点7】招聘服务和公司理财服务（★★★）

1. 招聘服务

（1）可以提供的招聘服务。

① 审查申请者的专业资格。

② 对申请者是否适合相关职位提出咨询意见。

③ 对候选人进行面试。

④ 对候选人在财务会计、行政管理或内部控制等职位上的胜任能力提出咨询意见。

（2）不可以提供的招聘服务。

如果属于公众利益实体的审计客户拟招聘董事、高级管理人员，或所处职位能够对客户会计记录或被审计财务报表的编制施加重大影响的高级管理人员（简称特定员工），会计师事务所不得提供下列招聘服务。

① 寻找候选人，或从候选人中挑选出适合相应职位的人员。

② 对可能录用的候选人的证明文件进行检查。

2. 公司理财服务

（1）不利影响存在与否及其严重程度的主要因素。

① 在确定如何恰当处理财务建议对财务报表产生的影响时，涉及的主观程度。

② 财务建议的结果对在财务报表中记录的金额的直接影响程度，以及记录的金额对财务报表整体影响的重大程度。

③ 财务建议的有效性是否取决于某一特定会计处理或财务报表列报，并且根据适用的会计准则，对该会计处理或列报的适当性存有疑问。

（2）不得提供的财务服务。

如果财务建议的有效性取决于某一特定会计处理，并且同时存在下列情形，将因自我评价产生非常严重的不利影响：

① 根据适用的会计准则，审计项目组对有关会计处理适当性存有疑问。

② 财务建议的结果将对被审计财务报表产生重大影响。

在上述情况下，没有防范措施能够将不利影响降低至可接受的水平。会计师事务所不得提供此类财务服务。

第7节　收费

【复习要点1】收费结构（★★★）

情　形	防范措施
若会计师事务所从某一审计客户收取的全部费用占其收费总额的比重很大	（1）降低对该客户的依赖程度 （2）实施外部质量控制复核 （3）就关键的审计判断向第三方咨询
若会计师事务所连续两年从某一属于公众利益实体的审计客户及其关联实体收取的全部费用，占其从所有客户收取的全部费用的比重超过15%	会计师事务所应当向审计客户治理层披露这一事实，并讨论选择下列何种防范措施，以将不利影响降低至可接受的水平： （1）在对第二年度财务报表发表审计意见之前，由其他会计师事务所对该业务再次实施项目质量控制复核（简称发表审计意见前复核） （2）在对第二年度财务报表发表审计意见之后、对第三年度财务报表发表审计意见之前，由其他会计师事务所对第二年度的审计工作再次实施项目质量控制复核（简称发表审计意见后复核）

1. 逾期收费

（1）若审计客户长期未支付应付的审计费用，尤其是相当部分的审计费用在出具下一年度审计报告前仍未支付，可能因自身利益产生不利影响。

（2）会计师事务所通常要求审计客户在审计报告出具前付清上一年度的审计费用。如果在审计报告出具后审计客户仍未支付该费用，可采取的防范措施包括由未参与执行审计业务的注册会计师提供建议，或复核已执行的工作等。

2. 或有收费

会计师事务所在提供审计服务时，以直接或间接形式取得或有收费，将会因为因自身利益产生非常严重的不利影响，导致没有防范措施能够将其降低至可接受的水平。会计师事务所不得采用这种收费安排。

3. 收费对独立性的不利影响

是否对独立性产生不利影响	承担审计客户的服务	具体服务内容
对独立性产生不利影响的活动	（1）向属于公众利益实体的审计客户提供编制会计记录和财务报表	（1）提供工资服务 （2）编制所审计的财务报表 （3）编制所审计财务报表依据的财务信息
	（2）事务所向审计客户提供编制会计记录或财务报表等服务	事务所向审计客户提供编制会计记录或财务报表等服务，随后又审计该财务报表
不对独立性产生不利影响的活动	（1）与审计客户管理层沟通审计相关的事项	（1）对会计准则或财务报表披露要求的运用 （2）与财务报表相关的内部控制的有效性，以及资产、负债计量方法的适当性 （3）会计调整分录的建议
	（2）向审计客户提供特定技术支持，但不承担管理层职责	（1）解决账户调节问题 （2）分析和积累监管机构要求提供的信息 （3）将按照某种会计准则编制的财务报表，转换为按照另一种会计准则编制的财务报表
	（3）向不属于公众利益实体的审计客户提供日常性和机械性的工作	（1）根据来源于客户的数据提供工资服务 （2）在客户确定或批准账户分类的基础上记录交易 （3）将已记录的交易过入总分类账 （4）将客户批准的分录过入试算平衡表 （5）根据试算平衡表中的信息编制财务报表

【例题·简答题】（2010年）ABC会计师事务所是一家新成立的事务所，最近制定了业务质量控制制度，有关内容摘录如下。

（1）合伙人考核和晋升制度规定，连续三年业务收入额排名前三位的高级经理晋级为合伙人，连续三年业务收入额排名后三位的合伙人降级为高级经理。

（2）内部业务检查制度规定，以每三年为一个周期，选取已完成业务进行检查，如果事务所当年接受相关部门的外部检查，则当年暂停对所有业务的内部检查。

（3）项目质量控制复核制度规定，除上市公司审计业务外，其他需要实施质量控制复核的审计业务由审计项目组负责人执行项目质量控制复核。

（4）工作底稿保管制度规定，推行业务档案电子化，将纸质工作底稿经电子扫描后，存为业务电子档案，同时销毁纸质工作底稿。

（5）独立性政策规定，每年需要保持独立性的人员提供关于独立性要求的培训，并要求高级经理以上（含高级经理）的人员每年签署遵守独立性要求的书面确认函。

（6）分所管理制度规定，分所可以根据自身的实际情况，自行制度业务质量控制制度。

【要求】针对上述（1）至（6）事项，分别指出ABC会计师事务所业务质量控制制度是否符合会计师事务所质量控制准则的规定，并简要说明理由。

【答案】（1）不符合事务所质量控制准则规定。会计师事务所制定的业绩评价、工薪及晋升程序应当强调，提高业务质量及遵守职业道德规范是晋升更高职位的主要途径，而不应当以业务收入额作为标准和途径。

（2）不符合事务所质量控制准则规定。会计师事务所应当周期性地选取已完成的业务进行检查，周期最长不得超过三年。在确定检查范围时，会计师事务所可以考虑外部独立检查的范围或结论，但这些检查不能替代自身的内部监控。

（3）不符合事务所质量控制准则规定。项目质量控制复核，是指会计师事务所挑选不参与该业务的人员，在出具报告前，对项目组做出的重大判断和在准备报告时形成的结论做出客观评价的过程。因此审计项目组负责人不能作为复核人员执行本项目的质量控制复核工作。

（4）不符合事务所质量控制准则规定。如果原纸质记录经电子扫描后存入业务档案，会计师事务所应当保留已扫描的原纸质记录。

（5）不符合事务所质量控制准则规定。会计师事务所应当每年至少一次向所有受独立性要求约束的人员获取其遵守独立性政策和程序的书面确认函，而不是仅要求高级经理以上（含高级经理）的人员每年签署遵守独立性要求的书面确认函。

（6）不符合事务所质量控制准则规定。根据会计师事务所质量控制准则第五条，会计师事务所在制定质量控制政策和程序时，应当考虑自身规模和业务特征等因素。相关的质量控制制度是事务所整体（含分所）都要遵守的。

过关演练

一、单选题

1. 下列选项中，属于网络事务所的是（　　）。

A. 旨在通过合作，在各实体之间共享统一的质量控制政策和程序

B. 会计师事务所仅与某一实体以联合方式提供服务或研发产品

C. 共享培训资源，而并不交流人员、客户信息或市场信息

D. 会计师事务所转让某一部分，但允许该部分在一定期间内继续使用其名称或名称中的要素

2. ABC会计师事务所接受委托审计丙公司2012年度财务报表，ABC会计师事务所为丙公司贷款提供担保，则（　　）。

A. 除非该贷款对ABC会计师事务所以及丙公司均不重大，否则将产生重大的自身利益不利影响，没有任何防范措施可以消除这种不利影响或将其降低至可接受的水平

B. ABC会计师事务所不能承接该业务

C. 如果该笔贷款对于ABC会计师事务所重大，应当评价产生不利影响的程度，并采取措施消除这种不利影响或将其降低至可接受的水平

D. 如果该笔贷款对于ABC会计师事务所不重大，但是对于丙公司来说重大，则应当评价产生不利影响的程度，并采取措施消除这种不利影响或将其降低至可接受的水平

3. 2011年5月6日，乙公司董事C离开乙公司加入了ABC会计师事务所，在2012年1月10日，ABC会计师事务所拟承接乙公司2011年度财务报表审计业务，则在这种情况下（　　）。

A. 可以将C纳入鉴证小组，但不安排C对2011年5月6日之前乙公司的交易和事项进行审计

B. 可以将C纳入鉴证小组，但需要请项目组之外的注册会计师复核C所执行的工作

C. 可以将C纳入鉴证小组，但需要C对保持独立性进行承诺

D. ABC会计师事务所不应安排C作为审计项目组成员

4. 如果会计师事务所的合伙人或员工兼任审计客户的董事或高级管理人员，则（　　）。

A. 可以采取适当的防范措施将对独立性的不利影响降低至可接受的水平

B. 可以承接业务

C. 没有防范措施能够将其降低至可接受的水平

D. 可以请项目组外的成员复核其工作

5. 下列情况中, 不影响会计师事务所独立性的是 (　　　)。

A. 会计师事务所的办公用房系从某被审计单位优惠租用的

B. 审计客户要求会计师事务所提供评估服务, 以帮助其履行税务报告义务或满足税务筹划目的, 评估结果不对财务报表产生直接影响

C. 会计师事务所的一名注册会计师是某鉴证客户的独立董事

D. 会计师事务所为某上市实体提供财务报表审计服务的同时, 还为其编制财务报表

6. 由于纳税申报表须经税务机关复核或批准, 所以如果管理层对纳税申报表承担责任, 这种情况下 (　　　)。

A. 会计师事务所应当评价提供此类服务对独立性的不利影响, 并考虑采取恰当的防范措施消除不利影响或将其降至可接受的水平

B. 会计师事务所不能承揽此类服务

C. 会计师事务所提供此类服务通常不对独立性产生不利影响

D. 将产生自我评价和过度推介不利影响

二、多选题

1. 下列会计师事务所构成网络事务所的有 (　　　)。

A. 甲会计师事务所与乙会计师事务所共享所有权

B. 丙会计师事务所与丁会计师事务所基于合作目的, 共享收益, 共担成本

C. 戊会计师事务所与己会计师事务所共享审计手册

D. 庚会计师事务所与辛会计师事务所旨在通过合作共享质量控制系统

2. 以下属于客户的关联实体的有 (　　　)。

A. 能够对客户施加直接或间接控制的实体, 且客户对该实体重要

B. 受到客户直接或间接控制的实体

C. 在客户内拥有直接经济利益的实体, 且该实体对客户具有重大影响, 在客户内的利益对该实体重要

D. 客户拥有直接经济利益的实体, 客户不直接或间接控制实体, 也不对该实体能够施加重大影响

3. 下列实体可认定为公众利益实体的有 (　　　)。

A. 上市公司　　　　B. 保险公司　　　　C. 银行　　　　D. 电信公司

4. ABC会计师事务所承接了丁公司2011年度财务报表审计业务, 事务所派遣的审计项目组成员B的妻子是丁公司的财务主管, 则 (　　　)。

A. ABC会计师事务所可以聘请项目组外其他注册会计师复核B的工作

B. 只有通过将该B调离审计项目组才能将对独立性的不利影响降至可接受水平

C. ABC会计师事务所可以执行质量控制复核以降低对独立性的不利影响程度

D. 如果不将B调离审计项目组，会计师事务所应当解除审计业务约定

5. 下列情况中，注册会计师有可能仍被视为具有独立性的有（　　）。

A. 被审计单位为金融机构，项目组的注册会计师在该机构开立存款账户

B. 被审计单位为非金融机构，项目组的注册会计师在该机构取得贷款

C. 会计师事务所向审计客户提供贷款或为其提供担保

D. 被审计单位为金融机构，并且该客户为项目组成员提供了贷款担保

6. 审计项目组成员乙注册会计师的外甥是审计客户的出纳，会计师事务所在考虑不利影响的严重程度时主要考虑（　　）。

A. 该审计项目的收费

B. 乙注册会计师与其他近亲属的关系

C. 其他近亲属在客户中的职位

D. 乙注册会计师在审计项目组中的角色

三、简答题

V上市实体（以下简称V公司）是ABC会计师事务所的常年审计客户。2011年11月，ABC会计师事务所与V公司（金融机构）续签了审计业务约定书，审计V公司2011年度财务报表。假定存在以下情形：

（1）V公司由于财务困难，应付ABC会计师事务所2010年度审计费用100万元一直没有支付。经双方协商，ABC会计师事务所同意V公司延期至2011年年底支付。在此期间，V公司按银行同期贷款利率支付资金占用费。

（2）V公司由于财务人员短缺，2011年向ABC会计师事务所借用一名注册会计师，由该注册会计师将经会计主管核的记账凭证录入计算机信息系统。ABC会计师事务所未将该注册会计师包括在V公司2011年度财务报表审计项目组。

（3）甲注册会计师已连续5年担任V公司年度财务报表审计的签字注册会计师。根据有关规定，在审计V公司2011年度财务报表时，ABC会计师事务所决定不再由甲注册会计师担任签字注册会计师。但在成立V公司2011年度财务报表审计项目组时，ABC会计师事务所要求其继续担任外勤审计负责人。

（4）由于V公司降低2011年度财务报表审计费用近1/3，导致ABC会计师事务所审计收入不能弥补审计成本，ABC会计师事务所决定不再对V公司下属的两个重要的销售分公司进行审计，并以审计范围受限为由出具了保留意见的审计报告。

（5）ABC会计师事务所针对审计过程中发现的问题，向V公司提出了会计政策选用和会计处理调整的建议，并协助其解决相关账户调整问题。

【要求】请根据《中国注册会计师职业道德守则》的规定，分别判断上述5种情形是否对ABC会计师事务所的独立性产生不利影响，并简要说明理由。

附录 过关演练答案及解析

第1章 审计概述

一、单选题

1.【答案】 C

【解析】 选项C属于是计价和分摊认定推论出的审计目标。

2.【答案】 C

【解析】 财务报表审计不能减轻被审计单位管理层和治理层的责任。

3.【答案】 C

【解析】 固定资产在确定入账价值时,多计了不应该计入的"职工福利费支出",表明该资产的总值估价不正确,不符合计价和分摊认定。

4.【答案】 D

【解析】 该事项强调此笔销售业务为未记录于正确的会计期间,所以属于截止认定。

5.【答案】 D

【解析】 选项D属于注册会计师的责任。

6.【答案】 D

【解析】 选项A与销售业务的完整性无关;选项B检查主要证实固定资产的存在,对证实所有权作用不大;选项C主要与存在和完整性相关。

二、多选题

1.【答案】 CD

【解析】 选项A、B是与所审计期间各类交易和事项相关的认定,本题存货项目违反的是与期末账户余额相关的认定。账面与盘点存货差异,可能是金额上记录错误,也可能是凭空虚增的,这两点分别与选项C、D相关。

2.【答案】 BC

【解析】 选项A主要涉及截止目标;选项D主要涉及存货的权利和义务目标。

3.【答案】 AC

【解析】 独立检查销售发票的编制,与销售记录的准确性相关。

4. 【答案】BC

【解析】财务报表审计是对其合法性和公允性发表意见, 选项B体现的是合法性, 选项C体现的是公允性。

5. 【答案】ABCD

【解析】以上表述均正确。

6. 【答案】AB

【解析】选项A, 样本量越大, 抽样风险越小; 选项B, 审计风险越高, 重要性水平越低。

三、简答题

【答案】具体内容如下表所示。

固定资产的相关认定	审计目标	审计程序
存在	资产负债表中记录的固定资产是存在的	(1)实地检查重要固定资产, 确定其是否存在, 关注是否存在已报废但仍未核销的固定资产 (2)检查本期增加的固定资产是否真实存在, 手续是否齐备, 会计处理是否正确
权利和义务	记录的固定资产由被审计单位拥有或控制	(1)检查固定资产的产权证明文件, 有关合同、产权证明、财产税单、保险单等 (2)检查固定资产的抵押、担保情况。结合对银行借款的检查, 了解固定资产是否存在重大的抵押、担保情况
完整性	所有应记录的固定资产均已记录	(1)分析本期资本性支出和费用性支出的划分标准, 检查是否存在将应该资本化的金额记入费用账户中的情况 (2)从固定资产实物出发追查至固定资产明细账, 检查是否存在应当入账的固定资产没有入账
计价和分摊	固定资产以恰当的金额包括在财务报表中, 与之相关的计价和分摊恰当记录	(1)获取暂时闲置固定资产的相关证明文件, 并观察其实际状况, 检查是否已按规定计提折旧, 相关的会计处理是否正确 (2)获取累计折旧、减值准备明细表, 复核加计正确, 并与总账和明细账合计数核对
与列报和披露相关的认定	固定资产已按照企业会计准则的规定在财务报表中做出恰当列报	(1)检查固定资产是否按照企业会计准则的规定在财务报表中做出恰当列报 (2)检查固定资产的抵押、担保情况, 检查被审计单位是否在财务报表附注中披露

第2章　审计计划

一. 单选题

1. 【答案】C

【解析】选项A、B是签约时的承诺; 选项C是审计准则的规定; 选项D是计划审计工作开始之后的工作。

2.【答案】 D

【解析】较小金额错报的累积结果,也可能对财务报表产生重大影响。

3.【答案】 B

【解析】实际执行的重要性,是指注册会计师确定的低于财务报表整体重要性的一个或多个金额,旨在将未更正和未发现错报的汇总数超过财务报表整体的重要性的可能性降至适当的低水平。如果适用,实际执行的重要性还指注册会计师确定的低于特定类别的交易、账户余额或披露的重要性水平的一个或多个金额。在实际执行审计程序的过程中,要保持合理的谨慎,例如,重要性水平确定为100万元,注册会计师就应当确定一个80万元的金额(实际执行的重要性),以此为标准评估风险和执行进一步审计程序,这样面临的审计风险会更低一些。

4.【答案】 B

【解析】财务报表层次的重大错报风险与财务报表整体存在广泛联系,此类风险通常与控制环境有关。内控的好坏是影响财务报表层次重大错报风险评估的直接因素,选项A、C、D都是相对具体的,针对某类具体项目层次的。

5.【答案】 B

【解析】检查风险是指某一认定存在错报,该错报单独或连同其他错报是重大的,但注册会计师未能发现这种错报的可能性。检查风险取决于注册会计师的审计程序设计的合理性和执行的有效性。

6.【答案】 C

【解析】重大错报风险是客观存在的,独立于报表审计的,是财务报表在审计前存在重大错报的可能性,选项A主要是说抽样风险;选项B描述的是固有风险,并不能够说重大错报风险等于固有风险;选项D没有强调是在审计前,因此也是不正确的。

二、多选题

1.【答案】 BCD

【解析】选项A,如果各个报表的重要性水平有所不同,出于谨慎性原则,应从中选取最低者作为重要性水平。

2.【答案】 AB

【解析】选项A,样本量越大,抽样风险越小;选项B,审计风险越高,重要性水平越低。

3.【答案】 ABC

【解析】本题考查的是审计风险。可接受的审计风险与审计证据成反向关系;重大错报风险与审计证据成正向关系。

4.【答案】ABD

【解析】重大错报风险是指财务报表在审计前存在重大错报的可能性，是客观存在的，独立于财务报表审计的，不是实施审计程序可以控制的，所以选项A、D不正确；选项B描述的是固有风险，并不能够说重大错报风险等于固有风险。

5.【答案】BCD

【解析】选项A，属于题干中设定的大环境（需要注册会计师运用职业判断），并不是运用职业判断考虑的具体因素。

6.【答案】ABC

【解析】选项D是在确定时间安排时应考虑的事项。

三、简答题

【答案】(1)连续审计情况下，注册会计师应当从以下方面考虑是否需要重新签订审计业务约定书。

①有迹象表明被审计单位误解审计目标和范围。

②需要修改约定条款或增加特别条款。

③被审计单位高级管理人员近期发生变动。

④被审计单位所有权发生重大变动。

⑤被审计单位业务的性质或规模发生重大变化。

⑥法律法规的规定发生变化。

⑦编制财务报表采用的财务报告编制基础发生变更。

⑧其他报告要求发生变化。

（2）在重新签订业务约定书前，ABC会计师事务所开展初步业务活动的目的主要有3个。

①具备执行业务所需的独立性和能力。

②不存在因管理层诚信问题而可能影响注册会计师保持该项业务的意愿的事项。

③与被审计单位之间不存在对业务约定条款的误解。

（3）注册会计师在本期审计业务开始时应当开展下列初步业务活动。

①针对保持客户关系和具体审计业务实施相应的质量控制程序。

②评价遵守相关职业道德要求的情况。

③就审计业务约定条款达成一致意见。

第3章 审计证据

一、单选题

1.【答案】 B

【解析】选项A、C、D属于来自于被审计单位内部的证据，而选项B是来源于被审计单位外部的证据。外部证据比来源于被审计单位内部的证据更可靠，所以选择B。

2.【答案】 A

【解析】分析程序用作实质性程序并非强制要求，选项B不正确；分析程序不能用于控制测试，选项C不正确；针对舞弊等特别风险时，应主要依赖细节测试，选项D不正确。

3.【答案】 B

【解析】对重要审计项目、重大错报风险的估计水平较高、会计数据可靠性较低时，注册会计师不能过多地依赖分析程序。

4.【答案】 B

【解析】如果当使用分析程序比细节测试能更有效地将认定层次的检查风险降至可接受的水平时，可运用实质性分析程序；实质性分析程序不仅是细节测试的一种补充，在某些审计领域，如果重大错报风险较低且数据之间具有稳定的预期关系，注册会计师可以单独使用实质性分析程序获取充分、适当的审计证据。

5.【答案】 D

【解析】选项D中，如果函证是无效的，注册会计师实施函证的意义不大，可以直接考虑实施替代审计程序。

6.【答案】 B

【解析】如果有迹象表明收回的询证函不可靠，注册会计师应当实施适当的审计程序予以证实或消除疑虑。

二、多选题

1.【答案】 ABD

【解析】在重大错报风险较高的情况下，即使分析程序未发现异常，也不能对营业收入过分信赖，还应当采用其他审计程序予以认定。

2.【答案】 AC

【解析】当使用分析程序比细节测试能更有效地将认定层次的检查风险降至可接受的水平时，分析程序可以用作实质性程序。针对舞弊等特别风险时，应主要依赖细节测试。鉴于实质性分析程序能够提供的精确度受到种种限制,评估的重大错报风险水平越高,注册会计师应当越谨慎使用实质性分析程序。如果针对特别风险仅实施实质性程序,注册会计师应当使用细节测试,或将细节测试和实质性分析程序结合使用,以获取充分、适当的审计证据。

3.【答案】 ABCD

【解析】 以上均为对收入常用的分析程序。

4.【答案】 ABC

【解析】 本题考查的是函证的设计。询证函应当统一编号;询证函不能用于催收货款;询证函应当由被函证单位盖章后直接寄给会计师事务所,不能通过被审计单位。

5.【答案】 BC

【解析】 银行存款函证一律采用积极式函证,故选项A不正确;注册会计师不能仅仅依据银行存款函证回函就确定最终银行存款余额审计后的金额,还要结合检查银行存款对账单、检查银行存款余额调节表及其他收、付款凭证,根据这些程序取得的证据来确认银行存款余额审计后的金额,故选项D不正确。

6.【答案】 ABD

【解析】 询证函的收发应由注册会计师亲自控制,故选项C不正确。

三、简答题

【答案】(1)购货发票较为可靠。购货发票是从被审计单位从以外的单位获取的,属于外部证据,比被审计单位提供的收料单更可靠。

(2)销货发票副本较为可靠。销货发票副本属于在被审计单位外部流转的证据,比仅在被审计单位内部流转的产品出库单更可靠。

(3)领料单较为可靠。材料成本计算表所依据的原始凭证是领料单,因此,领料单比材料成本计算表更可靠。

(4)工资发放单较为可靠。工资发放单上有受领人的签字,所以,工资发放单较工资计算单更可靠。

(5)存货监盘记录较为可靠。存货盘点表是被审计单位对存货盘点的记录,而存货监盘记录是注册会计师实施存货监盘程序的记录,所以,存货监盘记录较存货盘点表更可靠。

(6)银行询证函回函较为可靠。注册会计师直接获取的银行存款函证回函较被审计单位提供的银行对账单更可靠。

第4章 审计抽样

一、单选题

1.【答案】 B

【解析】 系统选样是指按照相同的间隔从审计对象总体中等距离地选取样本的一种方法。本题中支票的总体范围是 0~4 000,设定的样本量是80,那么选样间距为50(4 000÷80)。注册会计师必须从0~50中选取一个随机数作为抽样起点,所以选项B错误。如果随机选取的数码是20,那么第一个样本项目是编号为0070(20+50)的支票,如果随机选取的数码是30,那么第1个样本项目是编号为0080(30+50)的支票。

2.【答案】 A

【解析】 不管是使用统计抽样或是非统计抽样,在选取样本项目时,注册会计师都应当使总体中的每个抽样单元都有被选取的机会,而不是被选取的概率相等。

3.【答案】 C

【解析】 可容忍错报影响的是细节测试的样本规模。

4.【答案】 D

【解析】 在非统计抽样中,根据样本中发现的错报金额推断总体错报金额的方法主要有比率法和差异法。均值估计抽样和差额估计抽样属于在统计抽样中推断总体错报金额的方法。

5.【答案】 B

【解析】 控制测试应采用属性抽样。属性抽样是一种用来对总体中的某一事件发生率得出结论的统计抽样方法。属性抽样在审计中最常见的用途是测试某一设定控制的偏差率。

6.【答案】 D

【解析】 询问不宜采用抽样的方法,选项A不正确;可信赖程度与信赖过度风险是互补关系,即可信赖程度+信赖过度风险=1;在实施控制测试时,由于样本的误差率就是整个总体的推断误差率,注册会计师无须推断总体误差率。

二、多选题

1.【答案】 BD

【解析】 在细节测试中与样本规模成反向变动关系的有可接受的误受风险、可容忍错报。可接受的信赖过度风险、预计总体偏差率是影响控制测试样本规模的因素。注意掌握影响因素在细节测试与控制测试中的不同表现形式。

2. 【答案】BD

【解析】影响样本规模的因素主要包括: 可接受的抽样风险、可容忍误差、预计总体误差、总体变异性、总体规模。在控制测试中, 可容忍误差指的是可容忍偏差率, 预计总体误差指的是预计总体偏差率, 一般不考虑总体变异性。所以选项B和选项D是符合题意的。

3. 【答案】ABCD

【解析】实施细节测试时, 注册会计师在样本设计阶段必须完成的工作包括4个环节: 明确测试目标、定义总体、定义抽样单元, 以及界定错报。

4. 【答案】ABCD

【解析】注册会计师将总体定义为从年初到期中测试日为止的交易, 并在确定是否需要针对剩余期间获取额外证据以及获取哪些证据时考虑下列因素: 所涉及的认定的重要性; 期中进行测试的特定控制; 自期中以来控制发生的任何变化; 控制改变实质性程序的程度; 期中实施控制测试的结果; 剩余期间的长短; 对剩余期间实施实质性程序所产生的, 与控制的运行有关的证据。

5. 【答案】ABD

【解析】这是控制测试, 所以还不足以发表审计意见, 此时可以采取的措施有选项A、B、D。

6. 【答案】AD

【解析】在控制测试中, 注册会计师要仔细定义所要测试的控制及可能出现偏差的情况, 在细节测试中, 注册会计师要确定哪些情况构成错报。所以在控制测试中, 误差是指控制偏差, 在细节测试中, 误差是指错报。

三、简答题

【答案】(1)不正确。测试的总体应当是2012年1月1日至12月31日期间所有开具的赊销单。

(2)正确。

(3)不正确。对于选择的样本由于丢失无法进行测试时, 应当查明丢失原因, 除非有足够证据证明已经恰当执行控制, 否则应当将其视为一个控制偏差处理, 而不是重新选择一个样本予以代替。

(4)正确。

(5)不正确。还应考虑抽样风险, 根据风险系数7.8和样本量60, 计算出的总体偏差率上限为13%(7.8÷60), 超过了可容忍偏差率7%, 所以表示存货验收控制的总体偏差率上限大于可容忍偏差率, 总体不能接受, 该项控制运行无效。

第5章　信息技术对审计的影响

一、单选题

1.【答案】A

【解析】选项B、C，计算机辅助技术有助于详细审计海量的数据，对于少量的数据不可以体现其优势。选项D，确定控制的偏差涉及人为判断，不属于计算机辅助技术的优势。

2.【答案】B

【解析】信息系统对控制的影响，取决于被审计单位对信息系统的依赖程度。依赖程度越高，影响越大。

3.【答案】D

【解析】既然信赖自动化控制，就要对信息技术的一般控制和应用控制进行测试。

4.【答案】A

【解析】选项B、C、D属于一般控制。

5.【答案】D

【解析】编辑检查同时可以实现应用控制审计的完整性和准确性。

6.【答案】D

【解析】应用控制一般经过输入、处理、输出等环节。

二、多选题

1.【答案】BCD

【解析】人工控制更适合存在大额、异常或偶发的交易。

2.【答案】ABC

【解析】计算机不会受到过度工作的影响，这是计算机辅助审计技术的优势。

3.【答案】BD

【解析】选项A、C属于一般控制。

4.【答案】ABD

【解析】选项C是由人执行、受人为因素影响的人工控制产生的特定风险。

5.【答案】ABD

【解析】设计和运行对审计风险的评价、业务流程和控制的了解、审计工作的执行以及需要收集的审计证据的性质都有直接的影响。

第6章　审计工作底稿

一、单选题

1.【答案】 D

【解析】 对于需要询问被审计单位中特定人员的审计程序，注册会计师应将询问的时间、被询问人的姓名及职位作为识别特征。

2.【答案】 C

【解析】 选项C，在确定识别特征时，还应该包括样本的来源，例如4月1日至9月30日的发运台账。

3.【答案】 B

【解析】 对运用系统抽样的审计程序，通过样本的来源、抽样的起点及抽样间隔来识别已选取的样本；对询问程序，应将询问的时间、被询问人的姓名及职位作为识别特征。

4.【答案】 C

【解析】 审计工作底稿通常不包括存在印刷错误或其他错误而作废的文本。

5.【答案】 B

【解析】 注册会计师在编制审计工作底稿的时候出现计算错误等可以修正，但需要在修改处签字以示责任，或者是重新写一张，选项B错误。

6.【答案】 C

【解析】 选项A、B、D均属于对工作底稿的事务性变动，不涉及实施新的审计程序或得出新的结论。选项C属于完成最终审计档案归整工作后的变动，注册会计师应按规定说明补充的理由以及所补充的工作底稿对审计意见的影响，而不可以直接变动。

二、多选题

1.【答案】 AC

【解析】 选项A，审计工作底稿通常不包括反应不全面或初步思考的记录；选项C，审计工作底稿不能替代被审计单位的会计记录。

2.【答案】 ABCD

【解析】 上述4个选项，关于识别特征的说法都是正确的。

3.【答案】 CD

【解析】 如果完成了审计工作，归档期限为审计报告日后60天内，如果未完成审计工作，归档期限为审计业务中止后的60天内。

4.【答案】 ABD

【解析】由于审计工作底稿通常不包括已被取代的审计工作底稿的草稿或财务报表的草稿、对不全面或初步思考的记录、存在印刷错误或其他错误而作废的文本，以及重复的文件记录等，不能选择C。

5.【答案】 ABCD

【解析】针对选项D，以举例的形式进行解释：如在审计报告日之前获得的一份律师函，有关被审计或有事项的见解。获得时审计小组对这份函证进行了讨论，形成了一致的意见，但当时未能制作成审计工作底稿。此时可以对当时的讨论情况及结果加以记录，此时做的工作仅是进行简单的记录，并不会影响以前讨论的结果，因此属于事务性的变动。

6.【答案】 ABD

【解析】不同审计程序使得注册会计师获取不同性质的审计证据，编制不同的审计工作底稿，选项C不正确。

三、简答题

【答案】（1）不正确。确定复核人员的原则是由项目组内经验较多的人员复核经验较少的人员执行的工作，而不是由成员直接相互复核底稿。

项目质量控制复核应由独立的（不参与该业务）、有经验的人员，在出具报告前，对项目组做出的重大判断和在准备出具报告时形成的结论做出客观评价，而不能由项目组内成员在审计报告出具后进行复核。

（2）归档期限不正确。审计工作底稿的归档期限是审计报告日后60天内。即在2013年3月15日后的60天内完成，也就是在2013年5月14日前应归档。

（3）审计工作底稿归档后，可以修改现有审计工作底稿或增加新的审计工作底稿的情形有以下两种。

①注册会计师已实施了必要的审计程序，获取了充分、适当的审计证据，并得出了恰当的审计结论，但审计工作底稿的记录不够充分。

②审计报告日后，发现例外情况要求注册会计师实施新的或追加审计程序，或导致注册会计师得出新的结论。

（4）注册会计师应当记录的事项有：

①修改或增加审计工作底稿的时间和人员，以及复核的时间和人员；

②修改或增加审计工作底稿的具体理由。

（5）会计师事务所应当自2013年3月15日起至少保存10年。

第7章　风险评估

一、单选题

1.【答案】 B

【解析】 本题考查的是风险评估程序。选项A，不得未经过风险评估，直接将风险设定为高水平；选项C，针对小型被审计单位，注册会计师应当与管理层讨论其如何识别经营风险以及如何应对这些风险，而不是直接将其风险评估为最高水平；选项D，了解被审计单位内控是注册会计师必须执行的程序。

2.【答案】 A

【解析】 根据审计准则，项目组的关键成员应当参与讨论，如果项目组需要拥有信息技术或其他特殊技能的专家，这些专家也应参与讨论，而不是每个项目组成员每次均应参与讨论，选项A不正确。

3.【答案】 A

【解析】 控制环境本身并不能防止或发现并纠正各类交易、账户余额和披露认定层次的重大错报，选项A不正确。

4.【答案】 B

【解析】 注册会计师应当对被审计单位整体层面的内部控制的设计进行评价，并确定其是否得到执行。

5.【答案】 C

【解析】 选项C不是内部控制的目标。

6.【答案】 C

【解析】 注册会计师了解被审计单位及其环境，目的是为了识别和评估财务报表的重大错报风险。

二、多选题

1.【答案】 ABCD

【解析】 除上述4项外，准则还规定了其他两个方面：被审计单位的性质和被审计单位业绩的衡量和评价。

2.【答案】 ABD

【解析】 选项C，重新执行适用于控制测试，而不用于了解内部控制。

3.【答案】 ABC

【解析】 选项A，要考虑治理层的参与程度，治理层对控制环境的影响要素包括治理层相对于管理层的独立性;选项B,管理层负责企业的运作以及经营策略和程序的制定、执行与监督,管理层的理念包括管理层对内部控制的理念;选项C,在确定控制环境的要素是否得到执行时,通过询问管理层和员工,注册会计师可能了解管理层如何就业务规程和道德价值观念与员工进行沟通;选项D,对控制的监督和控制环境都属于内部控制所包括的要素,所以对控制的监督并不是了解控制环境时应该关注的内容。

4.【答案】 ABCD

【解析】了解法律环境与监管环境,具体而言,注册会计师可能需要了解以下情况:①国家对某一行业的企业是否有特殊的监管要求;②是否存在新出台的法律法规,对被审计单位有何影响;③国家货币、财政、税收和贸易等方面政策的变化是否会对被审计单位的经营活动产生影响;④与被审计单位相关的税务法规是否发生变化。

5.【答案】 ABD

【解析】注册会计师应当运用各项风险评估程序,在了解被审计单位及其环境的整个过程中识别风险,并将识别的风险与各类交易、账户余额和披露相联系。例如,被审计单位因相关环境法规的实施需要更新设备,可能面临原有设备闲置或贬值的风险;宏观经济的低迷可能预示应收账款的回收存在问题;竞争者开发的新产品上市,可能导致被审计单位的主要产品在短期内过时,预示将出现存货跌价和长期资产(如固定资产等)的减值。管理层缺乏诚信或承受异常的压力可能引发舞弊风险,与财务报表整体相关。

6.【答案】 ABCD

【解析】注册会计师可以考虑向管理层和财务负责人询问下列事项:①管理层所关注的主要问题;②被审计单位最近的财务状况、经营成果和现金流量;③可能影响财务报告的交易和事项,或者目前发生的重大会计处理问题;④被审计单位发生的其他重要变化,如所有权结构、组织结构的变化,以及内部控制的变化等。

三、简答题

【答案】

对控制的描述	控制用来防止的错报	控制类型(预防性控制/检查性控制)	认 定
在更新采购档案之前必须先有收货报告	防止记录了未收到购货的情况	预防性控制	存货/存在
销售发票上的价格根据价格清单上的信息确定	防止销货计价错误	预防性控制	营业收入/准确性

续表

对控制的描述	控制用来防止的错报	控制类型（预防性控制/检查性控制）	认　定
定期编制银行存款余额调节表，跟踪调查挂账的项目	在对其他项目进行审核的同时，查找存入银行但没有记入日记账的现金收入，未记录的银行现金支付或虚构入账的不真实的银行现金收入或支付，未及时入账或未正确汇总分类的银行现金收入或支付	检查性控制	货币资金/存在、完整性
会计师每天比较运出货物的数量和开票数量。如果发现差异，产生报告，由开票主管复核和追查	查找没有开票和记录的出库货物，以及与真实发货无关的发票	检查性控制	营业收入/发生、完整性
生成收货报告的计算机程序，同时也更新采购档案	防止出现购货漏记账的情况	预防性控制	存货/完整性
每季度复核应收账款贷方余额并找出原因	查找未予入账的发票和销售与现金收入中的分类错误	检查性控制	营业收入/完整性

第8章　风险应对

一、单选题

1.【答案】 D

【解析】 选项D属于进一步审计程序的时间包括的内容。

2.【答案】 C

【解析】 通常情况下，注册会计师出于成本效益的考虑可以采用综合性方案设计进一步审计程序，即将测试控制运行的有效性与实质性程序结合使用。

3.【答案】 A

【解析】 控制测试是指用于评价内部控制在防止或发现并纠正认定层次重大错报方面的运行有效性的审计程序，所以无法发现认定层次发生的错报金额，实质性程序是发现认定层次发生的错报金额的审计程序，选项B、D均不正确；根据控制测试的定义，其目的是评价内部控制在防止或发现并纠正认定层次重大错报方面的运行有效性，而不是验证实质性程序结果的可靠性，选项C不正确。

4.【答案】 D

【解析】 一般情况下控制测试在期中执行更具有积极作用，因此选项D不正确。

5.【答案】 A

【解析】 本题考查的是进一步审计程序。

注册会计师在确定何时实施审计程序时应当考虑的重要因素包括：

①控制环境；②何时能得到相关信息；③错报风险的性质；④审计证据适用的期间或时点。

6.【答案】B

【解析】选项A、C均属于针对高估收入实施的常规程序，选项D是针对完整性实施的常规程序。

二、多选题

1.【答案】BCD

【解析】如果被审计单位的控制环境存在缺陷，注册会计师应该主要依赖实质性程序获取审计证据而非控制测试。

2.【答案】ABD

【解析】评估的重大错报风险越高，对拟获取审计证据的相关性、可靠性的要求越高，因此注册会计师实施进一步审计程序的范围也应当越大；计划获取的保证程度越高，对测试结果可靠性要求越高，注册会计师实施进一步审计程序的范围越广；确定的重要性水平越低，注册会计师实施进一步审计程序的范围越广。

3.【答案】BCD

【解析】本题考查的是进一步审计程序。

注册会计师在确定何时实施审计程序时应当考虑的重要因素包括：

①控制环境；

②何时能得到相关信息；

③错报风险的性质；

④审计证据适用的期间或时点。

4.【答案】BC

【解析】本题考查的是进一步审计程序。

选项A，"综合性方案"是指注册会计师在实施进一步审计程序时同时采用控制测试与实质性程序。既然内部控制存在重大缺陷，实施进一步控制测试是不适宜的；选项D，属于总体应对措施，而不是针对认定层次重大错报风险的进一步审计程序，不符合题意。

5.【答案】ACD

【解析】选项B中的安排无法保证审计质量，违反了专业胜任能力的职业道德要求。

6.【答案】ABC

【解析】 对被审计单位银行存款年末余额实施函证是注册会计师通常应当执行的审计程序，该程序不具有不可预见性。

三、简答题

【答案】（1）如果X公司存在财务报表层次重大错报风险，注册会计师应该实施的总体应对措施如下。

①向项目组强调保持职业怀疑的必要性。

②分派更有经验或具有特殊技能的审计人员，或利用专家的工作。

③提供更多的督导。

④在选择拟实施的进一步审计程序时融入更多的不可预见因素。

⑤对拟实施审计程序的性质、时间安排和范围做出总体修改。

（2）如果评估的X公司财务报表层次重大错报风险属于高风险水平，则Y注册会计师拟实施进一步审计程序的总体方案通常更倾向于实质性方案。

（3）针对评估的财务报表层次重大错报风险，在选择进一步审计程序时，Y注册会计师可以通过下列方式提高审计程序的不可预见性。

①对某些以前未测试的低于设定的重要性水平或风险较小的账户余额和认定实施实质性程序。

②调整实施审计程序的时间，使其超出X公司的预期。

③采取不同的审计抽样方法，使当年抽取的测试样本与以前有所不同。

④选取不同的地点实施审计程序，或预先不告知被审计单位所选定的测试地点。

（4）如果X公司2012年度财务报表存在舞弊导致的认定层次重大错报风险，Y注册会计师应当考虑采用下列方式予以应对。

①改变拟实施审计程序的性质，以获取更为可靠、相关的审计证据，或获取其他佐证性信息，包括更加重视实地观察或检查，在实施函证程序时改变常规函证内容，询问X公司的非财务人员等。

②改变实质性程序的时间，包括在期末或接近期末实施实质性程序，或针对本期较早时间发生的交易事项或贯穿于整个本期的交易事项实施测试。

③改变审计程序的范围，包括扩大样本规模，采用更详细的数据实施分析程序等。

第9章　销售与收款循环的审计

一、单选题

1.【答案】A

【解析】由于W医院在试用之后是否满意具有很大的不确定性，所以不能确认为2012年度的收入。

2. 【答案】 B

【解析】这个题目是站在被审计单位内部控制的角度进行考核，而不是站在注册会计师实施的审计程序角度进行考核，选项B能从源头上控制该项交易是真实发生的，故最佳答案是B；选项C更侧重于计价和分摊认定。

3. 【答案】 D

【解析】本题考查是的销售与收款交易的实质性程序。

注册会计师通过比较前期坏账准备计提数和实际发生数，以及检查期后事项，评价应收账款坏账准备计提的合理性，而分析程序不能直接得出相关项目的金额是否正确的结论。

4. 【答案】 B

【解析】商品价目表不能证明商品是否已经发出，所以不能证明有关记录的真实性和完整性，更不能证明商品所有权的转移情况；商品价目表仅是有关商品的价格，所以可以证明的认定是准确性。

5. 【答案】 D

【解析】房屋所有权证书及土地使用权证书的办理有一定的滞后性，在审计实践中，确认房屋转让收入时，不要求必须办理完毕以上证书。

6. 【答案】 C

【解析】应收账款询证函应当由被审计单位签章。

二、多选题

1. 【答案】 ABCD

【解析】本题考查销售与收款循环的内部控制和控制测试。这种控制在理论上仍属于"从前往后"的追踪控制，有助于被追踪目标的完整性。在这种追踪中，"销售单"处于整个过程的起点之一，说明追踪彻底，而"账单"处于追踪的终点，揭示了追踪的目标。

2. 【答案】 ABC

【解析】选项A是最简单的演算；追查主营业务收入明细账中的金额至销售发票；从销售发票上的数据再追查至发运凭证、商品价目表和顾客订货单，这是一个逆查的程序链，可以实现对计价测试的审计，选项D属于控制测试，且是针对完整性目标的。

3. 【答案】 AB

【解析】减少此类损失的关键是发货前的严格审批，即不向无力支付货款的顾客发货,而不是发货后的折扣。选项C、D虽属于授权审批的内容,但与防止向无力支付货款的顾客发货这一目标无关。

4.【答案】 AC

【解析】 一般情况下,注册会计师通常以资产负债表日为截止日,在资产负债表日后适当时间内实施函证,选项B不正确;如果重大错报风险评估为低水平,注册会计师可选择资产负债表日前适当日期为截止日实施函证,并对所函证项目自该截止日起至资产负债表日止发生的变动实施实质性程序,选项D不正确。

5.【答案】 ACD

【解析】 分类和可理解性认定主要针对的是财务报表附注披露的认定,其中并不涉及具体业务的截止问题,选项B不正确。

6.【答案】 AD

【解析】 选项A,销售单是列示客户所订商品的名称、规格、数量以及其他与客户订购单有关信息的凭证,是作为销售方内部处理客户订购单的凭证。选项D,对于赊销业务的批准是由信用管理部门(而不是销售部门)根据管理层的赊销政策在每个客户的已授权的信用额度内进行的。

三、简答题

【答案】 第(1)存在缺陷。理由是,对于赊销的则应当由信用审批部门根据管理层的赊销政策进行确定,以及对每个顾客的已经授权的信用额度进行调查。

建议:在由销售部授权人员签字批准后,涉及赊销业务的销售单将先被送交信用管理部门。信用管理部门将销售单与该顾客的可用信用额度进行比较,在签署信用审阅意见后将销售单送回销售部。对于可用信用额度不足的赊销业务销售单,需要经过公司授权人员批准才能发出。然后,经批准的销售单才能送交仓库作为按销售单供货和发货给装运部门的授权依据。

第(2)不存在缺陷。

第(3)存在缺陷。理由是,由财务部门职员王某一个人登记销售收入和应收账款明细账。登记收入明细账和应收账款明细账的职员应当是两个人。

建议:登记收入明细账和应收账款明细账的职务应该分离。

第(4)存在缺陷。理由是,登记应收账款备查簿的人员不能寄发对账单。

建议:由不负责现金出纳和销售及应收账款记账的人员寄发对账单。

第10章　采购与付款循环的审计

一、单选题

1.【答案】D

【解析】送交供应商的应是订购单的正联,其副联无须送交供应商。

2.【答案】D

【解析】若付款凭单未附卖方发票,则可能记录了未实现的购货,违反了存在目标;检查验收单是否有缺号和发票连续编号的完整性是与完整性目标有关。

3.【答案】D

【解析】按照准则规定,应付账款函证是注册会计师"可以"实施的程序,实施与否取决于注册会计师的判断,不是强制要求,所以不选A。

4.【答案】A

【解析】对于上市公司,通常应在附注中说明是否欠持5%表决权股份的股东单位账款,说明账龄超过3年的大额应付账款未偿还的原因,并在期后事项中反映资产负债表日后是否偿还。题中欠款归还的情况同时具备这3个条件,均应披露。

5.【答案】B

【解析】2012年该设备应计提的折旧额=(740−20)×5÷15×6÷12=120(万元)。

二、多选题

1.【答案】ABCD

【解析】采购与付款循环通常要经过这样的程序:请购→订货→验收→付款。

2.【答案】ABCD

【解析】本题考查采购与付款循环的内部控制和控制测试。

在命题的4种情形下,A公司均既未收到商品或未接受劳务,而账面却加以记录。

3.【答案】ACD

【解析】选项A与采购交易发生认定相关,选项C与采购交易分类认定相关,选项D与采购交易完整性认定相关。

4.【答案】ACD

【解析】选项A,资产负债表日已收到发票,而审计时尚未处理,则表明相应的应付账款尚未入账;选项B,函证不能保证查出未记录的应付账款;选项C,通过支票存根可以追查付款是否属于支付上年的购货;选项D,商品已在资产负债表日入库,而尚未收到购货发票则表明上年有可能未入账。

5.【答案】ABC

【解析】固定资产期初余额是资产负债表日期末余额的基础,注册会计师之所以审计期初余额,就是要在期初余额的基础上估计期末余额的充分适当的审计证据,因此用期末余额推断期初余额达不到审计目的,选项D不正确。

第11章 生产与存货循环的审计

一、单选题

1.【答案】C

【解析】注册会计师应当特别关注存货的移动情况,防止遗漏或重复盘点。

2.【答案】A

【解析】编制请购单、控制存货以免出现积压及检验购入货物的数量不属于采购部门的职责。

3.【答案】A

【解析】选项A,产成品的保管应由仓库部门负责。

4.【答案】D

【解析】选项D,由于可能隐含着重要的潜在趋势,注册会计师应当注意不要过分依赖计算的平均值。

二、多选题

1.【答案】ABCD

【解析】除上述需要关注的情形外,还需要关注:所有已确认为销售但尚未装运出库的商品是否均未包括在盘点范围内,且未包括在截止日的存货账面余额中;所有已记录为购货但尚未入库的存货是否均已包括在盘点范围内,并已反映在了会计记录中。

2.【答案】ABD

【解析】选项C也可以实现这一审计目标,但是属于控制测试,并不符合题意。

3.【答案】ABD

【解析】根据相关规定,存货项目的可变现净值的确定是根据市场售价或是合同约定的价值、将相关材料加工为产品所需的进一步加工成本、销售费用等一系列因素确定的,与被审计单位会计人员经常发生变动无关。

4.【答案】ACD

【解析】选项A，甲公司在审计年度内应对存货实施盘点；选项C，甲公司生产产品所需的零星Z材料由XYZ公司代管，甲公司对Z材料的变动应当进行会计记录；甲公司财务部门会计记录和仓库明细账均不应反映代XYZ公司保管的E材料；选项D，甲公司每年12月25日后发出的存货在仓库的明细账上记录，同时要在财务部门的会计账上反映。

5.【答案】BCD

【解析】存在多个领料部门时，全部统一连续编号、顺序使用很难做到，可能降低工作效率。各部门分别连续编号即可。

第12章　货币资金的审计

一、单选题

1.【答案】D

【解析】本题考核的是未达账项。选项D不属于未达账项的情况，未达账项是指企业与银行之间，对同一项经济业务由于凭证传递上的时间差所形成的一方已登记入账，而另一方因未收到相关凭证，尚未登记入账的事项。选项D是因为经办人员未提供相关单据，而使会计部门尚未入账，所以不合理。

2.【答案】A

【解析】现金收取与应收账款过账之间的职责分离使员工挪用现金没有机会。

3.【答案】A

【解析】盘点人员应包括出纳、会计主管人员和注册会计师。被审计单位与库存现金直接相关的人员是出纳员和会计主管人员。因此，被审计单位必须参加盘点的人员是出纳员和会计主管人员。

4.【答案】B

【解析】现金日记账和总账的登记属于不相容职务，应建议由出纳以外的人员登记现金总账。

5.【答案】D

【解析】库存现金监盘表属于审计工作底稿，应该由注册会计师自己编制。

6.【答案】B

【解析】对银行存款实施函证实现的最基本的目标是真实性。

二、多选题

1.【答案】ABC

【解析】出纳员不得兼任稽核、会计档案保管和收入、支出、费用、债权债务账目的登记工作,故选项A、B、C都属于违反出纳员的不相容岗位职责;选项D的"固定资产明细账"不是"收入、支出、费用、债权债务账目",不违反出纳员的不相容岗位职责。

2.【答案】ABC

【解析】选项A,盘点库存现金的时间应视被审计单位的具体情况而定,最好选择在上午上班前或下午下班时进行,但是并不是必须安排在上午上班前或下午下班时进行;选项B,对于货币资金业务中重要的货币资金支付业务,公司应当实行集体决策和审批,并建立责任追究制度,防范贪污、侵占、挪用货币资金等行为;选项C,注册会计师只是对盘点的库存现金进行监盘,而不是亲自盘点,库存现金的盘点由出纳进行,会计主管复盘。

3.【答案】ABCD

【解析】货币资金监督检查的内容主要包括:①货币资金业务相关岗位及人员的设置情况。重点检查是否存在货币资金业务不相容职务混淆的现象;②货币资金授权批准制度的执行情况。重点检查货币资金支出的授权审批手续是否健全,是否存在越权审批行为;③支付款项印章的保管情况。重点检查是否存在办理付款业务所需的全部印章由一人保管;④票据的保管情况。重点检查票据的购买、领用、保管手续是否健全,票据保管是否存在漏洞。

4.【答案】AC

【解析】选项B对于银行存款余额为零的账户也要执行函证程序;选项D即使函证结果表明不存在差异,也有可能存在银行未收的款项而企业没有入账的情况,所以不能直接确认银行存款余额是正确的。

5.【答案】AD

【解析】选项A取得银行存款余额调节表后,如果两边金额相等,注册会计师还应当检查调节表中未达账项的真实性,以及资产负债表日后的进账情况,如果存在应于资产负债表日之前进账的应作相应的调整;选项D盘点库存现金的范围不包括已领用的备用金。

6.【答案】BD

【解析】选项B出纳人员不得登记费用明细账;选项D无论余额是否相符,均需要编制银行存款余额调节表,以防出现余额正确,但是发生额不符的情况。

三、简答题

【答案】(1)①存在缺陷:采购部门的人员不能验收商品。

理由:采购与验收是不相容的岗位。

建议:验收商品应当由验收部门的人员进行验收。

②没有缺陷。

③存在缺陷:超过剩余赊销信用额度的销售,在职员E审批后,还需获得经授权的信用审核部门经理F的审批。

理由:如果超过赊销信用额度的销售,则全部销售应该由经授权的信用审批部门经理F批准,而不仅仅是超过部分的销售。

建议:超过赊销信用额度的销售,则全部销售应该由经授权的信用审批部门经理F批准。超过信用审核部门经理F的授权,应该集体决策。

④存在缺陷:会计部门职员G一人登记主营业务收入和应收账款的明细账。

理由:登记收入明细账和应收账款明细账的职员应当是两个人。

建议:由两个人分别登记收入明细账和应收账款明细账。

(2)第1项与已经发生的购货业务均已记录这一控制目标相关。

控制测试是:检查订货单连续编号的完整性。检查验收入库单的完整性。

(3)第(1)事项主要与存货和应付账款的计价和分摊认定有关。

第(2)事项与存货和应付账款的存在认定相关。

第13章　对舞弊和法律法规的考虑

一、单选题

1.【答案】 A

【解析】对于存放地点比较分散的存货,比较好的针对性措施是在同一天对所有存放地点实施存货监盘,而不是在不同的日期进行监盘,因此选项A不正确。

2.【答案】 B

【解析】本题考查的是财务报表审计中与舞弊相关的责任。注册会计师应当尽早就此类事项与治理层沟通。

3.【答案】 C

【解析】选项A、B、D均属于是针对认定层次的重大错报风险而言的,由于财务报表层次的重大错报是不会针对具体的某项认定的,所以我们具体的审计程序的调整无法实现对财务报表层次重大错报风险的总体应对。

4.【答案】D

【解析】如果因被审计单位阻挠无法获取充分、适当的审计证据，以评价是否发生或可能发生对财务报表具有重大影响的违反法规行为，例如，被审计单位拒绝提供必要的资料或故意销毁重要证据，注册会计师应当将其视为审计范围受到重大限制，根据审计范围受到限制的程度，出具保留意见或无法表示意见的审计报告。

5.【答案】B

【解析】本题考查与管理层、治理层和监管机构的沟通。如果注意到旨在防止或发现舞弊的内部控制在设计或执行方面存在重大缺陷，注册会计师应尽早告知适当层次的治理层。

6.【答案】B

【解析】"严重"的判定标准是是否有重大法律后果或涉及社会公众利益。

二、多选题

1.【答案】ABC

【解析】选项D属于被审计单位治理层的责任。

2.【答案】ABC

【解析】选项D针对的是与存货相关的重大错报风险审计人员应当实施的审计程序。

3.【答案】BC

【解析】选项A发现发票丢失，重新开票，可能造成纳税计算错误；选项B对于多出的存货，保管员应当查明原因，并做出具体处理，而不应仅凭装运员的口头答复即做出判断，丁泰将多出的产品作为仓库内部资产管理，这属于侵占资产的情况，属于舞弊；选项C按照规定，企业应对尚未报废的固定资产计提折旧，因此会计主管的做法属于蓄意使用不当的会计政策，以粉饰财务报表；选项D存货发生变质，则应当首先报告有关部门采取适当措施，会计部门则应计提相应的减值准备，发现了存货变质迹象但没有引起注意，导致最终存货报废，这是对事实的疏忽，属于错误，而不是舞弊行为。

4.【答案】ACD

【解析】选项B，属于注册会计师应当针对评估的舞弊导致的财务报表层次重大错报风险所采取的总体应对措施。

5.【答案】BC

【解析】注册会计师不能对财务报表整体不存在重大错报获取绝对保证，选项A不正确；被审计单位管理层有责任建立和维护防止或发现舞弊的内部控制，选项D不正确。

6.【答案】 BCD

【解析】 选项A表述错误，注册会计师不能直接假定被审计单位存在违反法规行为。

第14章　审计沟通

一、单选题

1.【答案】 B

【解析】 如果发现前任注册会计师审计的财务报表可能存在重大错报，后任注册会计师应当提请被审计单位告知前任注册会计师。必要时，后任注册会计师可要求被审计单位安排三方会谈。如果被审计单位拒绝告知前任注册会计师，或前任注册会计师拒绝参加三方会谈，或后任注册会计师对解决问题的方案不满意，后任注册会计师应当考虑对审计报告的影响或解除业务约定。在这种情况下，后任注册会计师应当考虑：①这种情况对当前审计业务的潜在影响，并根据具体情况出具恰当的审计报告；②是否退出当前审计业务。此外，后任注册会计师可考虑向其法律顾问咨询，以便决定如何采取进一步措施。

2.【答案】 D

【解析】 本题考查的是注册会计师与治理层的沟通。

注册会计师应当及时与治理层沟通，对于计划事项的沟通不能等到审计业务的终结阶段进行。

3.【答案】 B

【解析】 选项B不属于注册会计师在审计中遇到的重大困难，实施必要的审计程序，收集充分适当的审计证据是注册会计师自身的责任。

4.【答案】 B

【解析】 前任注册会计师，是指对最近期间财务报表出具了审计报告或接受委托但未完成审计工作，已经或可能与委托人解除业务约定的会计师事务所。在接受委托前，后任注册会计师应当与前任注册会计师进行必要沟通，并对沟通结果进行评价，了解公司更换事务所的原因、管理层是否存在诚信问题、重大会计问题、内部控制的重大缺陷等，以确定是否接受委托，所以选项B是正确的，要注意本题题干中所指的是"必须"沟通；选项A中，B会计师事务所承接的并非审计业务；选项C中的B会计师事务所不属前任注册会计师，而C会计师事务所才是前任注册会计师，A会计师事务所必须与C会计师事务所沟通；前后任注册会计师仅限于审计业务，这里的审计是指对财务报表的审计,而选项D中的B会计师事务所承接的是验资业务,不属前任注册会计师的范畴。

5.【答案】C

【解析】前后任注册会计师沟通的前提条件是征得被审计单位的同意,选项A不正确;具体审计计划、上期监盘结果和发现的问题以及审计报告的意见等内容是在接受委托后的沟通中会涉及的,在接受委托之前并不涉及这些具体内容,选项B不正确;如果未得到前任注册会计师的答复,且没有理由认为变更会计师事务所的原因异常,后任注册会计师应设法以其他方式与前任注册会计师再次进行沟通,如果仍未得到答复,后任可以致函前任,说明如果在适当的时间内得不到答复,将假设不存在专业方面的原因使其拒绝接受委托,并表明拟接受此项业务委托,选项D不正确。

二、多选题

1.【答案】ABCD

【解析】选项A、C、D属于审计中发现的重大问题。

2.【答案】ABC

【解析】前后任之间的沟通必须取得客户的授权才可以进行。

3.【答案】CD

【解析】注册会计师可以与治理层讨论其总体审计策略,获得其支持,但是不应该讨论其具体审计计划,否则会丧失审计程序的效果,所以选项A错误;注册会计师可以与治理层讨论重要性的概念,但是不应该讨论重要性的具体底线和金额,所以选项B错误。

4.【答案】ACD

【解析】后任注册会计师可以考虑同意前任注册会计师在自己查阅工作底稿过程中可能做出的限制,但这些限制通常不包括选项B。

5.【答案】ABCD

【解析】以上选项均可列入与治理层沟通内容。

6.【答案】ABCD

【解析】以上选项均为注册会计师应当与治理层沟通的事项。

三、简答题

【答案】(1)查阅前任注册会计师工作底稿的重点具体包括:①查阅前任注册会计师工作底稿中的所有重要审计领域;②考虑前任注册会计师是否已实施审计程序,收集充分、适当的审计证据,以支持资产负债表重要账户期初余额;③复核前任注册会计师建议的调整分录和未更正错报汇总表,并评价其对当期审计的影响。

(2)如果导致对2010年度财务报表出具保留意见审计报告的事项影响已经消除,并已在本期财务报表中得到恰当处理,即该事项已不再对本期财务报表产生重大影响,X会计师事务所方可对2011年度财务报表出具标准无保留意见审计报告。

(3)接受委托前沟通的核心内容包括:①是否发现被审计单位管理层存在诚信方面的问题;②前任注册会计师与管理层在重大会计、审计等问题上存在的意见分歧;③前任注册会计师向被审计单位治理层通报的管理层舞弊、违反法规行为以及值得关注的内部控制缺陷;④前任注册会计师认为导致被审计单位变更会计师事务所的原因。

(4)接受委托后,后任注册会计师发现前任注册会计师审计的财务报表可能存在重大错报,如果被审计单位拒绝告知前任注册会计师,或前任注册会计师拒绝参加三方会谈,或后任注册会计师对解决问题的方案不满意,后任注册会计师应当考虑对审计报告的影响或解除业务约定。在这种情况下,后任注册会计师应当考虑:①这种情况对当前审计业务的潜在影响,并根据具体情况出具恰当的审计报告;②是否退出当前审计业务。此外,后任注册会计师可考虑向其法律顾问咨询,以便决定如何采取进一步措施。

第15章 注册会计师利用他人的工作

一、单选题

1.【答案】 B

【解析】注册会计师对内部审计的利用与对内部控制的利用是相似的:仅在"有利可图"时才愿意花费时间去评价、去确定。

2.【答案】 A

【解析】内部审计也可以采用函证和分析程序等审计方法。

3.【答案】 C

【解析】因为内部审计是对内部控制的审计,这就决定了内部审计的信息只能直接影响注册会计师对控制风险的评价,而控制风险是重大错报风险的组成部分。

4.【答案】 C

【解析】选项C的情形不会导致注册会计师利用专家工作时的审计范围受到限制。

二、多选题

1.【答案】 ABCD

【**解析**】本题考核利用内部审计工作。为支持所得出的结论,审计人员都需要获取充分、适当的审计证据,都可以运用观察、询问、函证和分析程序等审计方法。

2.【答案】ABD

【**解析**】注册会计师可以为内部控制改进提供建议,但内部审计不能接触其工作底稿。

3.【答案】ABC

【**解析**】如果注册会计师未对内部审计的职能进行评估就不能做出上面的判断。

4.【答案】BCD

【**解析**】本题考查的是利用内部审计工作。内部审计人员和内部审计机构整体的专业胜任能力是被审计单位内部审计正常发挥作用的根本。应有的关注是专业胜任能力的延伸,只有具备了专业胜任能力,才能够保持应有的关注。

第16章　对集团财务报表审计的特殊考虑

一、单选题

1.【答案】D

【**解析**】本题考查与集团财务报表审计有关的概念。重要组成部分,是指集团项目组识别出的具有下列特征之一的组成部分:①单个组成部分对集团具有财务重大性;②由于单个组成部分的特定性质或情况,可能存在导致集团财务报表发生重大错报的特别风险。

2.【答案】D

【**解析**】本题考查与集团财务报表审计有关的概念。如果注册会计师认为,其自身对审计工作的参与程度有限,不足以作为集团项目组对被审计单位的整体财务报表进行审计,也可以考虑通过实施追加程序,适当参与对组成部分的审计来解决这一问题。此时,注册会计师仍可以接受委托担任集团项目组。

3.【答案】A

【**解析**】集团项目组对整个集团财务报表审计工作及审计意见负全部责任,这一责任不因利用组成部分注册会计师的工作而减轻。

二、多选题

1.【答案】BCD

【**解析**】选项A不正确,集团项目合伙人应当评价未更正错报(无论该错报是由集团项目组识别出的还是由组成部分注册会计师告知的)和未能获取充分、适当的审计证据的情况对集团审计意见的影响。

2.【答案】 ABCD

【解析】本题考查了解集团及其环境、集团组成部分及其环境。除以上各项外，讨论还可以提供下列机会：(1)交流对下列有关舞弊问题的看法：①集团财务报表可能如何以及在何处易于发生由于舞弊或错误导致的重大错报；②集团管理层和组成部分管理层如何编制并隐瞒虚假财务报告；③组成部分的资产可能如何被侵占；(2)考虑已知的、对集团产生影响的外部和内部因素；(3)考虑集团或组成部分管理层可能凌驾于控制之上的风险；(4)考虑是否基于集团财务报表编制目的而采用统一的会计政策编制组成部分财务信息，如果未采用统一的会计政策，如何识别和调整会计政策差异；(5)分享可能显示违反法律法规的信息(如有关商业贿赂或不适当的转移定价的信息)。

3.【答案】 ABCD

【解析】本题考查针对风险评估采取的应对措施。集团项目合伙人在确定参与组成部分注册会计师工作的性质、时间安排和范围时，应当考虑下列因素。

(1)集团项目合伙人对组成部分重要性的评价。

(2)识别出的重大错报风险。

(3)以往审计过程中与组成部分注册会计师合作的经历。

(4)集团项目合伙人与组成部分注册会计师所采用质量控制政策、审计程序等的一致性。

4.【答案】 ACD

【解析】本题考查与组成部分注册会计师的沟通。集团项目组应当及时向组成部分注册会计师通报工作要求。

5.【答案】 ABCD

【解析】本题考查与集团管理层和集团治理层的沟通。除此之外，沟通的事项还可能包括：集团审计受到的限制，如集团项目组接触某些信息受到的限制；涉及集团管理层、组成部分管理层、在集团层面控制中承担重要职责的员工以及其他人员(在舞弊行为导致集团财务报表出现重大错报的情况下)的舞弊或舞弊嫌疑。

三、简答题

【答案】(1)E公司为重要组成部分，这是因为E公司的资产、利润总额及营业收入在集团中所占份额较高，对集团具有财务重大性；G公司为重要组成部分，这是因为G公司营业收入在集团中所占份额较高，对集团具有财务重大性，且由于其特殊退货的安排，使得G公司的收入确认存在可能导致集团财务报表发生重大错报的特别风险；H公司为重要组成部分，这是因为2010年度外汇汇率持续波动，H公司从事外汇远期合同交易存在可能导致集团财务报表发生重大错报的特别风险。

F公司为非重要组成部分，这是因为其资产、利润总额及营业收入在集团中所占份额较低，并且财务状况较为稳定

【解析】E公司、G公司和H公司应当作为集团审计中的重要组成部分。E公司的资产总额、营业收入和利润总额在集团中所占的份额很大，因此作为重要组成部分。G公司虽然资产总额和利润总额比重较小，但营业收入在集团中所占的份额较大，并且向部分主要客户提供特殊退货安排，因此应当作为重要组成部分。E公司和G公司属于"单个组成部分对集团具有财务重大性"的情况。H公司虽然资产、收入和利润都比较小，但从事了若干远期外汇交易，以管理2010年度外汇汇率持续波动的风险，属于"由于其特定性质或情况，可能存在导致集团财务报表发生重大错报的特别风险"的情况，因此也应当作为重要组成部分。F公司应当作为非重要组成部分。该公司的资产、收入和利润占集团的份额较小，且规模较小，业务刚刚开始，财务状况较为稳定。

（2）A注册会计师应对E公司和G公司运用该组成部分的重要性对其财务信息实施审计。A注册会计师应针对H公司受到远期外汇合同交易影响而存在特别风险的账户余额和披露实施特定的审计程序。

【解析】针对重要组成部分需执行工作的类型。

对于具有财务重大性的单个组成部分，以及由于其特定性质或情况，可能存在导致集团财务报表发生重大错报的特别风险的重要组成部分，集团项目组或代表集团项目组的组成部分注册会计师，应当运用该组成部分的重要性，对组成部分财务信息实施审计。

（3）A注册会计师应对F公司在集团层面实施分析程序，原因为F公司属于不重要组成部分。

【解析】对不重要的组成部分所需执行工作的类型：对于不重要的组成部分，集团项目组应当在集团层面实施分析程序。

第17章　其他特殊项目的审计

一、单选题

1.【答案】 C

【解析】如果财务报表按照持续经营基础编制，而注册会计师运用职业判断认为管理层在编制财务报表时运用持续经营假设是不适当的，则无论财务报表对管理层运用持续经营假设的不适当性是否做出披露，注册会计师均应发表否定意见。

2.【答案】B

【解析】选项A，管理层对持续经营能力的合理评估期间应是自财务报表日起的下一个会计期间；选项C，如果被审计单位将不能持续经营，选用其他编制基础编制财务报表，注册会计师应当实施补充审计程序，如果认为管理层选用的编制基础是适当的，且财务报表已做出充分披露，可以出具无保留意见的审计报告，并在审计意见段之后增加强调事项段，提醒财务报表使用者关注管理层选用的其他编制基础；选项D，如果评估期间少于财务报表日起的12个月，注册会计师应当提请管理层将评估期间延伸至12个月。

3.【答案】D

【解析】通用目的财务报表是在持续经营假设基础上编制的，除非管理层计划将被审计单位予以清算或者终止经营，或除此之外没有其他现实可行的选择。

4.【答案】B

【解析】选项A属于"其他方面"导致对持续经营能力产生疑虑的情况；选项C、D均属于"经营方面"导致对持续经营能力产生疑虑的情况。

5.【答案】C

【解析】本题考查关联方的审计。如果被审计单位未能按照适用的财务报告编制基础的要求，在财务报表中对关联方和关联方交易进行充分披露，注册会计师应根据其对财务报表的影响程度，出具保留意见或否定意见的审计报告。

6.【答案】B

【解析】本题考查首次接受委托对期初余额的审计。影响前期非标准审计报告事项仍然存在且对本期有重大影响，则对本期财务报表仍出具非无保留意见审计报告。

二、多选题

1.【答案】ABCD

【解析】在应对评估的重大错报风险时，注册会计师应当考虑会计估计的性质，并实施下列一项或多项程序：①确定截至审计报告日发生的事项是否提供有关会计估计的审计证据；②测试管理层如何做出会计估计以及会计估计所依据的数据；③测试与管理层如何做出会计估计相关的控制的运行有效性，并实施恰当的实质性程序；④做出注册会计师的点估计或区间估计，以评价管理层的点估计。

2.【答案】ABCD

【解析】在实施风险评估程序和相关活动，以了解被审计单位及其环境时，注册会计师应当了解下列内容，作为识别和评估会计估计重大错报风险的基础：①了解适用的财务报告编制基础的要求；②了解管理层如何识别是否需要做出会计估计；③了解管理层如何做出会计估计。

3.【答案】 ABC

【解析】 对未来的所有判断都以做出判断时可获得的信息为基础，而不是以做出判断后一定期间可获得的信息为基础。

4.【答案】 BC

【解析】 选项A不会导致对持续经营假设产生重大疑虑的事项，因为已经有人替代该职位，如果关键管理人员离职且无人替代的情况下则会选；选项D属于财务、经营方面以外的其他方面可能导致对持续经营假设产生重大疑虑的情况。

5.【答案】 ABCD

【解析】 本题考查关联方的审计。除了以上4个选项外，如果管理层不披露关联方关系或交易看似是有意的，因而显示可能存在由于舞弊导致的重大错报风险，评价这一情况对审计的影响。注册会计师因此还可能考虑是否有必要重新评价管理层对询问的答复以及管理层声明的可靠性。

6.【答案】 ABD

【解析】 一方控制、共同控制另一方或对另一方施加重大影响，以及两方或两方以上同受一方控制、共同控制或重大影响的，构成关联方。选项C不构成企业的关联方。

三、简答题

【答案】（1）注册会计师无须就情况（2）向E公司提出审计建议，也无须在审计报告中反映。

（2）事项（1）很可能影响E公司的持续经营能力。虽然延期还款协议可使还款时间推迟两年，但到审计报告日该协议并未签署。注册会计师应认为E公司的持续经营假设是合理的，但应保持必要的疑虑。

注册会计师应提请E公司在财务报表附注中披露银行同意两年还款、相关协议尚未签署、在自2013年3月31日起的未来两年中银行拥有随时收回借款的权利等内容。

如果E公司接受上述建议，应发表带强调事项段的无保留意见；如果E公司拒绝接受建议，应发表保留意见。

第18章　完成审计工作

一、单选题

1.【答案】 A

【解析】书面声明的日期应当尽量接近对财务报表出具审计报告的日期,但不得在审计报告日后。书面声明应当涵盖审计报告针对的所有财务报表和期间。

2.【答案】B

【解析】本题考查的是完成审计工作概述。选项B是分析程序在审计终结阶段的目的。

3.【答案】C

【解析】选项A,应收账款的贷方余额应当在资产负债表中的预收款项项目下列示;选项B,未实现融资收益应当在资产负债表中的长期应收款项目下列示;选项D,其他业务收入应当在利润表中营业收入项目下列示。

4.【答案】D

【解析】书面声明不包括财务报表及其认定,以及支持性账簿和相关记录,所以选项A不正确;尽管书面声明能够提供必要的审计证据,但其本身并不能为财务报表特定认定提供充分、适当的审计证据,所以选项B不正确;如果未从管理层获取其确认已履行的责任,注册会计师在审计过程中获取的有关管理层已履行这些责任的其他审计证据是不充分的,所以选项C不正确。

5.【答案】B

【解析】低层次的助理人员是最基层的审计人员,是被复核的对象。

6.【答案】C

【解析】累积识别出的错报包括:事实错报、判断错报、推断错报。判断错报是由于注册会计师认为管理层对会计估计做出不合理的判断或不恰当地选择和运用会计政策而导致的差异。选项C不属于累积识别出的错报。

二、多选题

1.【答案】ABC

【解析】书面声明是注册会计师在财务报表审计中需要获取的必要信息,是审计证据的重要来源,"按照审计业务约定中规定的审计报告用途使用审计报告"对注册会计师执行财务报表审计并无帮助,管理层无须对此发表书面声明。

2.【答案】BC

【解析】本题考查的是完成审计工作概述。审计差异按是否需要调整账户记录可分为核算错误和重分类错误。

3.【答案】ACD

【解析】选项B不正确,如果注册会计师得出结论,审计风险处在一个可接受的水平,则可以直接提出审计结果所支持的意见。

4.【答案】 ABCD

【解析】 其他书面声明可能包括针对下列事项做出的声明。

(1)会计政策的选择和运用是否适当。

(2)是否按照适用的财务报告编制基础对下列事项(如相关)进行了确认、计量、列报或披露。

①可能影响资产和负债账面价值或分类的计划或意图。

②负债(包括实际负债和或有负债)。

③资产的所有权或控制权,资产的留置权或其他物权,用于担保的抵押资产。

④可能影响财务报表的法律法规及合同(包括违反法律法规及合同的行为)。

5.【答案】 ABCD

【解析】 项目组成员实施的复核,应该由项目组内经验较多的人员(包括项目合伙人)复核经验较少人员的工作,上述4个选项都属于复核人员应当考虑的因素。

6.【答案】 AC

【解析】 本题考查的是评价审计过程中识别出的错报。选项B为事实错报;选项D为判断错报。

三、简答题

【答案】

(1)需要提出调整建议,调整分录为:

借:营业收入　　　　　　　　　　　　　　　　　　100

　　贷:其他应付款　　　　　　　　　　　　　　　　　100

借:存货　　　　　　　　　　　　　　　　　　　　80

　　贷:营业成本　　　　　　　　　　　　　　　　　　80

借:财务费用　　　　　　　　　　　　　　　　　　2

　　贷:其他应付款　　　　　　　　　　　　　　　　　2

(2)需要提出调整建议,调整分录为:

借:营业收入　　　　　　　　　　　　　　　　　　400

　　应交税费——应交增值税(销项税额)　　　　　68

　　贷:应收账款　　　　　　　　　　　　　　　　　468

借:存货　　　　　　　　　　　　　　　　　　　　250

　　贷:营业成本　　　　　　　　　　　　　　　　　250

(3)需要提出调整建议,调整分录为:

借: 营业收入　　　　　　　　　　　　　　　　　　　　　　　1 000

　　贷: 营业成本　　　　　　　　　　　　　　　　　　　　　　870

　　　　未分配利润　　　　　　　　　　　　　　　　　　　　130

　（4）需要提出调整建议，调整分录为:

借: 营业收入　　　　　　　　　　　　　　　　　　　　　　490.5

　　贷: 长期应收款——未确认融资收益　　　　　　　　　　　490.5

借: 长期应收款——未实现融资收益　　20.05 [(4 500−490.5)×0.06÷12]

　　贷: 财务费用　　　　　　　　　　　　　　　　　　　　　20.05

　（5）被审计单位会计处理正确，不需要提出调整建议。

第19章　审计报告

一、单选题

1.【答案】D

【解析】选项D影响的是审计报告的意见类型，在这一情况下，应当对审计报告发表恰当的非无保留意见。

2.【答案】A

【解析】选项B应该是"我们审计了后附的××股份有限公司（以下简称××公司）财务报表，包括2012年12月31日的资产负债表，2012年度的利润表、股东权益变动表和现金流量表以及财务报表附注"；选项C应该是"我们按照中国注册会计师审计准则的规定执行了审计工作"；选项D应该是"我们认为，××公司财务报表在所有重大方面按照企业会计准则的规定编制，公允反映了××公司2012年12月31日的财务状况以及2012年度的经营成果和现金流量"。

3.【答案】C

【解析】注册会计师签署审计报告的日期通常与管理层签署已审计财务报表的日期为同一天，或晚于管理层签署已审计财务报表的日期。

4.【答案】D

【解析】出具否定意见的审计报告，是注册会计师获取了充分、适当的审计证据，认为被审计单位财务报表没有按照适用的会计准则和相关会计制度的规定编制，未能在所有重大方面公允反映被审计单位的财务状况、经营成果和现金流量。

而审计范围受限，是指不能获取充分、适当的审计证据，此时，注册会计师要根据受限的程度，考虑出具保留意见或无法表示意见的审计报告。

5.【答案】A

【解析】选项B、C、D均属于超出被审计单位控制的情形。

二、多选题

1.【答案】ABCD

【解析】在评价财务报表是否在所有重大方面按照适用的财务报告编制基础的规定编制时,上述4个选项都属于注册会计师应当考虑的内容。

2.【答案】ABC

【解析】本题考查的是非标准审计报告。选项A、B、C注册会计师应根据其审计范围受到限制的严重程度出具保留意见或无法表示意见的审计报告;选项D应当发表否定意见的审计报告。

3.【答案】AD

【解析】选项B,此时注册会计师也应根据具体情况实施必要的程序,注册会计师实施的程序可能包括:评价管理层采取的措施,以确保收到之前公布的财务报表、审计报告和其他信息的人员均被告知做出的修改;选项C,因为管理层已经拒绝对其他信息进行修改,所以应和治理层进行沟通。

4.【答案】ABC

【解析】即使发表了否定意见或无法表示意见,注册会计师也应当在导致非无保留意见的事项段中说明注意到的、将导致发表非无保留意见的所有其他事项及其影响。这是因为,对注册会计师注意到的其他事项的披露可能与财务报表使用者的信息需求相关。

5.【答案】ABD

【解析】选项C中的事项完全由被审计单位控制,不属于不确定事项。

三、简答题

【答案】所列审计报告中,存在下列不恰当之处。

(1)财务报表审计报告的标题为"审计报告"。

(2)收件人应为"W股份有限公司全体股东"。

(3)被审计的财务报表应为2012年12月31日的资产负债表和2012年度利润表、股东权益变动表和现金流量表以及财务报表附注。

(4)管理层对财务报表的责任段少了一项责任:设计、实施和维护必要的内部控制,以使财务报表不存在由于舞弊或错误而导致的重大错报。

(5)注册会计师责任段中的审计依据不对,"中国注册会计师独立审计准则"应该改为"中国注册会计师审计准则"。

（6）注册会计师责任段缺少了一段内容，在最后还应说明："我们相信，我们获取的审计证据是充分、适当的，为发表审计意见提供了基础"。

（7）在审计意见段中不应使用"我们确认"，而应使用专业术语"我们认为"，表明这里发表的是审计人员的一种意见或看法，并表示对审计报告意见承担责任，而不是绝对的保证或确认。同时不应使用"真实地表达"，而应使用"公允反映"。

（8）会计师事务所应在审计报告上盖章，而且同时应由两位注册会计师签名并盖章，以便明确注册会计师责任。

第20章　企业内部控制审计

一、单选题

1.【答案】A

【解析】应当在内部控制审计报告中增加强调事项段予以说明。注册会计师在强调事项段中要指明，该段内容仅用于提醒内部控制审计报告使用者关注，并不影响对财务报告内部控制发表的审计意见。

2.【答案】C

【解析】这种情况下，应当对财务报告内部控制发表否定意见。内部控制审计后不允许发表保留意见。审计范围受到限制时，应当对财务报告内部控制出具无法表示意见的审计报告或解除业务约定。

3.【答案】C

【解析】和财务报表审计一样，注册会计师应当以风险评估为基础，选择拟测试的控制，确定测试所需收集的证据。

4.【答案】B

【解析】内部控制审计中要特别关注的是内控是否存在重大缺陷。

5.【答案】C

【解析】注册会计师知悉对企业内部控制自我评价基准日内部控制有效性有重大负面影响的期后事项的，应当对财务报告内部控制发表否定意见。

6.【答案】C

【解析】内部控制审计是指会计师事务所接受委托，对特定基准日内部控制设计与运行的有效性进行审计。

二、多选题

1.【答案】 ABCD

【解析】 只要出现选项A、B、C、D中的任一种情形，都可能表明内控存在重大缺陷。

2.【答案】 AB

【解析】 选项C、D不是对内部控制进行测试要实现的目标。

3.【答案】 AB

【解析】 财务报表审计后未发现财务报表存在重大错报，或内部控制审计中未注意到非财务报告内部控制存在重大缺陷，并不意味着财务报告内部控制不存在重大缺陷。

4.【答案】 ABCD

【解析】 因为这4个因素都会对内部控制、财务报表以及审计工作产生影响。

5.【答案】 ABD

【解析】 注册会计师执行内部控制审计业务，发现审计范围受到限制，并不一定会导致注册会计师解除与该客户相关的所有业务关系。

第21章　会计师事务所业务质量控制

一、单选题

1.【答案】 C

【解析】 会计师事务所应当每年至少一次将质量控制制度的监控结果，传达给项目负责人及会计师事务所内部的其他适当人员，以使会计师事务所及其相关人员能够在其职责范围内及时采取适当的行动。

2.【答案】 C

【解析】 会计师事务所应当周期性地选取已完成的业务进行检查，周期最长不得超过3年。

3.【答案】 D

【解析】 对金融机构执行的业务可能进行更加详细的复核。

4.【答案】 C

【解析】 项目质量复核不可以减轻项目合伙人的责任。

5.【答案】 C

【解析】 承担质量控制制度运作责任的人员，应当具有足够、适当的经验和能力以及必要的权限以履行其责任。

6.【答案】 A

【解析】会计师事务所应当制定政策和程序,以合理保证会计师事务所及其人员,保持职业道德规范要求的独立性,其中需要获取所有受独立性要求约束人员的书面确认函,期间为每年至少一次。

二、多选题

1.【答案】 AD

【解析】会计师事务所应当周期性地选取已完成的业务进行检查,周期最长不超过3年;会计师事务所应当每年至少一次将质量控制制度的监控结果,传达给项目合伙人及会计师事务所内部的其他适当人员。

2.【答案】 ABCD

【解析】事务所一旦获知违反独立性政策和程序的情况,应当立即将相关信息告知有关项目负责人和事务所的其他适当人员,如合适,还应当立即告知事务所聘用的专家和关联事务所的人员,以便他们采取适当的行动。

3.【答案】 AB

【解析】项目质量控制复核人员必须具有必要的经验和履行职责需要的技术资格,选项C错误;为保证项目质量控制复核人员的客观性,不可以代替项目组进行决策,选项D错误。

4.【答案】 ABCD

【解析】会计师事务所需要制定政策和程序,以保持项目质量控制复核人员的客观性。因此,这些政策和程序要求项目质量控制复核人员符合下列规定。

(1)如果可行,不由项目合伙人挑选。

(2)在复核期间不以其他方式参与该业务。

(3)不代替项目组进行决策。

(4)不存在可能损害复核人员客观性的其他情形。

因此选项A、B、C、D均正确。

5.【答案】 ABD

【解析】业务质量控制适用于会计师事务所执行的所有业务;会计师事务所的主任会计师对业务质量控制制度承担最终领导责任。

6.【答案】 ABCD

【解析】应考虑的主要事项,除上述4点以外还包括:客户主要股东、关键管理人员及治理层的身份和商业信誉、客户是否过分考虑将会计师事务所的收费维持在尽可能低的水平、客户可能涉嫌洗钱或其他刑事犯罪行为的迹象和关联方的名称、特征和商业信誉。

第22章　职业道德基本原则和概念框架

一、单选题

1.【答案】B

【解析】如果缺乏完整的信息，可能对专业胜任能力和应有的关注原则产生不利影响。

2.【答案】A

【解析】注册会计师在缺乏足够的知识、技能和经验的情况下提供专业服务就构成了欺诈。

3.【答案】C

【解析】如果注册会计师为存在竞争的不同客户提供服务，注册会计师应当告知客户这一情况，并获得客户同意在此情况下执行业务。

4.【答案】D

【解析】选项A，属于自身利益导致的不利影响；选项B，注册会计师不得采用或有收费的方式向客户提供鉴证服务；选项C，会计师事务所应定期轮换关键审计合伙人及签字的注册会计师。

5.【答案】C

【解析】注册会计师可以利用媒体刊登设立、合并、分立、解散、迁址、名称变更和招聘员工等信息。

6.【答案】C

【解析】选项C中是注册会计师为了遵循保密原则应当避免的情形。

二、多选题

1.【答案】BCD

【解析】选项B，前任注册会计师必须经被审计单位同意后，才能提供给后任注册会计师工作底稿；选项C，在终止与客户或雇佣单位的关系之后，会员仍需对在职业关系和商业关系中获知的信息保密；选项D属于密切关系导致不利影响的情形。

2.【答案】ABCD

【解析】4个选项的说法都正确。

3.【答案】ABCD

【解析】4个选项都是正确的。

4.【答案】ABCD

【解析】当存在与客户利益冲突的情形时，4个选项均是注册会计师可能采取的措施。

5.【答案】 ABCD

【解析】除采取选项A、B、C上述防范措施外,注册会计师还应当采取下列一种或多种防范措施:①分派不同的项目组为相关客户提供服务;②实施必要的保密程序,防止未经授权接触信息;③向项目组成员提供有关安全和保密问题的指引;④要求会计师事务所的合伙人和员工签订保密协议;⑤由未参与执行相关业务的高级员工定期复核防范措施的执行情况。

6.【答案】 ABCD

【解析】4个选项都是正确的。

三、简答题

【答案】可能对职业道德基本原则产生不利影响的因素包括自身利益、自我评价、过度推介、密切关系和外在压力。

对职业道德基本原则产生不利影响的具体情形	产生不利影响的因素
审计项目组成员与审计客户进行雇佣协商	自身利益
会计师事务所与鉴证业务相关的或有收费安排	自身利益
在鉴证客户与第三方发生诉讼或纠纷时,注册会计师担任该客户的辩护人	过度推介
会计师事务所编制用于生成有关记录的原始数据	自我评价
注册会计师接受客户的礼品或享受优惠待遇(价值重大)	密切关系
会计师事务所为鉴证客户提供的其他服务,直接影响鉴证业务中的鉴证对象信息	自我评价
会计师事务所受到客户的起诉威胁	外在压力
注册会计师被会计师事务所合伙人告知,除非同意审计客户的不恰当会计处理,否则将不被提升	外在压力

第23章 审计业务对独立性的要求

一、单选题

1.【答案】 A

【解析】如果一个联合体旨在通过合作,在各实体之间共享统一的质量控制政策和程序,应被视为网络,选项A正确。如果会计师事务所与某一实体以联合方式提供服务或研发产品,虽然构成联合体,但不形成网络,选项B不正确。共享培训资源,而并不交流人员、客户信息或市场信息,这种情况下共享的资源被视为不重要,选项C不正确。如果会计师事务所转让某一部分,虽然该部分不再与其有关联,但转让协议可能规定,允许该部分在一定期间内继续使用其名称或名称中的要素。在这种情况下,尽管会计师事务所和转让出的部分使用共同的名称执业,但不属于以合作为目的的联合体,因此不构成网络,选项D不正确。

2.【答案】B

【解析】会计师事务所、审计项目组成员或其主要近亲属向审计客户提供贷款或为其提供担保，将因自身利益产生非常严重的不利影响，导致没有防范措施能够将其降低至可接受的水平。

3.【答案】D

【解析】如果在被审计财务报表涵盖的期间，审计项目组成员曾担任审计客户的董事、高级管理人员或特定员工，将产生非常严重的不利影响，导致没有防范措施能够将其降低至可接受的水平。会计师事务所不得将此类人员分派到审计项目组。

4.【答案】C

【解析】本题考核的是与审计客户发生雇佣关系。

如果会计师事务所的合伙人或员工兼任审计客户的董事或高级管理人员，将因自我评价和自身利益产生非常严重的不利影响，导致没有防范措施能够将其降低至可接受的水平。

5.【答案】B

【解析】选项B，如果审计客户要求会计师事务所提供评估服务，以帮助其履行纳税申报义务或满足税务筹划目的，并且评估的结果不对财务报表产生直接影响，则通常不对独立性产生不利影响。

6.【答案】C

【解析】本题考核的是为审计客户提供非鉴证服务。

由于纳税申报表需要经税务机关审查或批准，如果管理层对纳税申报表承担责任，会计师事务所提供此类服务通常不对独立性产生不利影响。

二、多选题

1.【答案】ABD

【解析】在下列情形中，共享的资源被视为不重要：①共享的资源仅限于共同的审计手册或审计方法；②共享培训资源，而并不交流人员、客户信息或市场信息；③没有一个共有的技术部门。

2.【答案】ABC

【解析】关联实体是指与客户存在下列任一关系的实体：能够对客户施加直接或间接控制的实体，且客户对该实体重要；在客户内拥有直接经济利益的实体，且该实体对客户具有重大影响，在客户内的利益对该实体重要；受到客户直接或间接控制的实体；客户拥有其直接经济利益的实体，并且客户能够对该实体施加重大影响，在实体内的经济利益对客户重要；与客户处于同一控制下的实体，并且该姐妹实体和客户对其控制方均重要。

3.【答案】 ABCD

【解析】 公众利益实体包括上市公司和下列实体：①法律法规界定的公众利益实体；②法律法规规定按照上市公司审计独立性的要求接受审计的实体。保险公司、银行、电信公司由于业务性质的特殊和规模，应当将其作为公众利益实体对待。

4.【答案】 BD

【解析】 如果审计项目组成员的主要近亲属是审计客户的董事、高级管理人员或特定员工，或者在业务期间或财务报表涵盖的期间曾担任上述职务，只有把该成员调离审计项目组，才能将对独立性的不利影响降低至可接受的水平。否则需要解除审计业务约定

5.【答案】 AD

【解析】 选项A，只要账户是按照正常的商业条件开立的，就不会对独立性产生不利影响；选项D，只要按照正常的程序、条款和条件取得贷款或担保，就不会对独立性产生不利影响。

6.【答案】 BCD

【解析】 如果审计项目组成员的其他近亲属是审计客户的董事、高级管理人员或特定员工，将对独立性产生不利影响。不利影响的严重程度主要取决于下列因素：审计项目组成员与其他近亲属的关系；其他近亲属在客户中的职位；该成员在审计项目组中的角色。

三、简答题

【答案】（1）产生不利影响。如果审计客户长期未支付应付的审计费用，尤其是大部分费用在下一年度出具审计报告之前仍未支付，可能因自身利益产生不利影响。

（2）不产生不利影响。会计师事务所可以提供这样的帮助，但借调员工不应为审计客户提供不允许提供的非鉴证服务或承担审计客户的管理层职责。该注册会计师从事的记账凭证输入工作不属于编制鉴证业务对象的数据和其他记录，并且该注册会计师不属于鉴证小组成员，不产生自我评价对独立性的不利影响。

（3）产生不利影响。执行公众利益实体审计业务的关键审计合伙人，其任职时间不应超过5年。在这段时间结束后的2年内，该人员不应再次成为项目组成员。

（4）产生不利影响。ABC会计师事务所受降低收费的压力而不恰当地缩小了审计范围，形成了对独立性的不利影响。

（5）不产生不利影响。为V公司提出会计政策选用及会计处理调整的建议等属于审计工作的一部分。